"你'孝'起来真好看"孝文化系列丛书

为孝寻根

理论、经典与践行

WEI XIAO XUNGEN

编著◎郑 鹏

湘潭大学出版社
XIANGTAN UNIVERSITY PRESS

图书在版编目（CIP）数据

为孝寻根 ：理论、经典与践行 / 郑鹏编著. -- 湘潭 ：湘潭大学出版社，2023.9
ISBN 978-7-5687-0687-2

Ⅰ. ①为… Ⅱ. ①郑… Ⅲ. ①孝－文化研究－中国 Ⅳ. ①B823.1

中国版本图书馆CIP数据核字（2021）第262348号

为孝寻根 ：理论、经典与践行

WEI XIAO XUNGEN : LILUN、JINGDIAN YU JIANXING

郑鹏 编著

策划编辑： 蒋海文
责任编辑： 张宝香 刘 丹
封面设计： 李 平
出版发行： 湘潭大学出版社
社 址： 湖南省湘潭大学工程训练大楼
电 话： 0731-58298960 0731-58298966（传真）
邮 编： 411105
网 址： http://press.xtu.edu.cn/
印 刷： 长沙鸿和印务有限公司
经 销： 湖南省新华书店
开 本： 880 mm×1230 mm 1/32
印 张： 11.375
字 数： 269千字
版 次： 2023年9月第1版
印 次： 2023年9月第1次印刷
书 号： ISBN 978-7-5687-0687-2
定 价： 48.00元

“你‘孝’起来真好看”孝文化系列丛书

编委会

自　序

“对传统文化中适合于调理社会关系和鼓励人们向上向善的内容，我们要结合时代条件加以继承和发扬，赋予其新的涵义。”

——习近平，2014

两千年多前，伟大的教育家孔子曾发问：“今之成人者何必然？”逝者如斯，孔子何以成人之问，仍中新时代青年大学生德育工作之鹄的。育人为本、德育为先。青年大学生是德育的主体。面对社会的大转型，他们的道德意识与道德行为不可避免地因之有所变化。《诗经》云：“民亦劳止，汔可小康。”经过长期的发展，我国在今年宣布历史性地解决了绝对贫困问题，“全面建成了小康社会”。在进入到“仓廪实”“衣食足”的时代，厚植道德沃土，践行核心价值观，一以贯之抓好社会主义精神文明建设，才能为“美好生活”的追求提供道德滋养，为实现中华民族伟大复兴的中国梦提供精神动力。所以，就在这个伟大的历史时刻，习近平总书记要求广大青年要肩负历史使命，“立大志、明大德、成大才、担大任，努力成为堪当民族复兴重任的时代新人”。“蒙以养正，圣功也（《易传·蒙》）。”站在新时代的新起点，如何创新大学德育工作的途径和载体，完成立德树人的教育任务呢？

孟子的学生公都子曾问他："大家都是人，为什么有的人是君子，有的人是小人？"孟子的答案是"从其大体为大人，从其小体为小人"。在"仁欲相抗"的过程中，如何使自己"从大体"而非"从小体"？儒家一致地主张，唯有施之以德育，方是"成人之道"。"夫仁义礼乐，成人之行也。穷神知化，德之盛也。"显然，儒家指出德育的方式是"文之以礼乐"。那德育的根本内容是什么呢？儒家开宗明义，"夫孝，德之本也，教之所由生也"。换言之，儒家认为，孝是一切道德的根本，所有的教化都是由孝派生出来。如此一来，德育工作的核心便是要围绕着孝来展开。

正如钱穆所言，"中国往圣之学，最先为孝悌"。孝，对于早期儒家而言，是修身的门径，即为"君子务本，本立而道生。孝弟也者，其为仁之本与"！孟子同样认为，"事，孰为大？事亲为大"。由是，儒家发展出了"三省吾身、不亏其体、不羞其亲、扬名显亲"等孝以修身的工夫。子曰："施于有政，是亦为政。"在这里，个人的孝行还被赋予了善治的价值。在孔子看来，不直接进入国家的官僚系统，也可以参与社会治理。这是因为，修身、齐家与治国所适用的原则都是孝，个人知礼节、家庭和睦，都是在积累善治的效果。

在孔子开创以"仁"为核心的孝德理论之后，他的学生曾子使孝由德向道转化。《曾子大孝》提出："居处不庄，非孝也；事君不忠，非孝也；莅官不敬，非孝也；朋友不信，非孝也；战陈无勇，非孝也。"在孔子那里，"孝"是"仁"的基奠，服务于仁学体系；曾子则将原本与忠、信并列的孝，范围扩大、地位拔高，使孝可以统摄诸多德目，从个人行为到家庭生活，再到国家政治，都可以由孝来调节，从而使孝指代了仁，成为了“道”。从汉开始，孝道被明确作为治国的原则。汉代正式将“以孝治天下”作为施政理念，做出了设置《孝经》博士和举孝廉的政治实践。在开元十年（722年），唐玄宗李隆基颁布了“御注”版《孝经注》，后来又进行了两次重修。后世流传的《孝经》以此为底本。唐玄宗勘定《孝经》的次年便敕令全国诵《孝经》。宋明理学将孝道进一步推崇为自然法则。理学的集大成者、南宋的朱熹说：“三纲五常，终变不得，君臣依旧是君臣，父子依旧是父子”，“孝弟者，天之所以命我而不能不然之事也”，强调忠孝之道是人的绝对义务。理学的心学一派代表王阳明在《传习录》中说：“以此纯乎天理之心，发之事父便是孝，发之事君便是忠”，王阳明借此论证了忠孝之伦理是先天内在于人心之中的“良知良能”，承认孝道即是天理。历代的蒙书、家训、族规，以及戏曲、小说等更是推动着《孝经》深入到人们的日常生活。

纵观孝文化的发展史，孝从一种思想，逐渐发展成为具备文化与制度的社会实践，对于个人的社会化、家庭与社会的整合、国家的治理都发挥了不可替代的功能。也正如此，孝塑造了传统中国的文化品格与社会构造。所以，黑格尔在研究中国文化时得出这样的结论：“中国纯粹建筑在这一种道德的结合上，国家的特征便是客观的‘家庭孝敬’，中国人把自己看作是属于他们家庭的，而同时又是国家的儿女。”

当然，在王权专制的封建社会，孝道不可避免地发生异化、变质，孝德在民间甚至发展成了畸形的“愚孝”。不过，对孝文化的批评并非肇端于中国的近代化进程。荀子最早将孝做了区分："入孝出弟，人之小行也；上顺下笃，人之中行也；从道不从君，从义不从父，人之大行也。"他振聋发聩地提出"从道不从君,从义不从父",并视之为最高的行为规范和政治准则,以避免孝的歪曲发展。到了封建社会晚期，有识之士认识到了封建孝道的弊端，开始自觉反省，试图从理学内部修正儒学孝文化体系。如明朝后期泰州学派的代表人物何心隐就一反传统,提出以朋友取代父子,视其为五伦之最重。他提出"君臣友朋,相为表里"，将传统臣对君的忠孝转化为朋友之道，主张以朋友一伦为主重新整合社会，一定程度上促使大家反思"三纲"的弊病。清朝戴震更直接批判愚孝是"以理杀人"。

文以载道、文以化人。在新时代弘扬孝文化的意义，首先要对中国传统孝文化的演化正本清源。对此，习近平总书记给出了这样一套方法论："对历史文化特别是先人传承下来的道德规范，要坚持古为今用、推陈出新，有鉴别地加以对待，有扬弃地予以继承。"追古鉴今，应该秉持历史唯物主义的立场,厘清孝文化的起源与发展，摒弃其中的糟粕。更重要的是，如何在新时代创造性地转化孝文化的合理价值，赋予孝文化以时代面貌？内圣外王是儒家理想人格的公认模式，其至高追求是通过成己成物的修养过程而展开。成己,即是以孝修身,在"父慈、子孝、兄良、弟悌"的孝行过程中完善自身人格；成物则是事功，即将孝所表征的"亲亲之情"扩充、推广，从而实现自我的人生价值和改造外部的世界而"成物"，也让他人和万物充分实现天性。因此，在新时代弘扬孝文化，不仅有利于提高公民的道德修养，还可以从提倡子女"身养"和"心养"两个层面，应对老龄化带来的社会危机；促进"夫妇有义，父子有亲”，实现家庭和睦；以推己及人的方式，应用儒家所倡导的推恩方式，将对父母家人的敬爱推广出来，实现社区和谐以及志愿服务事业的发展。

应全国大学生孝文化节的要求，湘潭大学启动了孝文化系列丛书的编著工作。本书意在“为孝寻根”，期待为青年大学生呈现一本领略中华传统孝文化的读本。本书的编写思路是：以经典为本，以可读性与知识性的展现形式，阐释中国传统孝文化，将全书分为三篇：孝理、孝义与孝行。上篇为孝文化的义理及其发展，中篇为孝文化的经典释读，下篇为历代孝人孝行。全书从孝文化理论阐释，到经典文献译读，再到历代孝人孝行选编，力图较为全面呈现中华孝文化的面貌，籍此增益青年学生的品德修养，落实我校立德树人的根本任务。

本书的编著工作由碧泉书院社会工作与社会学系郑鹏负责，并由郑鹏提出编写大纲和各章各节的撰写思路、条目，最后由郑鹏修订统稿。全书的写作分工如下：

第一章，孝理溯源：孝文化的形成与发展，由郑鹏、吴朝旭撰写；

第二章，以孝修身：孝文化与中国人的人格教养，由郑鹏、吴宏琳撰写；

第三章，以孝齐家：孝文化与中国人的家庭伦理，由郑鹏、林娜撰写；

第四章，以孝治国：孝文化与传统中国的社会治理，由郑鹏、于宏伟撰写；

第五章，《孝经》成书及其解读，由林娜撰写；

第六章，《女孝经》成书及其解读，由林娜撰写；

第七章，四书中的孝文及其解读，由于宏伟撰写；

第八章，五经中的孝文及其解读，由于宏伟撰写；

第九章，历代蒙学与孝文化，由吴朝旭撰写；

第十章，历代家训与孝文化，由吴朝旭撰写；

第十一章，历代孝诗孝文，由吴宏琳撰写；

第十二章，二十四孝及其孝文化解读，由张宁宁撰写；

第十三章，历代孝义传及其孝文化解读，由张宁宁撰写。

本书的编著得到了学校的大力支持。在文稿推进会上，湘潭大学校团委书记张月朗、学生工作部部长赵猛、出版社副社长蒋海文，还有校党委宣传部原部长齐绍平提供了许多有益的建议。出版社编辑刘丹不仅提供了专业的编辑工作，还给与了充分的信任。本书的编著离不开碧泉书院·哲学与历史文化学院一以贯之地在湘大校园弘扬国学而营造起来的传统文化氛围。幸得刘建平教授、陈代湘教授和方红姣教授对孝文化研究团队的热情肯定与乐观期望，在此专门答谢。本书得以编著还要感谢时任湘潭大学校团委书记魏晓林的推荐与支持。

本书是以中华优秀传统文化实施大学生德育的一次尝试。虽然本书在阐发孝文化的义理后还精选了古人的孝人孝行。然而，正如《易传》云："山下出泉，蒙；君子以果行育德。"我们的大学生阅读本书只是完成了孝文化的启蒙，要培养良好的品德,关键是"努力把核心价值观的要求变成日常的行为准则，进而形成自觉奉行的信念理念"。最后，由于编著时间紧及作者水平所限，疏漏之处，恳请得到读者的宽容与指正。

目　录

上篇　孝文化的义理与其发展

中 篇　历代孝文注译与评介

下 篇　中国历代孝人孝行

上篇

孝文化的义理与其发展

第一章
孝理溯源：孝文化的形成与发展

第一节　孝文化的源起与内涵

一、孝文化的源起

中华孝文化源远流长、博大精深，是中国传统文化的重要组成部分，也是中国文明伦理道德的支柱。在传统中国，孝是美德之首，亦是社会价值之基，故于其文化源流不可不深察。

在孝文化的起源上，学者多有争论。如肖群忠在《孝与中国国民性》中认为孝在周初时产生且其起源有二，一是政治上的传子制，二是尊祖敬宗的祭礼需要；舒大刚在《〈周易〉、金文“孝享”释义》中认为孝起源于祭祀活动；丁成际在《试论传统“孝道”文化》中认为孝产生于父系氏族公社时期，源于由血缘关系而产生的亲亲之情和个体婚制的建立；张祥龙在《孝意识的时间分析》中从现象学的角度出发认为孝是一种由社会与文化造成且最能体现人性特点而又需在生活境域中被建构的人类现象；等等。

诸位专家的论述有同有异，我们现在可以在前辈研究基础上再从历史发展过程对孝的产生做一番探索。从自然界看起，不难发现，动物的后代就会对其生育者表现出类似“报恩”的行为，如羊羔跪乳、乌鸦反哺等。当人类把对父母的恩情与报养统一起来之时，“孝”也就产生了。但人类社会的孝意识绝不仅仅是一种生物的本能，而是发展成了社会普遍认同的实在伦理规范。在原始亲族集团社会的早中期即母系社会，为了健康生殖的良性循环，人们需要知道自己的母亲是谁，血缘关系从此得以明确。在母系公社中，对生命和母权的直接崇拜又促使人们产生出对母亲“敬畏”与“敬爱”的双重情感，“孝”的原始心理动机开始不断被强化，上古社会的道德意识也由之而出。到了原始社会后期的父权社会，即三皇五帝至尧舜禹时期，在以部落联盟为代表的大政治单位中，个体婚制与小家庭规范得以确立，这也促使孝观念在家庭伦理道德中基本定型。史书典籍中记载的一些伟大孝行都可以追溯至这一时期。父系社会之后的中国是夏商周时代，祖先崇拜在此时成为人们普遍自觉的信念。夏商周时期的社会主要靠血缘宗法分封制维系，敬天祭祖等活动都具有非常强烈的宗教性。普通百姓还没有组织祭祀的能力，那时就只有士以上的阶层才可以实现“尽孝”的标准。平民对父母的敬养固然必不可少，但在商周时这比起祭祖、祭天来是层次很低的“孝”。到了西周时期，人本思想加强、宗教性减弱。如《尚书》所言，“用孝养厥父母”，孝的重心才由尊祖敬宗彻底转移到个体家庭，孝的内容和形式达成统一，以孝为核心的伦理思想从此逐渐完善起来，中国传统道德思想也据此奠基。在农业社会里，老者有丰富的技巧与经验，晚辈必须向长辈学习，故年轻人对长者的尊重也就顺理成章。那么，子女对长辈的内在崇敬之心与外在表现之行，就是孝行的肇端。

二、孝文化的内涵

对孝文化内涵的澄清是理解孝文化的基础。中华孝文化历史如此之悠久,其具体的内涵和外延自然也就并非是一成不变。从最直接的文字学字源角度来看,“孝”字在商朝的甲骨文中即已确定存在,金文中也有“孝于皇神祖考”字样。据统计,在出土的周代金文中讲“孝”处达 112 则之多,且多与政教合一的原始崇拜有关。这说明在当时,孝的对象不仅是父母,还有王和逝去的祖先。据其字形,“孝”是会意字,把老人的头、发、身、手合并简化为“耂”(“老”字头),意指一个小孩在搀扶老人。《尔雅》解孝曰“善父母为孝”,《说文解字》进一步解释说“孝,善事父母者。从老省,从子,子承老也”。孝字表征了一种子在下、老在上的形态,可见孝的一个本义就是晚辈侍奉、孝顺长辈。

从伦理学的角度去看,孝的精神本质除了敬与顺,还包括爱与忠,子对父之爱和晚辈对家族祖辈的忠都从属于孝。肖群忠在《孝与中国文化》中总结了孝的三个初始义:一是尊祖敬宗,这从周代的宗教性祭祀活动可以看出;二是生儿育女、传宗接代,这跟早期生殖或生命崇拜有关;三是善事父母,这是春秋时期宗法制解体、社会理性化加强的结果。这三个方面比较精当地描述了早期孝之内涵。随着孔子以来儒家思想的发展,“孝”的含义不断深化,它在保持以上基本内涵的同时,在道德和政治等多个维度得到了拓展,甚至发展成为一个代表最高真理的“道”。

因此,广义的孝,是由亲亲之情推广扩充到仁爱世间万物的德行，是为人的根本道德准则，从作为子德的家庭之爱到作为大道的天下之爱，是孝文化的题中应有之义。在家庭关系中，其实我们一般使用的是狭义的孝，即代表子女对父母的一种善良行为和美好品德，而通过社会关系的扩展，孝表达了晚辈在处理与长辈关系时应该具备的品格和必须恪守遵循的道德规范。

第二节　先秦儒家孝文化的形成

一、孔子：孝德理论之开创者

孔子（前551—前479）是我国伟大的思想家、教育家，儒家学派的创始人，其仁学思想对后世影响极为深远。孔子说自己“述而不作”，他的思想主要保存在由其弟子记录整理的《论语》一书中。孔子生活在春秋（前770—前476）晚期，当时是礼坏乐崩的时代，社会面临变革与转型。孔子就是在动荡的环境里开创了以“仁”为核心的思想体系，孝文化也在孔子这里得到了全新的发展，儒家的孝德理论开始形成。

1. 孝仁相生

孔子言：“君子笃于亲，则民兴于仁。”（《论语·泰伯》）“仁”是学界公认的孔子最重要的核心思想，仁学推广的基础是自然亲情的展开，孝与仁密不可分，故孔子常以孝论仁。在孔子看来，仁可以说是最基础、最普遍的德性，是美好品德的最高代表。

即是说，“孝弟也者，其为仁之本与！”（《学而》）孝为仁之本，给了孝一个根本性的定位。可以说，孔子之前的孝论未曾达到如此的高度。在孔子看来，孝是绝对的道德准则，个人都不能违背，非孝即不仁。

孔子和他的学生宰予关于守孝的礼制辩论，充分说明了在孔子的孝德理论中孝的根本性与绝对性。宰我曾向孔子抱怨三年的守孝之期太久了，足以导致“君子三年不为礼，礼必坏；三年不为乐，乐必崩”（《阳货》）的后果。因此，宰我认为“旧谷已经吃完，新谷已经登场，取火用的燧木已经轮换了一遍”，那么“服丧一年就可以了”。如果以一种实用主义的态度看待三年守丧的礼法，宰我的质疑合乎理性，所提出的“一年之丧”是合理的。然而，孔子却并没有认同宰我对丧制所采取的理性实用主义的态度。孔子认为，儿女生下来三个年头，才能脱离父母的怀抱，并且就此反问宰我难道没有得到过“三年之爱于其父母”吗？当然，更令孔子气愤的是宰予居然表示可以在居丧期间心安理得地“食夫稻，衣夫锦”。由此可以体会到，孔子所批评的出发点并非物质层面，而是宰予内心对孝的态度。孔子坚决反对漠视亲情的行为，坚持认为孝的真正意义是发自内心的报答，而不是做给别人看的形式主义。在孔子看来，孝就是绝对的道德准则，每个人都不能违背。否则，就会导致道德无源、价值失序。宰我的问题正在于父母去世的哀痛之情于他无足轻重，这在孔子看来是违背人性的，所以孔子说“予之不仁”。孔子还曾对弟子樊迟说仁就是“爱人”，亲亲之爱是“仁”的根源，以亲亲为生长点，方能扩展到爱万物。

2. 孝为礼本

孔子有言："周监于二代，郁郁乎文哉！吾从周。"(《八佾》)孔子慕周道，认为周礼中蕴含着以仁道为表征的人文精神，希望恢复周代的礼乐制度。孔子由仁道出发，把孝从贵族专享推向了平民家庭，又进一步把孝从家庭伦理提升为治国的政治规范，构建出"孝德"的政治与社会基础。

在春秋时期，鲁国正卿季康子请教孔子如何才能使百姓恭敬、忠诚，孔子给出的答案就是"临之以庄则敬，孝慈则忠"(《为政》)。可见孔子非常重视孝行孝道对于治理社会、维护社会秩序的重要功能。他主张以孝德实施教化，首先就要使孝德成为家庭的规范，然后将孝德引入对社会事务的治理之中。君王遵循好以孝齐家的准则，进而扩展到国家的治理之中，便是一种引孝入政、以德治国的政治哲学。这也是孔子实现他仁政理想的根本之道。这样一来，统治者就只有先成为孝德模范，方可胜任治国理政的职责。对于平民百姓来说，他们往往无法直接参政，但孔子认为若自身孝德完满，则不必做官也可以影响政治。所以，当有人问孔子为何不为官当政时，孔子回答说："《书》云：'孝乎惟孝、友于兄弟，施于有政。'是亦为政，奚其为为政？"(《为政》)孔子认为只要孝顺父母、友爱兄弟，孝悌的精神就会自动地扩展到政治领域上去，在家中践行好孝德，也便是相当于有了政治作为。

孝德之所以能够发展成为管理家庭和治理国家的规范，是因为通过倡导"克己复礼"的孝行工夫修养，孝被孔子发展成为一种内化的礼法。也就是说，孝德本身就构成了礼法，而礼法又可以用来规范孝心的抒发。培育孝德，是设立礼法的目的；而孝心的抒发，便是孝德的实践。若是没有礼法的规范，伦理秩序便会误入歧途。于是，当孟懿子问孝时，孔子言简意赅地告诉他："无违。"即不违礼，对待父母要"生事之以礼；死葬之以礼，祭之以礼"。(《为政》) 在孔子最得意的弟子颜渊死了之后，门人想要厚葬他，孔子却不同意，因为孔子本人和颜回都遵守礼法，那么个人感情也要依据礼法而抒发，就不能有违丧礼。还有，在行祭祀之礼的时候，孔子认为"非其鬼而祭之，谄也"(《为政》)，以表示对家族血缘亲情的忠孝。

3. 孝不离敬

如何行孝？孔子提出了"敬"的特别要求。孔子认为对父母身体方面的赡养固然必不可少，但那只是比较低级层次的孝养父母。当他的学生子游请教孝行时，孔子就说："今之孝者，是谓能养。至于犬马，皆能有养；不敬，何以别乎？"(《为政》) 意思是如果把对父母的孝仅停留在关照物质生活层面，那就和喂养犬马没有差别了。孔子所要求的孝行的真正准则在于"敬"。

那么，孝敬父母的难点在哪里呢？孔子在教导子夏时指出在于"色难"。孔子说："色难。有事弟子服其劳，有酒食先生馔，曾是以为孝乎？"(《为政》) 对父母要时时刻刻保持和颜悦色并不容易做到，但这是孝敬的一个关键。对父母需要有发自心底的敬意，敬心生敬色，敬心常常提着不放失，则颜色自然好看，父母就会开心，孝至此方可。《礼记》中也有言："孝子之有深爱者，必有和气；有和气者，必有愉色；有愉色者，必有婉容。"亦是此意。

孝子敬父还表现在对父亲生前事业的维护，当然前提是父有“道”。在《学而》篇中，孔子说：“父在，观其志；父没，观其行；三年无改于父之道，可谓孝矣。”类似的还有《子张》篇中曾子说：“吾闻诸夫子：孟庄子之孝也，其他可能也；其不改父之臣，与父之政，是难能也。”父之道、父之政与父之臣都从属于父，故作为子亦不可不敬从之。不过，人之为人，犯错都是难免的。面对父母犯错的情景，孔子在坚持运用敬的原则，提出了处理方法：“事父母几谏。见志不从，又敬不违，劳而不怨。”（《里仁》）必要的劝告是要有的，屡劝不听也不能顶撞父母，儿女还要一直敬谏，要做好准备，恭敬地承担起可能的后果。

孔子还亲自教导学生如何行孝。有一次，曾子和父亲一起除草，他却把苗给锄掉了。曾子的父亲看到了就非常生气，在盛怒之下拿着锄头就打了曾子一下。曾子没有躲避，被父亲这一打就昏倒在地了。醒来之后，怕父亲为自己下了重手而后悔，于是“抚琴而歌”，让父亲安心。老师孔子听说后，很是生气。曾子认为自己是在行孝，并没有过错，就问老师为何生气。孔子就说：“汝不闻乎？昔瞽瞍有子曰舜，舜之事瞽瞍，欲使之，未尝不在于侧；索而杀之，未尝可得。小棰则待过，大杖则逃走，故瞽瞍不犯不父之罪，而舜不失烝烝之孝。今参事父，委身以待暴怒，殪而不避，既身死而陷父于不义，其不孝孰大焉！汝非天子之民也，杀天子之民，其罪奚若？”（《孔子家语·六本》）孔子不主张一味地顺从父母，如果父亲在盛怒之下失手打死了曾子，就是将父亲陷于不义，这不是行孝的方式。正确的方式应该是“小棰则待过，大杖则逃走”。

最后，儿女不但要孝敬在世的父母，在祭祀时也要毕恭毕敬。孔子要求对父母的孝行一以贯之，即“生，事之以礼；死，葬之以礼，祭之以礼”。(《为政》）在葬礼和祭祀过程中，儿女要“祭思敬，丧思哀”。(《子张》）古人的丧礼虽然繁复讲究，但它的出发点是为了抒发内心的哀戚之情。如果祭祀时不恭敬，服丧时不悲痛，那么即便是把丧礼办得奢靡豪华也违背了孝道的本意。这也就是孔子所谓“礼，与其奢也，宁俭；丧，与其易也，宁戚”(《八佾》）的本意。

二、曾子与思孟学派：儒家孝德理论的发展与综合

曾子（前505年—前435年），名参，是孔子的弟子，被后世儒家尊为“宗圣”。曾子的思想主要保存在《大戴礼记》的“曾子十篇”之中，相传《大学》也是曾子所作。子思（前483年—前402年）是孔子的嫡孙，受业于曾子，一般认为《礼记》中的《中庸》、《表记》、《坊记》和《缁衣》四篇为子思所作。《史记》中记载：“孟轲，邹人也，受业子思之门人。”由此可见孟子（前372年—前289年）与子思的思想也是一脉相承的，后世由于二者的联系与其思想的一致性，于是将以子思和孟子为代表的思想统称为“思孟学派”。从曾子到孟子，儒家思想进一步发展，孝文化也更加丰富完备。

1. 曾子论孝之道

在孔子那里，“孝”是“仁”的基奠，服务于整体仁学理论体系。曾子在这个基础上又开出了一条新路，使孝由德向道转化。“孝”作为“道”，在理论与实践上具备了完备性。在

《大戴礼记·曾子大孝》篇中曾子说："君子一举足不敢忘父母，一出言不敢忘父母。"孝子要终生努力行孝，时时刻刻心怀父母，实践孝道的过程就是修养道德的过程。曾子笃实地身体力行，知行合一，是当之无愧的大孝子。锄瓜受杖、啮指心疼、思母吐鱼等都是曾子孝亲的典故。曾子说过："吾日三省吾身：为人谋而不忠乎？与朋友交而不信乎？传不习乎？"（《论语·学而》）这表明曾子极其重视修身，而修身要行善，为孝就是大善，百善孝为先，所以行孝与修身即统一不二，孝也便成了君子立身行事的立足点。

曾子赋予了孝以广泛的内涵。从个人行为，到家庭生活，再到国家政治，都要根据孝道来调节。《曾子大孝》讲："夫孝，置之而塞于天地，衡之而衡于四海，施诸后世，而无朝夕。"于是，孝在曾子那里成了"天下之大经"，其永恒性、普遍性得以确认，开始作为人类社会的一个真理性原则而存在。曾子的孝一定程度上就指代了"仁"，成了"道"。《大孝》篇还说："居处不庄，非孝也；事君不忠，非孝也；莅官不敬，非孝也；朋友不信，非孝也；战陈无勇，非孝也。"忠、信同孝原本在孔子那里是并列的，曾子却把孝的范围扩大、地位拔高，使孝可以统摄诸多德目。

其实，曾子孝道思想的出发点与孔子相一致，都是发自对父母的真情实感，同样离不开血缘关系。正如曾子所言："忠者，其孝之本与！"这里的"忠"不是下对上的道德要求，而是指出自内心的真诚和对血脉传承的敬意。真诚之意在己，源于内，忠于内心才是孝。《曾子立孝》篇有言："君子之孝也，忠爱以敬。"敬的思想承袭孔子，而"忠爱"则是更强烈地表达了孝情之自然生发，是人的一种天性。《立孝》篇还说："是故礼以将其力，敬以入其忠，饮食移味，居处温愉，著心于此，济其志也。"礼敬契合于忠心，孝敬父母的志向才可以实现，这一过程应该是自发自然的，不需外在的强制力量。因此，《立言》篇强调："为善必自内始"，就是对孝的深层机理更为透彻的认识，从此孝本论就成了每个儒者都绕不开的论题。

2. 思孟论仁之孝

子思的主要思想可以从托名孔子之言的《中庸》一书中探知。《中庸》原是《小戴礼记》中的一篇，后为宋代学人极力尊崇，与《论语》、《孟子》和《大学》列称为"四书"。"孝"在《中庸》中出现四次，第一次是表彰舜的孝行，把孝定为"大德"。曰："舜其大孝也与！德为圣人，尊为天子，富有四海之内。宗庙飨之，子孙保之。故大德必得其位，必得其禄，必得其名，必得其寿。"这代表了儒家的一种信仰，只有承认行孝在终极意义上是能保证德福一致，儒家思想才可以不断展开。《中庸》还借武王与周公之名对孝下了定义："武王、周公，其达孝矣乎！夫孝者：善继人之志，善述人之事者也。"当然这个定义并不全面，可能只是就武王和周公之事有感而发，但它道出了孝的一个重要面向：传承。继即承继，述即阐述，两方面的接续得以使家族先辈们的生命以另一种方式存在下去，这也是原始生命崇拜的新发挥。子思还着重拈出了一"诚"字，对"诚"的特别强调又是孝亲思想的重要发展。子思说："顺乎亲有道，反诸身不诚，不顺乎亲矣"，"诚"作为由心而发的极高精神境界，与孝相配，使孝的实在性得到增强。曾子还说"事死如事生，事亡如事存"

是“孝之至”，这也是对孔子“祭如在”思想的发展。

孔子之后，儒分为八。从学术传承看，孟子受曾子之重孝派影响较大。孟子对儒家孝道思想的贡献主要有两点。一是塑造了舜的大孝子形象，给孝设定了模范榜样。在《孟子·万章上》中孟子评价舜说：“为不顺于父母，如穷人无所归。天下之士悦之，人之所欲也，而不足以解忧；好色，人之所欲，妻帝之二女，而不足以解忧；富，人之所欲，富有天下，而不足以解忧；贵，人之所欲，贵为天子，而不足以解忧。人悦之、好色、富贵，无足以解忧者，惟顺于父母，可以解忧。人少，则慕父母；知好色，则慕少艾；有妻子，则慕妻子；仕则慕君，不得于君则热中。大孝终身慕父母。五十而慕者，予于大舜见之矣。”舜对亲亲之爱的重视胜过一切，“孝子之至，莫大乎尊亲”。显然，孟子把舜变成了孝的代言人。但孟子的理论目标其实并非是哲学思辨层次上的证明，而是使孝德成为一种普遍的政治准则。他以仁政学说劝诫君王时反复申述的就是“孝悌之义”。他跟梁惠王说：“谨庠序之教，申之以孝悌之义，颁白者不负戴于道路矣……壮者以暇日修其孝悌忠信，入以事其父兄，出以事其长上，可使制梃以挞秦楚之坚甲利兵矣。”（《梁惠王上》）同时，孟子还将孝德扩展到普通人，圣人必始于孝、本于孝，认为“尧舜之道，孝弟而已矣”。（《告子下》）孝给每个人都开辟了一条超越的进路，因孝行人人可为，故每个人都可以由孝而圣。于是，孟子就此提出“人皆可以为尧舜”（《告子下》）的论点。这也是孟子性善论的演绎。

孟子对孝道的主要贡献之二是通过论性善，给了“孝—仁”之道的存在基础一个更严密的哲学论证。众所周知，孟子的一个鲜明主张是性善论。他说："人性之善也，犹水之就下也。人无有不善，水无有不下。"（《告子上》）孟子性善论的立论依据就是孝亲是善的本源，是先天的良知。孟子在《尽心上》中说："人之所不学而能者，其良能也；所不虑而知者，其良知也。孩提之童，无不知爱其亲者；及其长也，无不知敬其兄也。亲亲，仁也；敬长，义也。"亲亲是人不学而知、不学而能的，人与禽兽的区别也正在于此，所以孟子说："无父无君，是禽兽也。"（《滕文公下》）人无孝心即无异于禽兽。他还举例："盖上世尝有不葬其亲者。其亲死，则举而委之于壑。他日过之，狐狸食之，蝇蚋姑嘬之。其颡有泚，睨而不视。夫泚也，非为人泚，中心达于面目。盖归反蘽梩而掩之。掩之诚是也，则孝子仁人之掩其亲，亦必有道矣。"（《滕文公上》）意思是说，一个人的父母如果陈尸荒野，无论如何人都羞愧难当，那我们就知道孝心不在人心之外，孝心就是人心。这也是对曾子孝心自然生发论的补充。

孟子还总结了不孝的五个方面："惰其四支，不顾父母之养，一不孝也；博弈好饮酒，不顾父母之养，二不孝也；好货财，私妻子，不顾父母之养，三不孝也；从耳目之欲，以为父母戮，四不孝也；好勇斗很，以危父母，五不孝也。"（《离娄下》）这是孟子对孝的反面规定，以此对人们的行为提出警示。因此，孟子的努力使得孔子以来的孝德思想至此明晰完备。

三、荀子：孝道的拓新传承人

荀子（前313年—前238年），名况，字卿，战国末叶赵国人。

他是先秦儒家的最后一位重要代表人物，先秦时代百家争鸣的集大成者。《荀子》三十二篇保留了他的一些主要思想。

1. 性恶论与孝

荀子否认了天赋的道德观念，转而提出了性恶论。这个命题由于带有一定的颠覆性，在后世遭到了很大的争议。由性恶论出发，荀子阐述了迥异于曾子到孟子一派的孝理论，性与伪构成了荀子孝道思想的根源。《荀子·性恶》篇开门见山地说：“人之性恶，其善者伪也。今人之性，生而有好利焉，顺是，故争夺生而辞让亡焉；生而有疾恶焉，顺是，故残贼生而忠信亡焉；生而有耳目之欲，有好声色焉，顺是，故淫乱生而礼义文理亡焉。”人人生来的天性中都有好利、好声色的欲望，这些欲望如果不加节制最终会导致争夺、淫乱等恶的结果。“性恶”就是以后果论来界说的。由于持这种看法，那么孝的来源就无法从人性中找到而只能向外寻求。

但荀子认为，人不仅有自然属性，还有社会属性。《王制》中说：“力不若牛，走不若马，而牛马为用，何也？曰：人能群，彼不能群也。人何以能群？曰：分。”人是社会群体中的存在，社会的整体性存在就要有上下尊卑、亲疏长幼等分别。正是身处社会之中，人才具备了生成社会关系的能力，就像马克思说的一样：“人是社会关系的总和。”荀子还说过：“夫禽兽有父子，而无父子之亲，有牝牡，而无男女之别。故人道莫不有辨。”（《非相》）人只有“辨”才能区别于动物。禽兽有亲子关系但不能区分父子长幼男女的差别，没有孝之德性，而人却有区分尊卑长幼的能力，也就有了产生孝的可能和必要性。可见孝在荀子这里是由外在的分别和社会发展的需要而产生的。荀子的孝论摒弃了自然生发说，使孝道在此无法实现天道下的回环贯通，孝的形上性就被遮蔽在礼之下了。

2. 隆礼法与孝

孔子重仁，孟子显义，荀子隆礼。《大略》篇说："仁，爱也，故亲；义，理也，故行；礼，节也，故成。"在荀子看来，父子君臣关系是离不开孝的规范。但是，从性恶论的假设出发，人性中无法直接开出孝，故需以礼义来规范事亲的行为，孝是由礼而生的。《性恶》篇说："夫子之让乎父，弟之让乎兄，子之代乎父，弟之代乎兄，此二行者，皆反于性而悖于情也；然而孝子之道，礼义之文理也。"所以，孝的道理内涵于礼中，孝亲同样需要合乎礼义，礼才是保证仁义得以落实的手段。

因为荀子由性恶立论，礼也无法由内而出，荀子于是设圣人来制礼作乐，以此立礼之本。他说："礼有三本：天地者，生之本也；先祖者，类之本也；君师者，治之本也。无天地恶生？无先祖恶出？无君师恶治？三者偏亡焉，无安人。故礼，上事天，下事地，尊先祖而隆君师，是礼之三本也（《礼论》）。"礼不仅调节着家庭伦理关系，其与孝的结合在政治领域也意义重大。

在《子道》篇中，荀子将孝分为三层："入孝出弟，人之小行也；上顺下笃，人之中行也；从道不从君，从义不从父，人之大行也。若夫志以礼安，言以类使，则儒道毕矣。"荀子指出，孝敬父母为小，从道不从君为大，孝在子道、臣道和君道中贯穿。然而，荀子反对愚忠愚孝，坚持了对孝行的客观理性建构原则，提出了"从道不从君，从义不从父"的价值选择。

显然，他的孝行选择也就是他建构礼制的政治准则。

在《性恶》篇，荀子还区分了孝的名与实：“天非私曾骞孝己而外众人也，然而曾骞孝己独厚于孝之实，而全于孝之名者，何也？以綦于礼义故也。”孝之实是子女对父母的敬爱之情与切身行动，孝之名是礼节形式。名与实要相符，作为外在道德规范的礼要在人内化于心、外化于行方才符合孝的礼仪。总体说来，在孝文化方面荀子没有偏离孔子仁的基本精神。他以仁为体、以礼为用，重视外在礼制规范对内在孝德情感的约束，发展了更具现实主义精神的礼治思想，将孝论指向社会与政治，再次扩大了孝道的论域。

第三节　秦汉以来孝道的演变

一、《孝经》成书：孝道的理论完成

《孝经》是儒家十三经之一，约成书于战国末期，是先秦儒家孝道的集大成之作。秦施暴政，不重孝道，又焚书坑儒，《孝经》直到汉朝才流行起来并得以被统治者重视。《孝经》以孔子与曾子的对话为呈现形式，可知《孝经》一定程度上也是对孔、曾思想的传承。

在《孝经》之前，学者主要以德论孝，孝只是诸德中极重要之一目。德与道不同，道是德之本。《孝经》把孝德正式提升为孝道，孝成了至高无上的宇宙本体，从而最终完成了儒家孝道思想的构建。《孝经·开宗明义章》说，“夫孝，德之本也，

教之所由生也”，即是将孝定为道德本源。《三才章》进一步论述“夫孝，天之经也，地之义也，民之行也”，据此也即是说明孝为天道，恒久不变，人行于世必以孝为则。

《孝经》的重要性还在于它第一次在中国历史上明确提出了“以孝治天下”的理论。故秦代以后的统治阶级都非常重视《孝经》，这也是《孝经》能被列入“十三经”的原因。关于统治者如何以孝治天下，《孝经》提出了君王以身作则、教化百姓和以法制保障的措施。《孝治章》明确说道：“昔者明王之以孝治天下也，不敢遗小国之臣，而况于公、侯、伯、子、男乎？故得万国之欢心，以事其先王。”《孝经》划定了“五等之孝”，从庶人到天子都有相应的礼法规范。在专制王权下，社会等级森严，让每个阶层各司其职，不同身份的人适用不同的礼法，有利于统治秩序的稳定。《孝经》还明确提出孝行的律法化。以前对不孝的行为只有道德的谴责，而《孝经》专门开辟了《五刑章》。它提出“五刑之属三千，而罪莫大于不孝”。五刑指墨、劓、剕、宫、大辟五种峻酷的极刑，而不孝则是罪大恶极，必须严加禁止。为了保证孝道的权威性，《孝经》还对孝做了宗教神秘化的诠释。《感应章》说：“昔者明王事父孝，故事天明；事母孝，故事地察；长幼顺，故上下治。天地明察，神明彰矣……宗庙致敬，鬼神著矣。孝悌之至，通于神明，光于四海，无所不通。”孝道通于天地鬼神，天神会为孝行所感而施以福佑，祭祀时敬意所至，先祖也会显现，孝充塞四海，无所不能。孝感理论，这种神秘主义的解释也为后来董仲舒提出的天人感应理论所承袭。

孝的社会功能在《孝经》中也有明显表述。它企图使“民用和睦，上下无怨”。《孝治章》篇认为，孝行能够“生则亲安之，祭则鬼享之。是以天下和平，灾害不生，祸乱不作”，这与儒家的大同社会理想是一致的。最后，《孝经》对达致社会和谐的作用路径也做出了说明。《广扬名章》提出：“君子之事亲孝，故忠可移于君。事兄悌，故顺可移于长。居家理，故治可移于官。”立身、齐家与治国平天下所适用的伦理规范是相通的，因此孝行可以导通身、家与国三者。当然，孝还是一种实践性伦理，所以它要求人们“始于事亲，中于事君，终于立身”，奉行终身、不断进步，这是孝道对每一个人的要求。

二、“以孝治天下”：孝道的政治实践

“以孝治天下”作为封建专制王朝的传统，自西汉就已确立，在汉武帝“罢黜百家、独尊儒术”之后更是奉为圭臬。孝治模式之所以能够在古代中国长久地施行，最主要的原因就是实现了家庭道德和政治伦理的统一。

家国同构是保障孝治的重要制度基础。孝作为巩固统治的政治手段，只有在家国同构的社会结构中才能充分发挥其作用，才能使孝的抽象意义落到社会生活的实践之中。历代贤儒对忠与孝这两者之间带有一定张力关系的巧妙处理，使忠孝在爱国主义的高度上可以达到两全，移孝入忠得到了官方确认，出现了“求忠臣必于孝子之门”的社会现象。《礼记》中说：“忠臣以事其君，孝子以事其亲，其本一也。”意即君臣关系与父子关系具有同构性，孝道就是其中普遍适用的纲常。家喻户晓的花木兰是于家尽孝、为国尽忠的典范，一直受到人们赞誉。虽

然丁忧制度一定程度上保障了孝治的良性运转，但忠孝不能两全的情况对于个人来说也难免会出现，这里我们可以从岳飞精忠报国的故事来加以分析。岳飞的母亲在他背上刺了“精忠报国”四个字，那就表示以岳母为代表的家长对子女的要求是把忠于国家置于孝敬父母之前。国家与民族的利益是孝之大义，忠于道义重于孝敬父母。国家兴衰直接关联个人的命运，集体主义要求小家的私利不能违背公利，担当起天下的大任才是更高境界的孝，忠孝难两全的问题便两难自解。

历代统治者为了更好地实现孝治，多管齐下，奖惩并施。首要措施是对孝行的直接奖励。为了给社会营造出忠孝的良好氛围，孝子孝女会受到重大的表彰，朝廷会予以钱财、免除徭役等，甚至建牌坊来纪念，正史还会专门修《孝子传》来褒扬孝道。其次，自汉武帝开始的“举孝廉”制度把孝德作为选拔官吏的标准，人们为了求得功名利禄，自然就会积极行孝，这给了民间老百姓行孝一个非常强大的动力，孝道进一步普及。再次是官方大力推行的孝道教化。西汉文帝设立了《孝经》博士，专门整理和研究经籍。到了西汉平帝时期，开始在地方学校设置《孝经》讲师，将《孝经》教育推广到地方。最后是王朝会借律法的强制手段来维护、推广孝道。汉朝明文规定子女若殴打父母即要杀头，后世也都在立法上把“不孝”列为大罪。

三、孝道的嬗变与异化及其在宋明理学中的定型

经过两汉和魏晋时期统治者对民众孝道的不断强化教育，孝道已在老百姓思想中深深扎根，孝敬父母也成了社会群众的

自觉习惯。然而，受汉朝后期神秘主义的影响，社会思想趋于保守、固化，作为家庭伦理的孝也逐渐向虚伪化、愚昧化、极端化演变。

唐宋以后，家族制度愈发完善，多代同堂的大家庭越来越多，宗族祭祀等活动兴盛。这就使得作为维护家族团结、保障大家庭利益的孝道空前昌盛，故与当时孝道实践相适应的新儒学就应运而生，将孝道调整为维系家族发展的系统理论。

宋明时期占主导地位的思想是理学，主要由二程（程颢、程颐）和朱熹建构，是一种以“理”为最高范畴的学术体系。理学家们从天理的高度论证了孝道的合理性。程颐曾说：“天理云者，这一个道理，更有甚穷已？不为尧存，不为桀亡。”他认为天理就是亘古不变的先天自然法则，还说：“几时道尧尽君道，添得些君道多；舜尽子道，添得些孝道多？”忠孝等纲常伦理就是天理，不可改变，所以他提出：“且如欲为孝，不成只守著一个孝字。须是知所以为孝之道，所以侍奉当如何，温情当如何，然后能进孝道也。”

理学家把孝作为天理对人的要求，还说儿女若不孝顺父母则会遭受天谴，试图以神秘的教说使人信服。宋明理学的另一代表、“北宋五子”之一的张载在其名篇《西铭》中说：“乾称父，坤称母；予兹藐焉，乃混然中处……于时保之，子之翼也；乐且不忧，纯乎孝者也。”他将天地喻为父母，天地对人有“生生”之大德，人在宇宙中要感恩天地，在家庭中就要孝顺父母。理学的集大成者、南宋的朱熹也说：“三纲五常，终变不得，君臣依旧是君臣，父子依旧是父子”，“孝弟者，天之所以命我而不能不然之事也”，强调忠孝之道作为人的绝对义务永存不已、不可抛绝。

理学中心学一派的代表王阳明在《传习录》中说："以此纯乎天理之心，发之事父便是孝，发之事君便是忠。"心学的核心是"心即理"，王阳明也就借此论证了忠孝之伦理是先天内在于人心之中的"良知良能"，也承认孝道无非天理。总之，理学家将先秦儒学伦理道德思想的内在人性依据扩展到宇宙天地，儒家孝道思想的本体论证明在此得到了充分的完善。

孝道对人的绝对约束力在理学影响下大大强化，也进一步沦为君主实行专制独裁的手段。封建社会后期统治者大肆宣扬绝对顺从与愚昧献身的"孝道"，孝道更是不断异化、变质，孝德在民间甚至发展成了畸形的"愚孝"，变为了阻碍中国社会发展的一个思想枷锁。元代郭居敬写的《全相二十四孝诗选》（简称《二十四孝》）过分夸张了如"埋儿奉母"、"尝粪忧心"和"哭竹生笋"等一些不合常理的孝行，表面上是对孝道的弘扬，实质上是对迷信思想的诱导和人性扭曲的美化，这是儒家孝文化发展至愚孝的错误典型。

四、传统社会后期对孝道的反思

由于孝道出现了非良性的发展趋向，明清时期一些有识之士认识到了封建孝道的弊端，开始自觉反省并从理学内部修正儒学孝文化体系。

明朝后期泰州学派的代表人物之一何心隐就一反传统，以朋友取代父子，视其为五伦之最重。他提出"君臣友朋，相为表里"，将传统臣对君的忠孝转化为朋友之道，主张以朋友一伦为主重新整合社会,一定程度上促使大家反思“三纲”的弊病。明清之际,大“异端”思想家李贽突破传统理学藩篱,提出“是非无定”、“人必有私”,猛烈抨击了文化专制主义和虚伪的道德教条，起到了解放人个性的作用，具有一定的启蒙意义。王夫之又对李贽的新伦理学思想进行扬弃，提出了“天理寓于人欲”的观点,认为:“终不离人而别有天,终不离欲而别有理也。离欲而别为理,其唯释氏为然,盖厌弃物则,而废人之大伦矣。”他降格了天理至高无上的神圣性，以人为本，凸显了人文精神。清朝的戴震直接批判理学“以理杀人”。他看到孝道对社会的扭曲:“尊者以理责卑，长者以理责幼，贵者以理责贱，虽失，谓之顺;卑者、幼者、贱者以理争之，虽得，谓之逆。”他反对长者以“理”之名谋私利，认为幼者不应受所谓“理”的压迫。有见于很多无辜百姓因“纲常礼教”而死，他提出了“无私而非无欲”的伦理学，一扫程朱理学的僵化论调，使孝悌等刻板规定回复了道德的自然性，是儒家古典伦理道德思想现代化的先声。在封建社会晚期，社会僵化、生产力停滞，只有在思想上不断反思、批判、创新，社会才能进步，所以依托于理学的孝道必须随着社会发展而进行一定的调适。

第二章
以孝修身：孝文化与中国人的人格教养

第一节　儒家的人格理论与人格教养

一、儒家的人格理论

圣人、君子、小人、禽兽等字眼，在当今的社会中使用频率依然很高，这便是人们潜意识中对于人格的划分。在儒家的话语体系中，人格通常有两层含义。首先是将人与动物区分，使人之所以成为人的独特品格；进而是人与人之间的区别，强调人品性之差异的价值层级。孟子曾提出过著名的“人禽”之辨。所谓“人之所以异于禽兽者几希，庶民去之，君子存之。舜明于庶物，察于人伦，由仁义行，非行仁义也”。就是以“仁义”为核心的人格成为区分人与动物、常人与圣人的标准。在一定的社会环境下，人们的要求与期望凝聚在一个具体的人物身上，展现了当时社会的价值追求，这个人即成了理想人格的代表。所以，相较于释家的理想人格是“佛陀”，道家的理想人格是“真人”，儒家的理想人格则为“圣人”。

“圣人”尽善尽美，“君子”切实可达。《中庸》言，君子之道，譬如行远，必自迩；譬如登高，必自卑。《诗》曰：“妻子好合，如鼓瑟琴，兄弟既翕，和乐且耽。宜尔室家，宜尔妻帑。”

君子要做到“行远自迩，登高自卑”，因此君子的修养之道要从道路的近处、从高山的低处出发，自家庭始，自细节始，不能好高骛远。君子还要做到“素其位而行，不愿乎其外”，因此君子的修养之道要“知其所止”，安于现在所处的地位去做应做的事，不生非分之想。君子作为切实可达的理想人格范型，将其推至极致，就是儒家追求的最高人格境界——圣人。总之，“砥砺君子，成贤作圣”，向来是儒家的理想人格设定，“仁义成圣”无疑是儒者孜孜不倦的完善人格追求。

孔子认为的人格本质和理想形态都是向善的，这一思想可以从理想社会的构建和为仁由己两个方面来证成。第一是孔子认为人具有仁爱之心。孔子认为，“我欲仁，斯仁至矣”。仁存在于人之本性之中，是生来就有无需外求的，天赋予个人意志之善、本原之善。但“仁爱之心”指向的是一种善的本性和向善的可能性，人之品格亦有具体现实层面的差异。人性相近，而由习之不同则发展出了具有差异的人格。第二是孔子对理想社会的构想。孔子认为对于社会的规范应当以德来进行，而不是通过严刑峻法，即“道之以政，齐之以刑，民免而无耻；道之以德，齐之以礼，有耻且格”。《礼记》展开论述了孔子的理想社会：

大道之行也，天下为公。选贤与能，讲信修睦，故人不独亲其亲，不独子其子，使老有所终，壮有所用，幼有所长，矜寡孤独废疾者，皆有所养。男有分，女有归。货恶其弃于地也，不必藏于己；力恶其不出于身也，不必为己。是故谋闭而不兴，盗窃乱贼而不作，故外户而不闭，是谓大同。

在孔子善的理想社会里，幼有所养、老有所依，人们和谐互助。这样一种理想社会并不是以特殊的个体为基础，而是以对人性向善的一种坚信为基础。正是因为对普遍人性的相信，“大同社会”才能够成为中国传统政治的理想和价值追求。

在孔子之后，孟子首先提出人之本性为善，并论证了人格完善的可能性。孟子认为：“乃若其情，则可以为善矣，乃所谓善也。”即从本性来说，人都是善的。孟子从三面来对性善论进行论证。其一，亲亲之爱“不学而能”、“不虑而知”。当人还是孩童之时便知道爱其亲人，长大之后自然知道尊敬兄长，不论是“爱其亲”还是“敬其兄”都是人所具有的良知良能的自然显现。所以，孟子正是从这个角度来说“亲亲，仁也；敬长，义也；无他，达之天下也”。其二，“人皆有不忍人之心”。当人见到孩童落入井中之时都会产生一种移情，移情是来自人的一种瞬发情感，是其本心当下的情感显现，从移情当中我们可以证成人性善的思想。其三，人的生理感官的共同性。“口之于味也，有同耆焉；耳之于声也，有同听焉；目之于色也，有同美焉。至于心，独无所同然乎？心之所同然者何也？谓理也，义也。圣人先得我心之所同然耳。故理义之悦我心，犹刍豢之悦我口。”前两点都是从情感的角度来显现本性之善，而孟子在第三点则通过对人之生理构造的相同性来证明性善的普遍性。人的构造既然相同则性善便不只是一个单独的特殊事件，而是具有普遍性的共同善。由此，孟子突显了人的道德主体性，明确了人性的根本属性，即人性本善。人若出现不善的行为，则“非才之罪也”，即不是人之本性的罪过。孟子同样认同人固有仁义礼智之心，《孟子·告子上》言，“仁义礼智，非由外铄我也，我固有之也”，正是对性善的坚持才能够使得教化得以展开，才能够成就完美人格。

西汉的董仲舒对人性的本体做出了政治性的阐述。他将人与天做类比，将人看作是天的副本。“天之副在乎人”，人之性也应该与天相配。这样的相配体现在两个方面：其一，从经验的角度来看，人性与天的现实运行相配。“天两有阴阳之施，身亦两有贪仁之性。天有阴阳禁，身有情欲栣，与天道一也。”即是说，天以阴阳二气的运行构成世界万事万物，那么人作为天之子，自然其本性在经验的层面上也与天之运行相对应，呈现出善与恶两种形态。其二，从本体的角度来看，天通过阴阳二气不断地生成万物，体现出一种“生生之大德”。这样的“生生之德”即是董仲舒所强调的“天心”，这样的“天心”只能是纯善无恶的，故而董仲舒言“仁，天心”；“天之所为，有所至而止。止之内谓之天性，止之外谓之人事”。人亦需承此“天心”成就德性。这也是人之所以为善的根据。当然，董仲舒认为“人性”是合一的，本体的性终需要经验层面来显现，即天道作用于外在的社会，便形成了“王教”。“王教在性外，而性不得不遂。故曰性有善质，而未能为善也。”正是通过“王教”的参与人性才最终得以圆满。

宋代理学家朱熹提出“天命之性”与“气质之性”。朱子认为“天命之性”乃是纯粹至善，只是因为后天气禀的不同才有善恶之分，即所谓“人之所以有善与不善，只缘气质之禀各有清浊”。如果将董仲舒的人性论概括为“成性说”，那么朱子便是“复性说”，两者代表了儒家“人性说”的两条进路。前者要求的是将人性不断的推广，“成己成物”，终究是“成人”。后者则是对人性进行回溯，要求“存天理，灭人欲”从而回复原初的本性，是从个人的角度来对人性作出解释。实际上，董氏之言是通过人性来对世界图景进行想象和建构，朱子之论则是为了应对佛老的威胁，辟异端而对儒家人性论进行的补充。

此外，儒家还有一种动态的人性论。王夫之认为："性者生理也，日生则日成也。"就是说人性是生成的，可以动态变化的。对于人性的生成，王夫之非常强调物质条件在人性生成过程中的作用，认为"天以其阴阳五行之气生人，理即寓焉而凝之为性。故有声色臭味以厚其生，有仁义礼智以正其德，莫非理之所宜。声色臭味，顺其道则与仁义礼智不相悖害，合两者而互为体也"。不同于朱子对感性欲望的克制，王夫之认为人性必须以感性欲望的满足为条件，"声色臭味"须得与"仁义礼智"相持而长才能够成就人性。

总而言之，从孔子开始，作为中国文化核心的儒家便以人性蕴含善质，并以之作为理想人格修养的根据，而这一人格理想的构建范式则是内圣外王。

二、人格需要教养

《中庸》说："天命之谓性，率性之谓道，修道之谓教。"天命之性为何？"唯天下之至诚，为能尽其性；能尽其性，则能尽人之性；能尽人之性，则能尽物之性；能尽物之性，则可以赞天地之化育；可以赞天地之化育，则可以与天地参矣。"人格达至"至诚"方能参透"天命之性"，进而可尽物性，辅助天地之养护、培育。如此，便是人格修养的"参赞化育"之功。《中庸》还提出了"成己成物"主张。"诚者非成己而已也，所以成物也。成己，仁也；成物，知也。性之德也，合内外之道也。故时措之宜也。”儒家的修身是“为己之学”，强调“尽己”“成己”，但儒家的入世主义强调不能只求得自身完满（“非成己而已”），而是讲求内外相合，己立立人、己达达人，当然还包括万物在内，即是“成己成物”。可见，儒学的价值理念与内在诉求，赋予了人格修养“成己成物，参赞化育”的潜能。实现“成己成物，参赞化育”的潜能过程，就是人格教养的过程。

“人之初，性本善；性相近，习相远。”人之本性是善的，并不意味着人性是生而完全，不会再更改。在后天的习性生发过程中会开出人格的善恶之花，只有接受教养才能开出善之果。王夫之就认为：“先天之性天成之，后天之性习成之。”人性中既有生而天赋予之的存在，也有后天习得的存在，“取之纯，用之粹而善；取之驳，用之杂则恶”。习得好的便养成善的人格，习得恶的便养成恶的人格，这也就是宋儒所谓的“天命之性”和“气质之性”。张载在《正蒙》中言：“形而后有气质之性，善反之，则天地之性存焉。”人之性乃禀于天，天以“生生之德”而赋予人本性也就是“天地之性”，这样的“天命之性”是纯善无恶。这也是对天地大生命的赞叹和感恩。但因为人会受到气质的障蔽故而会在后天的生活中形成气质之性，这样的“气质之性”则会有清浊偏弊。所以要不断地“善反之”，去除“气质”的障碍，恢复“天命之性”。王阳明在四句教中也表达了相似的观点：“无善无恶心之体，有善有恶意之动，知善知恶是良知，为善去恶是格物。”“格物”和“善反之”都是一种教化，其目的都是要恢复对“天命之性”的体验，从而形成一种理想的人格。

人格教养是个体发展与完善的必然要求，也是社会和谐与进步的现实需要。长期以来，国家和社会就肩负起了教化个人的职责。《论语·子路》曾记载孔子与冉有的对话："子适卫，冉有仆。子曰：'庶矣哉！'冉有曰：'既庶矣。又何加焉？'曰：'富之。'曰：'既富矣，又何加焉？'曰：'教之。'。""庶—富—教"，这是孔子设定的推动个体发展的政策议程。毫无疑问，"庶"与"富"都只是一种物质生活的准备，而最终需要进行的是以"教"为手段、超越了物质束缚后的理想人格追求。在儒家的思想体系中，理想的人格追求便是对于人的教化，以形成具有"仁心"的君子人格。如果只是停留在对物质生活的追求之上，那么便会陷入无限的欲望追求当中，结果便是社会失范。所以，需要为社会生活寻找一个神圣的目标，这样一个目标是超越了物质生活的纯粹精神性的追求，用以引导人们用正义良善规范需求的满足，社会才能在这样的节制中得到良性的运转，这是建设和谐社会不可或缺的重要一环，也是孔子提倡"教化"的理由。

孟子曰："今夫麰麦，播种而耰之，其地同，树之时又同，浡然而生，至于日至之时，皆熟矣。虽有不同，则地有肥硗，雨露之养、人事之不齐也。"孟子用种子作比，类似的种子种到不同的土地里，土地肥沃程度、自然条件和种养之人的不同导致了种植结果的差异，那么便需要通过教化来形成一种良性的社会环境，从而使得生活于其中的人可以充分发展其本心、本性；反过来通过本心、本性的充分发展，为社会积累良善，形成良性循环，使社会走向和谐。总之，通过教化的工夫，使人能够朝着理想人格走向自我完善，使社会摆脱无序。

第二节　孝与儒家的成人之教

一、儒家何以由孝生教

人具有向善的本质和被教养的必要性，那么向善的人格如何教养，教养在哪里开始？发端于事亲的孝，本来只是个体的行为，为何能够成为儒家的普遍性修养基础呢？

“天生德于予。(《论语·述而》)”孔子认为人的德行是上天赋予而人生来所具有的，人格教养首先应当“明明德”，唤醒人的仁心。孝悌乃为仁之本也，故孝为人格教养之基础。正如林语堂的论断，代表“宗教”和“教化”的“教”，就是从“孝”之一字演化而来的，给“孝”字加上表示使役的偏旁“攵”，即“使……孝”的意思。借助《孝经》，儒家进一步以“教”作为孝的引申发展，将孝建构为“德之本”、“教之所由生”。

《孟子·尽心上》：“人之所不学而能者，其良能也；所不虑而知者，其良知也。孩提之童无不知爱其亲者，及其长也，无不知敬其兄也。”孝悌乃不学而成，不教而知者，故可以推及其他德行，仁爱万物。《礼记》提出“仁者，人也，亲亲为大；义者，宜也，尊贤为大。”“仁”是人格修养的最高目标，“亲亲”则首先从孝开始，从孝出发才能推广至爱人之“仁”。曾子曰：“孝有三：大孝尊亲，其次弗辱，其下能养……父母既没，慎行其身，不遗父母恶名，可谓能终矣。仁者，仁此者也。”也是将孝作为人格修养的基础，将理想人格的展开视作是孝的推广和展开。

董仲舒在《春秋繁露》中讲："天地之所以生物者，莫贵于人。人受命乎天也，故超然有以倚。"他在天人关系的层次来谈论人性本身的发展，认为人必然要通过自身在历史中的展开来辅助神圣之天完成自身的生命秩序，即"参赞化育"。个体便因为神圣之天的赋予、展开和对神圣之天的参与而实现自身的价值。孝也由之而获得一种神圣性的意涵。

在现实的社会生活中，以形成理想的人格为目的，儒家也是由孝生教。在儒家所设定的君臣、父子、夫妇、兄弟、朋友的五伦中，以孝为核心的家的关系占了三个，而其余的两个也可以由孝悌推及，以父子关系推及君臣关系，以兄弟关系推及朋友关系，故以孝设教，能够使人明于五伦。"弟子入则孝，出则悌，谨而信，泛爱众而亲仁，行有余力而学文。"正是从孝悌的亲亲之情做起，才能够渐次展开自身的仁心、仁性，成就自身。教化民众首先便是使民众有博爱之心，爱其亲人，在此基础上才能教之以道义、敬让、礼乐及是非之心等，使得民众通过学习而不断向善。《论语》中也有类似的话语，子曰：

立爱自亲始，教民睦也。立教自长始，教民顺也。教以慈睦，而民贵有亲；教以敬长，而民贵用命。孝以事亲，顺以听命，错诸天下，无所不行。

这意味着如果在人幼年时都能诚其孝悌之义，从其孝心开始加以教养发其仁心，那结果就是社会和谐，天下得治。显然，个人具体参与政治事务决策的机会毕竟是有限的，但是修身和齐家却是人人可为。所以，儒家视孝为所有阶层共同的责任和义务，明确地将修身看作是治乱之本，是齐家、治国和平天下之基础所在。

二、君子何以成己成物

人性本善，由于后天的环境及其所养成的习性不同，有不同经验的人容易生发出不同的人格特征来，导致“性相近，习相远”的结果，必须在纷繁复杂的环境影响中“求其放心”，运用个体的内在动力塑造人格。人格修养的过程必将产生巨大的实践力量，对他人及外部的环境产生影响，成就事功，达到成物的外王。内圣外王是儒家理想人格的公认模式，其至高追求是成己成物的修养过程之展开，成己即是对自身人格的完善；成物则是与社会层面的事功，将外部世界改造成为理想社会，成物实际上是成己的继续发展。

天生人于世，岂能无欲。朱子言：“若是饥而欲食，渴而欲饮，则此欲亦岂能无？”（《近思录集注》）人之饮食乃天生之性，顺应天性，不可灭之，渴而不饮、饥而不食物，岂不是泯灭天性。《礼记》云：“故人者，天地之心也，五行之端也，食味别生被色而生者也。”人心皆有所欲，或是欲立己立人、或是欲达己达人，均为向善之念。《论语·公冶长》载孔子言：“‘吾未见刚者。’或对曰：‘申枨。’子曰：‘枨也欲，焉得刚？’”这段话的意思是孔子说他未曾见过坚强之人，弟子说申枨可以称得上是坚强得人。孔子则认为申枨欲望过多，不能称得上是坚强。可见，“欲”在儒家思想中存在其正当性，而儒家否定的只是“克、伐、怨、欲不行焉”、“欲速成者也”之贪欲和邪欲。世人有以情欲为负累，而灭欲绝情，儒家始终持修身之道，不泯灭情感，不抹除欲望。圣人之情为天地之情，情感广阔而无所负累，圣人之欲同凡人之欲望，只是有节。虽人欲具有十分重要的合理性，但欲望的放纵却是不当的，须得以心性以人格来治欲念。

子曰："富与贵是人之所欲也。"孟子也说："人亦孰不欲富贵"，但"不以其道得之，不处也；贫与贱是人之所恶也，不以其道得之，不去也。君子去仁，恶乎成名？君子无终食之间违仁，造次必于是，颠沛必于是"，故"不义而富且贵，于我如浮云"。不遵守道义而取得的富贵，于君子而言是毫无价值的。《尚书·大禹谟》曾赞大禹之贤为"克勤于邦，克俭于家"。大禹为上古之圣王，孔子称之"无间然矣"（无可挑剔的人）。"卑宫室，而尽力乎沟洫"，自己却住的房子十分简朴，而尽心尽力兴修水利。一如《周易》对君子的要求："行过乎恭，丧过乎哀，用过乎俭。"诸葛亮称君子之行"静以修身，俭以养德"。故应当"道之以德"。以道德之心来治理情欲，"喜怒哀乐之未发，谓之中；发而皆中节，谓之和。中也者，天下之大本也；和也者，天下之达道也。致中和，天地位焉，万物育焉"。使得欲望发之时合乎中节，欲由情发，若任情感被外物遮蔽，则情易不正，情不正则欲过，而天赋予了人心思量之能力，便应当立起比耳目之欲更为紧要之事，从而以心治情、以心治欲。

所以，人格修养首要的目的是"成己"。孟子提出了这样的命题："从其大体为大人，从其小体为小人（《孟子·告子（上）》）。"即是说，人之为人，为何有君子和小人之分呢？孟子从身心修养的差别中作出了解答。孟子认为，像耳朵眼睛这类感觉器官是不会思考的，因而容易被外物所蒙蔽。它们一接触外物,往往就被引上迷途了。只有心才具有善于思考的官能，它是上天特意赋予人类的主要器官，能思考就能把握本性。人格发展到了一定的程度，便能将精神的满足放置在高于欲望满足的层面。服从于身心主要部分行事的人，就是君子，而屈从于身心次要部分行事的是小人。因此，为君子不为小人，就是要在“仁欲相抗”的过程中,使自己的修养“从大体”而不是“从小体”。孔子自述曰：“饭疏食饮水，曲肱而枕之，乐亦在其中矣。”也曾赞颜回：“贤哉回也！一箪食，一瓢饮，在陋巷。人不堪其忧，回也不改其乐。贤哉回也！”何以孔、颜竟能居陋处，吃粗粮喝白水而不改其乐？而衣食无忧的许多人却无所事事，劳心劳形而终日役役呢？这是对人生的使命及归属有了领悟，不再拘泥于耳目之欲，将个人的生活琐事和成败得失作为其生活的核心，转而事天、乐天安命。

“孔颜乐处”便是从天地的“生生之德”开始体悟，将自身的生命和追求与神圣之天融为一体。这样的过程便体现孝，这便是冯友兰自然境界、功利境界、道德境界和天地境界“四境界”说中的道德与天地境界，它超脱了自然与功利，是道德修养和人格教化到达一定程度后于道德境界上的自觉、再到生命的感通而天地境界上的自觉。可见，孝便不只是一种具体的道德价值还是一种精神指引,它使得人可以得到心灵安顿的“孔颜之乐”，自觉地进行人格修养。

成物是君子抱持成己修养境界的外烁，是君子对他人、对社会和国家的道义。儒家甚至指出，君子有对天地的孝道，即通过自己生命的展开来完成对天地大生命的责任,又称之为“参赞化育”。所以，孝不仅是一个具体道德品质的描述，不仅是一个具体的、特殊的个体经验，还是一种普遍的、具有神圣性的价值秩序。它不仅仅停留在个人的实践经验，更重要的是成为社会的价值遵循和神圣的价值目标，是要通过孝来明确、实现社会价值的意义，故孝在经验的层面来讲始于事亲，但并不停留在经验的层面，而是以亲亲之情为基础不断扩充、推广，体悟到天地的“生生之德”，将自身的生命融入天地大生命。一如《中庸》言，“惟天下至诚，为能尽其性；能尽其性，则能尽人之性；能尽人之性，则能尽物之性；能尽物之性，则可以赞天地之化育；可以赞天地之化育，则可以与天地参矣”。

总而言之，“成己”作为自我价值的实现，是以孝为实践基础，不断将孝所表征的“亲亲之情”扩充、推广，从而实现人生内在的价值而“成己”和改造外部的世界而“成物”，也让他人和万物充分实现天性。成己成物，也就是内圣外王的修养门径。孔子云：“仁人不过乎物，孝子不过乎物。是故，仁人之事亲也如事天，事天如事亲，是故孝子成身。”（《礼记·哀公问》）任何人都无法逾越天地万物的规律，对待天地和父母同样敬爱是仁人自我的修养。“亲亲，仁也；敬长，义也；无他，达之天下也”，正是在孝道的指引下修养身心，方可达到“致中和，天地位焉，万物育焉”的境界。

第三节　以孝修身的儒家工夫

一、全身守本

“父母全而生之，子全而归之，可谓孝矣。”孝以修身的首要功夫就是全，何谓全？即是全身守本，珍爱父母给予我们的身体，不自甘堕落，折辱自己和父母，“不亏其体，不辱其身，可谓全矣”。

1. 不亏其体

《礼记·祭文》记载曾子言：“身也者，父母之遗体也。行父母之遗体，敢不敬乎？”身体发肤均受之于父母天地，不应损毁，而当顺应人之天性，进行发展，以实现对己之身的保全。所以，曾子在去世前对他的弟子们说：“启予足，启予手。”让弟子们看看自己的身体是否完整，以未曾损伤身体而骄傲。儒家根据孝道首先对身体作出教养要求，还要求修身者做到业广惟勤，不惰其四肢；不赌博不酗酒；以直报怨，不好勇斗狠。

敬其体，以好逸恶劳为耻，不惰其四肢，顺时而动。清代文学家钱德苍《勤懒歌》生动地唱道：

为人在世莫嗜懒，嗜懒之人才智短。百事由懒做不成，临老噬脐悲已晚。士而懒，终身布衣不能换；农而懒，食不充肠衣不暖；工而懒，积聚万贯成星散。又不见，人生天地惟在勤，原勤之本在乎心。

人生最不可为的事情便是懒惰，懒惰消磨人的心智，使人安于享乐。“饱食终日，无所用心”，岂不悲矣。事不躬行必不能成，到老年时遭受了诸多的苦难才想要挽回是毫无用处的。如果要做到自强不息，就必须振奋精神，不懈努力。

不好博弈饮酒，不赌博不酗酒。好赌酗酒，涣散精神，好赌博使人好投机，不切实笃行而以为能因一时之运气得富贵安逸之生活，将使人不务正业，“心劳体倦，人事旷而不修”。酒之一事本不为坏，过则生出弊端，使人头脑发热，情绪高涨，轻佻疏礼，久而久之更是毒害身体与精神，再无斗志，故当对其进行节制。

不好勇斗狠，以直报怨。遇不平之事应当保持冷静，切不可以怨报怨，以暴制暴。《论语·泰伯》载孔子言：“好勇疾贫，乱也。人而不仁，疾之已甚。乱也。”若以不仁回应不忍，好勇斗狠，则天下乱矣。或曰：“以德报怨，何如？”子曰：“何以报德？以直报怨,以德报德。”投桃报李的以德报德固然应当，但怨却不应当以怨来报复，好勇斗狠只会给产生摩擦的双方都造成本所不应有的伤害。应当以公正的原则和理性的态度对待仇怨，不为一时的情感冲动所支配。

2. 不羞其亲

《礼记》言：“父母既没，慎行其身，不遗父母恶名，可谓能终矣。”孝敬父母的重要方面之一就是谨言慎行，不陷父母于不义，玷污父母的名声。身体的损伤病痛会让父母心忧，而道德上的问题则会令父母愧赧。子女出现道德败坏的问题时，父母不仅对子女的德行损伤感到“子不教，父之过”的自责，也会有“德有伤，贻亲羞”的羞愧，甚至乎要承担子女错误的后果。我们耳熟能详的神话人物哪吒儿时顽劣，导致父李靖替子请罪。近年的“李天一案”“我爸是李刚”事件，也是如此。

人不是完全独立的个体，而是社会系统中有连续性关系的一方，不能完全以自我为中心，应当对与自己构成关系的其他方负责，而与之关系最密切的就是父母。父母养育孩子长大，孩子自觉会有“报本”的报答亲恩意识，对于自己和父母名誉的主动保护也是孝的重要方面。

二、立身行道

子女全身守本，不伤亲体，不贻亲羞，是孝以修身的前提。在此保全父母所给的身体的基础上，孔子认为年轻人需要做到“入则孝，出则弟，谨而信，泛爱众，而亲仁。行有余力，则以学文”。所以，以信立身，博学于文，约之以礼则孝的继续发展。

1. 人无信不立

子张问孔子如何提高德行时，孔子说道：“主忠信，徙义，崇德也。”即是说，以忠信为其行为原则，弘扬正义，便能够提高自己的德行，而落实到修身上时，则是须以诚信为立身之本。

《论语·为政》子曰：“人而无信，不知其可也。大车无輗，小车无軏，其何以行之哉？”是说人如果没有了诚信，就什么事都是做不成的。就像大车和小车没有了车轴一样，无法行驶。《论语·卫灵公》孔子又说：“言忠信，行笃敬，虽蛮貊之邦行矣；言不忠信，行不笃敬，虽州里行乎哉？”只要人的言行保持诚信，即使在偏远的地方也能够十分顺利，如果言行不信，虽在繁华的地方也无法取得成功。且“信则人任焉”只有诚信的人才能够受到别人的信任和重用。故而可见诚信于人立己之重要性，乃为立己之本，“人无信不立”。

2. 好学为基

学习是修身的基础，行须以学、知为指导。学而时习之，有了知识方能指导具体的实践，避免疏漏和减少不必要的困惑。好学近乎智。(《中庸》) 孔子较少谈“智”，经常讨论“好学”。

孔子有关于好学的“六言六弊”:“好仁不好学，其蔽也愚；好知不好学，其蔽也荡；好信不好学，其蔽也贼；好直不好学，其蔽也绞；好勇不好学，其蔽也乱；好刚不好学，其蔽也狂。”(《论语·阳货》) 仁、知、信、直、勇、刚等优秀的品质皆不能与学相离，相离则愚、荡、贼、绞、乱、狂等诸多弊端皆生。学与道德的诸方面紧密相连，融入学习方能将道德智慧转化为实践的行动，以达到知行合一的境界。

3. 知礼以行

孟懿子问孝于孔子，孔子答曰：“无违”。又进一步又解释为“生，事之以礼；死，葬之以礼，祭之以礼。”孝是无违于礼，而这种对于礼的无违应是多方面的。《礼记》讲“人有礼则安，无礼则危”。《论语》说“不知礼，无以立也”。《左传》亦说“礼，人之干也。无礼，无以立”。

“礼也者履也”，是需要行于实践的，绝非空洞外在的形式。礼的精神实质是“敬”和“让”，目的是“和”。敬是尊人和谦己，让是辞让。《论语》说“礼之用，和为贵”，人格物致知而晓礼，正心诚意敬让以行礼，致安而达和。

从行为上遵守规范的礼，是修身的重要方面，是协调人际关系和维持社会秩序的道德律令与行为规范。自古以来，国人便十分强调礼的作用，中国素有礼仪之邦的美称，自古以来就十分重视社会公德，我们日常生活中万不能将礼的优良传统给丢弃了。

三、扬名显亲

保护好自己的身体和名誉，使父母所生之体不受损毁，也不因儿女而蒙羞，这是孝以修身的基本功夫，在此一基础上孝的大行则是立身行道，“扬名声；显父母；光于前；裕于后”。名节是中国传统文化中的重要观念，儒家虽向往立功扬名，光宗耀祖，但绝非沽名钓誉，而是应当自觉立仁之意志，践仁德之实和坚持不懈的恒心。

1. 为仁由己的自觉

欲扬名显亲，必须由“自觉”而起，由自觉为仁而立仁之志，“三军可夺帅也，匹夫不可夺志也”。志向是指引人前行的方向和前进动力的不竭源泉。立志首先须自觉孝心，孝悌为仁之本，立仁之志由孝始，只谈广泛的仁爱是无根的，难以寻求到立足点和依靠，对父母亲的爱敬之心，是人与一切生命感通的起点，亦是修养道德的根基。同时，孝的具体形式是可以随着社会的变化、家庭结构的变迁而改变，需要坚守的不是一板一眼的模式，而是对孝心以及由孝生发出的仁爱之心及对真善美的永恒追求。

《大学》说："为人君，止于仁；为人臣，止于敬；为人子，止于孝；为人父，止于慈；与国人交，止于信。"作为不同的社会角色，其定位和目标或有不同，但孝是所有人都能做到的事，在孝之基础上方能继续向外开展爱及天地万物。子曰："志于道，据于德，依于仁，游于艺。"其志又当包容天地间万民万物，"天地养万物，圣人养贤，以及万民"，横渠先生言"为天地立心，为生民立命，为往圣继绝学，为万世开太平"，此为立志之典范。立天地生生之仁心，以爱育万物；为人民指出能安身立命之所在；好学体道，继先圣之学问；心系民生之事，体世间之情，先天下之忧而忧，后天下之乐而乐，以遗能庇万世之大业。

2. 讷言敏行的实践

孝对于修身层面之作用，不仅是意识层面对于生命的感通与热爱，还对现实生活产生深刻的影响，引导人们将个体的德性融于社会的发展当中，追求立德、立言、立功之三不朽，光耀门楣，以成大孝。意识到为仁由己和树立起孝以修身的理念是远远不够的。"非知之艰，行之为艰"，修身的着眼点必须放在"行"上，实践的一环不可或缺。

朱熹云："论先后，知为先；论轻重，行为重。"诚信为人与好学求知，须落到现实的行动层面，使得其知不落于空谈。就其重要性而言，行是比知更重要的，笃行方能对实际情况进行改造。王阳明对知行关系作出进一步论述，认为"知者行之始，行者知之成。"故明"知"之不可缺少，而"行"也是"知成"之要，不可偏废。祸患始于空谈，成事始于笃行。

3. 百折不挠的坚持

在道德的实践中难免会遭遇挫折，儒家认为：“善不积，不足以成名”的不断积累和“反求诸己”的反省内求，是最终实现自我的重要方法。

《尚书》说“树德务滋”，即是说德行地树立是慢慢滋长的积累，而非一蹴而就。积善成德需要日积月累的坚持，在每天的微小行动中感受自我的满足，通过积累使得量变达到质变。但不能因为有所成就而过于自满。世所公认的孔子仍觉在道德修养方面，自己还有很大的进步空间，曾对弟子言“躬行君子，则吾未之有得”，更遑论是普罗大众了。

在不断积累的过程中，亦应当“日三省吾身”，对自己的言行进行反省，实现“正心诚意”。人之过错由于人的具体情况而有所不同，通过观察自己的过错能够了解自己在知行方面的问题，通过反省发现了自己的错误，应当“不迁怒，不二过”。也就是不要因为自己的过错而迁怒别人，而是应当深刻考量这个过错，不再次犯同样的错误。一味埋怨他人的过错可能使人忽视自己的错误，而使错误延续，“过而不改，是谓过矣”。

第三章
以孝齐家：孝文化与中国人的家庭伦理

第一节　以孝齐家的理由

一、何谓齐家

儒家的内圣外王之道，是按照“格物、致知、诚意、正心、修身、齐家、治国、平天下”八个条目（步骤）而展开实践的。从格物到正心，是个体对于外在事物的探索，对文化知识的学习和对于自身道德心性的提升与涵养的过程。在学习过程中，要不断地通过诚意和正心来修正自己心思和念头。修身正是前此四项的目的和结果。所谓修身是个体将知识与道德相融合，从而为齐家、治国和平天下提供可靠的保证。

“内圣外王”的践行之途，是由个体到群体，由内在向外在扩展的过程。齐家是由内向外推出的第一步，也是由个体走向群体的第一步。齐家是与个体自我关系最紧密的。在我国传统观念中，个体并不是绝对的个体，一定是存在于多重关系之中的。与个体最直接的关系就是家庭关系。因此，修身首先面对的就是如何处理家庭、家族的关系。当然，还是要强调的是，齐家并不是在修身之后再去做，而是在齐家中修身，在修身中齐家，由行动意义上的齐家发展到状态意义上的家齐。

从“家”的字形来看，上宀下豕，宀的含义是房屋，豕泛指猪。按清人段玉裁《说文解字注》的说法，家原本指养猪的场所，后来被假借成为人居住的地方。如他举牢为养牛的场所，后引申为关押罪犯的地方。为何家会被借走而指代人居住的地方？段玉裁认为，“豢豕之生子最多。故人凥聚处借用其字。”可能是因为猪每次下崽都很多，从人的角度，也希望能够更多的繁衍后代，才借用了这个字。由夫妻生育，从而产生了各种伦理关系，如父子、母女、兄弟等。从传统观念来看，家不仅仅指一个家庭的伦理关系，还包括整个家族的关系，甚至是一个封邑中的伦常关系。从这个角度来看，家所包含的范围是很大的。因此，从一般意义上来看，“家”是以夫妻、父子等关系为主要伦理关系进而向外衍伸的伦理关系群。

“齐（齊）”,《说文解字》中解为 :“禾麦吐穗上平也。”《说文解字注》中说 :“从二者，象地有高下也。禾麦随地之高下为高下。似不齐而实齐。参差其上者，盖明其不齐而齐也。引申为凡齐等之义。”也就是整齐之意。“齐”在做动词时,为“使整齐、使一致”之意，这就为齐字增加了一个行为主体，进而引申为整理、治理之意。按照《注》所说，因为地势高低及其他条件不同，所以会给人一种“不齐”的错觉，其实它是“似不齐而实齐”。此种看法,正是“齐”的真正旨趣。这里的“齐”更似儒家所强调的“和”。“和”所强调的是在众多不同中能够达到同的状态，这种同就是彼此之间恰到好处的关系，亦是一种相安的状态。

在一个家庭和家族中，每个人都有属于自己的伦理角色，“齐家”的含义正是强调行为主体将“家”中的伦理关系处理得当，达到“家齐”，即家庭和谐的状态。在处理家庭关系时，所依据原则就是孝。

二、孝是齐家的人伦基础

孟子言：“人之有道也，饱食、暖衣、逸居而无教，则近于禽兽。”此处，孟子提到了禽兽与人异同的本质问题。人所带有的自然属性与禽兽并没有什么差别。但是人之所以为人而不同于禽兽就在于，人通过教化会自觉地意识到人自身，即能够区分自然性与人性之间的差别，同时又能培养人性。所以孟子指出，圣王“使契为司徒，教以人伦”。

伦，即条理。《说文解字》说：“伦，辈也。”伦指的就是人与人之间有条理的长幼尊卑关系。儒家认为，人与人之间的关系可分为五种，即五伦，分别是父子、君臣、夫妇、兄弟、朋友。五个维度的伦理所遵循的规范分别是：父子有亲、君臣有义、夫妇有别、长幼有序、朋友有信。

所谓父子有亲，是指从孩子降生开始，父亲就会对孩子产生自然而然的慈爱和关怀，同时，作为子女，对父母尽孝也是一种责任和义务，无需外界的强迫。在父子有亲的关系当中，还包含着另一层关系，就是婆媳之间的关系。公婆慈爱媳妇，媳妇孝顺公婆，这样家庭才会和谐。君臣有义，是指身为君主应该以仁义对待臣民，这样下属才会感恩并拥戴他。身为臣子则应该尽忠职守，效忠于自己的君主。夫妇有别，是五伦中非常重要的一伦，夫妻关系的和谐安定关系着社会的稳定。“别”指的是区分，分工。夫妻之间在家中各有分工，各自尽好自己的本分。长幼有序，除去前面所讲的父子、君臣、夫妻之外，兄弟之间的关系也很重要。在人的一生中，父母会先我们离去，在血缘关系上，陪伴我们最长时间的人就是兄弟。兄弟之间应该兄友弟恭，做哥哥的应该友爱弟弟，做弟弟的应该敬重哥哥。兄弟和睦，才能让父母安心，这也是尽孝的一种方式。朋友有信。人在进入社会后，会认识很多人，“信”便是相处之道，朋友之间要讲信用，同时也要互相帮助、互相关怀。

“父子有亲”为人伦最要。这里的“父子”，不应该单纯地理解为父亲与儿子，而是在更普遍的意义上来理解，即家庭当中以父子关系为轴心所组成的各种相互关系。父母与子女的关系是一种天生的关系，父母教化子女要悉心引导，子女侍奉双亲要做到孝和敬。只有这样，父母和子女才能维持亲密的关系，保持自然的亲情。所以孝是作为齐家的人伦基础。

三、孝是齐家的自然行为

《大学》中说道：“未有学养子而后嫁者也。”女子照顾孩子、保护孩子的行为和情感并不需要学习，因为这是情感和德性的自然流露。没有人规定父母要对子女慈爱，但从子女降生开始，父母就自然而然流露出慈爱之心。子女从小就很依恋父母，这也不是有人规定，而是情感使然。因为父母与子女血脉相连，故而他们之间的关系比世界上任何一种关系都要亲密。

在《论语》中，孔子通过“三年之丧”的事情从反面阐明子女为什么要孝父母。宰我认为守丧三年时间太长了，应该改为一年。但孔子表示反对并反问宰予：“如果你一年之后就吃好的，穿好的，你的心安吗？”这个“安”字是指内心安稳，即是否会产生愧疚之情。而宰予的回答是“安”。孔子随即非常气愤地指出：君子在为父母守丧的时候，吃好的并不会感觉到甘美，听到音乐也不会开心，居住的地方也不会觉得舒适。因为在整个守丧期间，君子始终沉浸在对于父母的思念当中，这种对于父母思念的情感并不会因为外在的条件及环境的改变而改变。宰予退出去之后，孔子说：“子生三年，然后免于父母之怀。”“怀”字，从心，褱声。母亲怀胎十月，是孩子逐渐化成人形的过程。在这个过程里，孩子居住在一个温暖的地方，这就是母亲的肚子。到十个月时，母亲经历九死一生，将婴儿带到人间，而这只是开始。孩子出生之后，还不能独立行动。一个孩子出生三年之后才真正的不用父母抱在胸前。父母始终是以“心”在关怀着我们，爱护着我们。这就是“三年之爱”。

这种亲密不仅仅是照顾与保护，还包含着父母对子女的教育和引导。孟子成长过程就是如此。孟母为了让孟子有一个良好的学习和生活环境，受到良好的教育，曾经多次迁居。从墓地边、集市旁，最后将家搬至学宫旁边。当孟子不想学习时，孟母会剪断织布机上的布来教育他。正因为有了母亲的教诲和引导，孟子才能成为大儒。孩子天性爱嬉闹玩耍，如果沉溺于其中，就会丧失志向。父母在教育上严格对待子女，在情感上关爱子女，是为了让孩子树立志向，养成良好的品格。而子女对于父母的孝德也就在这个过程中逐渐产生和培养起来。这正如《颜氏家训》所言：“父母威严而有慈，则子女畏慎而生孝矣。”

四、孝是齐家的情感互动

父母以慈爱对待子女，子女应以孝敬回报他们。无论是父子、母女还是婆媳，他们之间的伦理关系都应该是相互的，绝非只从子、媳的角度来片面地强调尽孝，而忽视父母应该具有“慈”。《孔子家语·礼运》提出：“何谓人义？父慈子孝，兄良弟悌，夫义妇听，长惠幼顺，君仁臣忠，十者谓之人义。”所谓“人义”，就是人应该做的事情。家庭伦理的要义是，人在家庭中具有不同伦理位置，每个位置规定了所要扮演的角色，每个角色所要履行的义务都是相互的。西汉贾谊在其《新书·礼》中同样认为：“君仁臣忠，父慈子孝，兄爱弟敬，夫和妻柔，姑慈妇听，礼之至也。君仁则不厉，臣忠则不贰，父慈则教，子孝则协，兄爱则友，弟敬则顺。夫和则义，妻柔则正，姑慈则从，妇听则婉，礼之质也。”他认为礼的极致就是做到“君仁臣义”“父慈子孝”“兄爱弟敬”“夫和妻柔”“姑慈妇听”这五点。其中后四者都是围绕家庭的伦常关系展开。只有人人都尽到自己的职责，各有其位，各有其义，家庭之礼才真正完成，进而由家到国，由孝悌到忠、由慈爱到仁。由此可知，一个家庭最大的福气就是父慈子孝、夫信妇贞。

在历史过程中，由于受长幼尊卑观念的影响，原本的相互关系也在逐渐偏移至一方。如父慈子孝更强调“子孝”。这种社会现状是儒家伦理观念的扭曲发展。这就要求重新审视儒家之所以强调人伦关系的相互性。如在“父慈子孝”中，应当是先父慈后子孝。虽然有了“子”才能有“父”，但是子在小的时候，“孝”的意识并没有显露出来，而为父亲当有“慈”的意识。父亲当以“慈”的行为来导出子“孝”的意识。如果父亲并没有为子女构建一个“慈”的基础，子对于“孝”的萌芽也很难展开。颜之推在《颜氏家训·治家》中就认为“是以父不慈则子不孝，兄不友则弟不恭，夫不义则妇不顺矣”。父亲不慈爱，儿子也就不会孝顺了。《说文解字》中对“父”字进行了解释：“父，巨也，家中率教者，从又举杖者。”即是说父亲是一家之主，是可以举起木杖教子规矩的人。从字义中可以看出，子女的行为举止、文化水平、品德修养如何，与其父有很大关系。所谓“父为子纲”，意为父亲是儿子的准则，儿子要对父亲保持顺从。但《荀子》强调“从义不从父”。如果父亲的行为不符合道义，子女不要盲目顺从。

第二节　以孝齐家的功能

一、孝能调节家人关系

在人伦关系中，父子、母子、兄弟、夫妇、婆媳等关系都是相互的。但是在现实的社会生活中，这些关系并不是完全对等的，甚至在一些情况下是失衡的。由此，孝在家庭当中协调、维护各方关系的作用才能显现出来。

闵子骞是孔子的学生，他以孝闻名。闵子骞的母亲去世了，父亲娶了一个后母，还生了两个孩子。后母偏心，凡是脏活累活都让闵子骞来做。冬天，后母为两个弟弟做了棉衣，而给闵子骞衣服里填充的却是芦苇絮。一天父亲外出，让闵子骞驾车，由于衣服并不能抵御风寒，闵子骞双手被冻僵无法抓紧缰绳，导致马车产生剧烈的震动。坐在后座的父亲十分生气，想要呵斥他，却发现闵子骞脸色发紫，拉开闵子骞的衣襟发现里面填充的是芦花而没有一点棉花。父亲火冒三丈，当即决定将妻子赶出门去。闵子骞跪在地上哀求父亲说，母亲在的时候，只有他一个人挨冻，如果母亲不在，家里的三个孩子都要挨冻，希望父亲不要赶走他的后母。父亲被闵子骞的话所感动，不再赶他的后母。后母非常后悔自己的行为，于是将闵子骞也看作自己的孩子一样疼爱。

家庭是人伦开始的地方。如果闵子骞的父亲休掉母亲，家庭中的母子、夫妻甚至兄弟之间的人伦关系就会遭到破坏，这不仅不能缓和彼此之间的关系，还会使家庭再次破裂。虽然闵子骞的后母如此对待他，但是当父亲要休后母的时候，他能够从家庭整体的伦理关系角度来考虑对于父母的孝和对于家庭的责任。同时，他也做到了推己及人，闵子骞的生母去世，没有了生母的关爱，如果父亲休掉母亲，两个弟弟同样也会失去母亲的关爱。儒家强调"为仁由己，而由人乎哉"，一个人能否为仁，是主体的个人意愿，而不受他人的左右。所以，孝可以协调家庭内部的关系与情感，这里就包括父母与子女、兄弟与姐妹。

二、孝能保证家族延续

孟子曰："不孝有三，无后为大。"孟子以舜为例子来论述"不孝有三，无后为大"。舜的父亲、继母和弟弟多次想害死舜，舜却能以孝、友来对待他们。正因为如此，尧将自己的女儿嫁给舜，以观察舜的人品。在古代，娶亲需要有“父母之命，媒妁之言”，如果不向父母禀告，私自娶亲，这是违背礼法的行为。但是“舜不告而娶”，是因为此时他的父亲、后母和弟弟对他还怀有杀心，如果向他们禀告，那么必定会遭到阻挠。所以舜选择不告诉父母，为的是娶妻来延续后代，避免成为不孝的人。

东汉经学家赵岐在《孟子注疏》中对此句注为：“于礼有不孝者三者，谓阿意曲从，陷亲不义，一不孝也；家贫亲老，不为禄仕，二不孝也；不娶无子，绝先祖祀，三不孝也。”赵岐认为，不孝顺的行为有三种，第一种不孝是对父母一味顺从，父母有过错也不劝说，使父母陷入不义之中。第二种不孝是家庭家贫，父母年迈，自己却不去当官来奉养父母。第三种不孝是不娶妻生子，断绝后代，无人在宗庙前祭祀祖先。古人最担心的就是“绝嗣”。如果“无后”，便是对父母、对祖宗最大的不孝。《说文解字》说，“後”左边为彳，是在路上行走的意思，右半部分是上幺下夂（suī），幺是年纪最小者，而夂是走路迟缓的样子。于是“後”就有了迟、后的意思。“幺”本身所指的就是“小孩子”，所以“後”又引申为子孙之意。《康熙字典》中注“又后嗣也”，引《礼记·哀公问》中“子也者，亲之后也”一句进行解释。在传统观念中，对于“无后”为大有几种解释，其一认为“后”是指非血缘关系为主的，如师徒关系，即可以继承、传扬先人思想、技术的人；其二认为这里的“后”是指没有做到作为后辈的责任；其三认为“后”是指以血缘关系为主的。从传统观念来看，无法延续血脉，是最大的不孝。反过来看，因为有“孝”存在，所以在家族血脉才会得以延续。即使无法生育，也会在兄弟或同族当中过继，以保证血脉的延续。

三、孝能树立家庭门风

《围炉夜话》中说道："兄弟相师友，天伦之乐莫大焉；闺门若朝廷，家法之严可知也。"闺门即家庭、家族。国有国法，家有家规。在朝中的法度叫国法，在家庭中的规定叫作家规、家法。家法是古人为了垂训后世、保持家庭门风、延续先祖遗志而制定相应的法度和规范。它规定了家族中人哪些事情可以做，哪些事情不能做，以及做了之后会受到何种奖励或者惩罚。家长以此限制子孙后代的行为，防止做出违背礼法的事情。也希望以此可以使本家族人谨守孝悌之道，保有仁爱之心，成为有德之人。

与家法相对应所形成的文字叫家训。家训，是家族或家庭用以训诫、教育后代的话。在古时，修身齐家治国平天下为个人的立世目标。为了完成齐家的重任，家族的大家长们往往会通过家训、家书的形式，将古今圣贤的思想传授下来，激励后辈。家训对于中国人的人格培养、孝道的发扬、文化的传承起着至关重要的作用。如果说"家法"在家庭当中，是一种严肃的形象，那家训就要温和得多了。

《颜氏家训》是中国最早的一部家训，是由北齐文学家、教育家颜之推撰写，用以告诫子孙的著作。他极力倡导家庭孝道教育，认为"孝"是维系一个家族能否延续关键。而且颜之推很重视父母、兄长的表率和教育作用。在《治家》篇，颜之推说："夫风化者，自上而行于下者也，自先而施于后者也。

是以父不慈则子不孝，兄不友则弟不恭，夫不义则妇不顺矣。”此处，颜之推强调教育在于感化，是一种从上而下、由内向外推行开来的行为。所以，做父亲的不慈爱，那么子女也不会孝顺；做兄长的不友爱，那么做弟弟的就不会恭敬；做丈夫的不仁义，做妻子的就不会温顺。

四、孝能巩固家国基业

“夫孝，天之经也，地之义也，民之行也。天地之经，而民是则之。则天之明，因地之利，以顺天下。”（《孝经》）“天之经”即日月星辰的运行，“地之义”指地上万物的自然生长。“民之行”是说孝道是人所有行为中最根本的行为，是人最重要的品行。《孝经》认为孝如同天上日月星辰，有其自身运行规律，如同地上万物顺应自然生长，是人们必须遵循的道德，是永恒不变的规律。君主效法这种上天永恒不变的规律，利用大地四季变化的优势，对民众施以教化，那么君主的教化不需要很严肃就可以实现，政治也不需要严厉就能善治。孝道虽然讲求孝敬父母，友爱兄弟，但其核心要义其实是由孝劝忠。因为“孝”不但是修身之本，同时也是治国之本。它起到将每一个家庭都连接起来的作用。百姓用它齐家，官员用它事上与治下，天子用它安定天下。

儒家认为，一国之君，必须怀有至高的德行才能治理好自己的国家和百姓。用至高无上的德行统治国家的君主，就会像北极星一样处在一个固定的位置，所有星辰都会围绕它，分布在它的周围。一国之君，承担着教育本国百姓的责任。在民众面前，国君的所作所言有着极强的表率作用和示范意义。因此，国君自己必须是一个孝顺之人，才能将这种表率作用发扬开来。

第三节　以孝齐家的实践

在《颜氏家训》中有："夫有人民而后有夫妇，有夫妇而后有父子，有父子而后有兄弟：一家之亲，此三而已矣。自兹以往，至于九族，皆本于三亲焉，故于人伦为重者也，不可不笃。"伦常以夫妇、父子、兄弟为本，三者和则家和。这里的"九族"泛指亲属关系。以孝齐家，就是要理顺家庭理论关系，"唯是入其家，见其父慈子孝、兄友弟恭、夫和妇顺，方是家齐景象"。(《明儒学案》) 可见，如果依伦常行事，就能实现家庭和谐融洽，这才是真正的家齐。

一、孝养父母，齐家之本

孝不应该是后天被外界所强加给我们的一种习惯或规则，而是由人之初就被先天赋予了的不可割断的情感。因此，在看待"孝"的时候应该跳出"规则"的圈子，从"情感"的角度进行理解。情感的基础，儒家认为就是一个"敬"字。所以，行孝要从两个大的方向：一是内在的，属于心理层面的；二是外在的，即行为层面的。而且二者密不可分。失去了内在的情感，行动就会陷于表面的形式；离开了外在的行动，情感也会沦为空洞的说教。

子游曾问孔子什么是孝。孔子并没有从正面告诉他什么是孝，而是从“今之孝”这个条件出发，引出了“养”和“敬”这两个字。这两个字，也建构起了传统“孝行”的外在行为和内在情感。孔子说：“今之孝者，是谓能养。至于犬马，皆能有养；不敬，何以别乎？”而当子夏问孝时，孔子说：“色难。有事，弟子服其劳；有酒食，先生馔，曾是以为孝乎？”一般人认为的孝，就是能够养活自己的父母。但这个“养”所体现的就是一种行为上的孝。父母年老，作为儿女应该赡养老人。但仅仅是“养”就够了吗？是否有更深一层的行为呢？在儒家层来看，停留在“养”的层面，并不是完全意义上的“孝”。明仁孝文皇后在《内训》中就说：“孝亲者，事亲之本也。养非难也，敬为难。以饮食孝奉为孝，斯末矣。”所以，单从“养”入手，而没有心存敬意，那“孝”只是外在形式。因此“敬”作为内在的情感依托，正是建立我们内情与外行合一的基础。

回想一下，子女是不是经常对父母耍脾气？子女是不是经常觉得父母很唠叨？子女与父母说话的时候，是不是很不耐烦？其实这就是孔子所说的“色难”。子女是在用什么样的脸色来面对父母的呢？孔子不回避一些现实的矛盾和问题。所以他说“色难”。和颜悦色是很难做到的，但这恰恰也是“孝”非常重要的一部分。面对父母、孝敬父母的时候，如果子女能够从父母的角度来想，可能“色”就不会那么难了。恭是外貌的表现，而敬指的是内心。内心充满敬意，在外就会表现出恭顺的样子。

孝敬父母的时候，应该以“敬”作为我们的行为基础，如果“无敬”，那“孝”就成为一种形式。比如，从现在社会所出现的“留守”情况来看。老人独自在家，儿女在外工作，或买物品，或打钱，可这只是解决老人生理的孤独，并不能很好的解决老人心理上的孤单。孩童“三年免于父母之怀”，还要在父母的身边长大。当父母年老的时候，子女却不能够长时间地陪伴父母，不免对于父母怀有亏欠。《论语·里仁》中记孔子说：“父母之年不可不知也，一则以喜一则以惧。”子女应该知道父母的年纪，一是为他们长寿而且陪伴在我们身边而感到开心和喜悦；二是为随着时间的流逝，父母的年龄越来越大，能够陪伴在我们身边的时间也越来越少而感到忧惧。死亡是我们不喜欢谈论的话题，但是死亡这件事却是一个确知而不确定的事情。人一定会死亡，但是什么时候死则是一个不确定的事情。所以能够满怀敬意地对待父母，会使我们、也使父母在情感上得到巨大的满足。

心理层面的敬属于“隐”，需要外在的“显”。由隐到显，需要思考子女如何通过一定的行为将对于父母的孝给表达出来。当然，如果孝只停留在所谓“心”上，而无实际的行动和规范的话，孝就会沦为伪孝或者滥孝。古代社会还根据不同的地位、不同的方面、不同的人员制定了相应的孝的规则，儿子、儿媳孝顺父母、公婆有着一套完整的礼仪规范。《礼记·内则》就提出详细的礼仪规范。每日晨昏定省，也就是早晚各向父母、公婆请安。待父母早上起床后，要帮父母铺好席子，整理好内务。请安，首先对待父母要保持温柔的语气，对父母嘘寒问暖。若父母有身体不适，身为子、媳应该替父母按摩患处。当父母进出走动的时候，应该恭敬地陪同在旁。父母衣物脏了破了应及时清洗、缝补。父母脸上有秽物要及时帮忙擦掉。隔一段时间帮父母洗漱，平时侍奉父母洗脸、洗脚等。

二、慎终追远，齐家之德

父母对子女有养育之恩，子女对父母就有赡养的义务。孝包括两个方面的内容：其一是生时养老；其二就是死后送终。儒家认为，在父母生前要以敬心而孝养；在父母去世后要以哀戚之情料理丧事和祭祀。

“慎终追远，民德归厚矣。”（《论语·学而》）南宋朱熹在其《论语集注》中对这句进行了详细的阐释，他说：“慎终者，丧尽其礼。追远者，祭尽其诚。民德归厚，谓下民化之，其德亦归于厚。盖终者，人之所易忽也，而能谨之；远者，人之所易忘也，而能追之：厚之道也。故以此自为，则己之德厚，下民化之，则其德亦归于厚也。”所以，以礼尽丧，以诚祭祀，在国可以化民，在家可以化子孙，从而使人民道德敦厚。

葬礼，是子女、亲朋、邻里等进行哀悼、纪念的仪式，也是殓殡祭奠的仪式。人们通过这样盛大的仪式，来表达对逝者的哀思。具体表现为：准备好棺材、外棺、穿戴的衣物和铺的被子，陈列簠簋等祭器，送葬的时候要捶胸顿足，极尽哀伤；安葬时选好墓穴；设立宗庙，每逢春秋进行祭祀，以表达对逝者的思念。《孝经·丧亲章》还对父母去世后的行为和情感做出了礼仪犯规：父母去世，孝子无法再见到双亲，不能再行孝于跟前，心中充满哀伤之情，在言行举止、衣食起居上都会表现出哀伤之情。主要表现为：哭泣的时候声嘶力竭，在仪容上无法保持端庄，言语上无法加以修饰，穿着华美的衣服会心中不安，听到美妙的音乐也不会感到快乐，吃到美味的食物不会感到甘美。

在父母去世后，子女不只是要举行葬礼，还要定时进行祭祀。更重要的是在精神层面要继承父母的志向，完成父母未完成的遗志，将父母的德行发扬光大，使父母的美名传扬后世。这才是最完满的、最理想状态的孝。

三、修己荣亲，齐家之终

子曰："父在，观其志；父没，观其行；三年无改于父之道，可谓孝矣。"从古人的角度，父亲在世的时候，作为子女，在行为上不能够自我主事，而应该听父亲的安排。如此并不能观察到他独立办事时的自我意愿，也就不能全面认识这个人，却可以通过这个人所展露的志向来看这个人。比如孔子自己回顾自己一生时说"吾十有五而志于学"。"志"就是心之所向，且决定用很大力气所做的事情。当父亲去世之后，就可以自我主事，也就可以通过他做事的实际情况来评判这个人。父亲在的时候，儿女年龄尚小，这是儿女从父亲身上学习的过程。儿女观察父亲的待人、接物、处事等具体行为以丰富自身。但做到这些还不能称之为"孝"，还要"三年无改于父之道"才能够称为"孝"。这也是疑惑的地方：父亲身上正确的地方我们可以不必改，但是如果是错误的地方，我们也不要改正吗？换个方式理解：面对父亲不正确的行为，应该以什么样的行为对待呢？

从儒家角度来看，对于父母出现的过错，作为人子，应该柔声地进行劝谏；如果父母未听从意见，也要恭敬且顺从。要帮助父母免于得罪身边的亲戚及邻居，即要劝谏父母不因为错误的行为而使自身蒙羞。当父母去世之后，我们应该发扬其美德，而克服和改正其做错的地方。这才是真正的“孝”。或如宋儒尹焞所说：“如其道，虽终身无改可也。如其非道，何待三年？然则三年无改者，孝子之心有所不忍故也。”如果父亲所行是符合道的，终生不改也是可以的。但是如果他的行为非道，哪里还要等到三年呢？然而三年不改，只是因为孝子之心不忍罢了。

《孝经》中说：“立身行道，扬名于后世，以显父母，孝之终也。”儒家认为人应该修养自身，积极入世，有所作为，而且按照正确的方法行事，在事业上有一定成就。在这里，儒家通过孝道的践行给出了事功的理由，那就是修养自身推行大道，扬名于后世，使父母荣耀显赫。父母期盼子女做到自立、自强。即便父母不在世了，父母的德行会通过子女的行为举止表现出来。按照孝道行事，有助于自我价值的实现。如果能够使父母显名，那便是孝之最完满、最理想的状态了。为什么说一个人扬名于后世，父母会得以显名呢？孔子指出，“君子也者，人之成名也，百姓归之名，谓之君子之子，是使其亲为君子也”。（《礼记·哀公问》）即当一个人成名后，百姓谈论起此人时会说这个人的家庭教育好，还会称呼此人的父亲为君子，这也就解释了上文的问题，即扬名荣亲。

第四章 以孝治国：孝文化与传统中国的社会治理

第一节　孝治的理由

一、孝是家国伦常秩序的基础

治，顺水之性情以导之；理，顺玉之纹理而攻之。所谓“治理”，当是顺人之理而教之、导之、化之。人之理，以情感为始，情感又以孝为重。“孝”首先是个人内心情感的发动。在情感的外显过程中，父母与子女之间的情感最原初。孔子有“至于犬马皆能有养；不敬，何以别乎”一句。“养”是对于父母形式上的赡养，“敬”则是支撑我们赡养父母的内在动力及一切养的行为的行动基础。所以我们理解“孝”，从其根本处入手，应该是一种发乎于内心的真实情感。拥有了这种情感，再将它推广出去，才能从修身到齐家再到治国。

所以，何为孝治？孝治就是顺应人的情感，调动和培植内心本然存在的“孝”，然后用道德礼仪来规范行为的社会治理实践。孝治并非是以言教民，而是以行教民。君王先行后施，这样才能做到“不肃而成”“不严而治”。

“孝治”之所以能够施行开，在于它是以人伦情感为基础，以家国关系为纽带，以家齐国治为目的。人与人之间存在着特定的关系及其先后，儒家称之为“叙”，并视之为上天规定的先赋性关系。如南宋理学家蔡沈在《书集传》所注，“叙”为君臣、父子、兄弟、夫妇、朋友之间的伦常次序。人应该履行伦常中的责任，使相互之间的关系变得稳定。伦理关系是一种双向互动，而不是单一霸权。在伦理关系中，不同角色之间具有相互的道德规范，如父应该履行义，母应该做到慈，子应该做到孝。孝悌之道通过“贵老”“敬长”“慈幼”而展开。君臣、长幼是一对相互的概念，幼要敬长，长要慈幼，君要爱民。只要人人各安其位，各尽其职，恪守其伦，整个社会及国家自然就会和谐。

伦常关系发于家而成于国。在“治”的过程中，国家肩负起教民的职责。“教民”的目的在于“治天下”，从而“定天下”。“贵有德”是君王教民的前提。所谓“贵有德”是指君王应当自觉地效法有德之人，提升自己的道德水平。尧舜施仁政，人民以仁从之，桀纣施暴政，人民也自然以暴从之。当季康子向孔子问政时，孔子回答说：“子欲善而民善矣。君子之德风，小人之德草，草上之风必偃（《论语·颜渊》）。”君主的德行对人民有着极大的引导性。君王以仁爱教民，人民自然归于仁爱。虽然这是一种政治设想，但是从儒家角度来看，这种设想是可以通过孝治的实践而达到的。

二、孝是家国同构的原则

孝治得以运作的社会基础在于传统中国的家国关系。“国家”作为一个偏义复合词，是由国和家两个部分组成。虽然在词义上偏向于“国”，但是从造词中可看出国与家之间的关系。国的形成是以众多的家为基础的。《说文解字》在解释“国”时认为“国,邦也,从囗（wéi）从或。”“囗”字,有认为同“国”,有认为同“围”。“或”字解释为“邦也。从囗从戈,以守一。一,地也。域，或又从土”，“戈”是一种兵器。“或”的最初含义就是守持兵器以保卫土地。如果“囗”同“国”，正是说明国家是有一定土地范围的，囗的四边就代表界线；如果同“围”，则更强调手持兵器，围绕着保卫属于自己的疆域。而且“围”字本身也有防守的意思。故“国”就是由土地、人民、主权组成的一个政体。

“国”是众多个体的集合体，家与国之间的关系就像“皮”与“毛”的关系，“皮之不存，毛将焉附”，因此每一个人都有义务和责任去维护它。在《论语》中，有人问孔子为什么不从政，孔子引用《尚书》说：“孝乎惟孝，友于兄弟，施于有政。”孔子认为，参与政治，并不是一定要进入到政治体制当中，齐家何尝不会得到治国的功效。一个国家的形成与稳定,由“家”作为组织保证，所适用的原则是共同的，都是孝。

家与国在关系具有相通性，在结构上亦具有相同性，即是同构关系。《易传·家人·彖》就有这种观点“家人有严君焉，父母之谓也”。这句话正是在强调家有父母，国有君王；家有子女，国有臣民；父母爱子女以慈，君王爱臣民以礼；子女事父母以孝,臣民是君王以忠。一国以何种文化对民众进行治理,这个国也就充满着何种文化。君王教民以爱,一国就充满仁爱；君王教民以礼，一国就行之以礼仪；而君王教民以残暴，一国也就充满伪诈和暴力。

《孝经·开宗明义》说："孝者，德之本也。教之所由生也。""生"说明人本有"孝心"，"教"是在为"孝心"的发展和长大提供一定的条件。所以，并不说人是因为有"教"才有"孝心"，而是人本来就具有"孝心"，"教"所扮演的是引导和修正的角色。"教"包括两方面,一是"上行下效"的行为引导，这种情况下，人民会顺从君王的教导；二是以"刑罚"的手段规劝人民。从字形我们也可以看出,教字从攴(攵,音 pū)从孝。攴(攵)即是手持小棍(戒尺)击打的含义。所以教民以"孝"，虽然主要是通过言语和行为进行教化，但还需要配之以刑法对教化进行保证。这里不仅强调了孝在治理时的重要地位，同时也突出了"教"的刑罚面向。不过，君王首先要自我立德，才会有教民的合法性。人民得到教化，从而立身行道、孝亲治家，再将这种"爱"推至国，即"移孝为忠"，就能有国家稳定，天下太平。所以，孝治之所以能够施行，正在于家庭伦理与政治伦理的一体性。

三、孝是移孝为忠的前提

家国同构的传统中国呈现出了"亲亲"而"尊尊"的政治逻辑。"亲亲"就是家庭之中的父慈、子孝、兄友、弟恭等伦常关系，以父子关系为轴心。"尊尊"即是以君臣关系为核心的国家治理的伦理纲常。"亲亲"是以"孝"为核心，"尊尊"则是以"忠"为根本。"孝"是在家的范围来说的，而"忠"则是从国的范围来说。虽然二者在概念上并不相同，但在运作原理却是相同。在儒家观念中里，"国"的治理模式是从"家"

中衍生出来的。“君子”作为谨守礼仪之人，在内孝亲，在外忠君；在内悌兄，在外顺长。内指的即是“家”，外则为“国”。所以，“孝”不仅局限在于“内”要侍奉父母，还要在“外”立身行道，扬名后世，尊显父母。正是由于二者处于“家国同构”的社会关系当中，可以根据“移孝作忠”的政治观念与政治实践，将“亲亲”所代表的“父慈、子孝、兄友、弟恭”等家庭伦常，推移至国家，从而形成“尊尊”。

由内移外，由孝移忠，正是“孝行”的展开。将作为家庭伦理制度的孝运用到国家治理层面，也成了古代中国的政治传统。《孝经·广扬名》言：“君子之事亲孝，故忠可移于君。事兄悌，故顺可移于长。居家理，故治可移于官。”正是说，当一个人能够很好地做到孝亲、事兄、理家，也就表明他的德行足以支撑起“移家治国”的政治要求了。因此，治国先需治家，治家在于倡孝，家庭伦理关系稳定了，国家伦理也就趋于稳定了。因此，在《论语》中有子所说：“其为人也孝悌，而好犯上者鲜矣，不好犯上，而好作乱者未之有也。”有子的观念正是处于血缘宗法制度视域下的儒家对于“孝治”开展的基本认同。

虽然忠孝在情理上一体，但不可否认忠与孝的对象的差别，这也就产生了面对忠、孝该如何选择的问题。当父母去世，孝子守丧，而朝廷需要在其丧期内起复，称之为“夺情”。《续资治通鉴·宋纪》记载，在淳祐四年（1244）九月，右丞相史嵩之以父亲弥忠病重而告假。在他请假后的第三天，他的父亲就去世了。在他父亲去世的第二天，宋理宗下诏起复他。这件事就引起了众多官员的不满，所以上疏。疏中引了《论语》中“三年之丧”，认为在嵩之父亲去世的第二天就夺情起复，是对于礼的破坏。又如明朝张居正遭丧夺情，同样有官员上疏此事。据《明史·列传·艾穆列传》记载，艾穆与沈思孝上疏反对起复张居正。理由是虽然是为了国家社稷，但社稷以纲常为重，元辅大臣应该是纲常的表率。君王以孝治国，应该劝人为孝，而不应该夺人之孝。作为人子，可以移孝作忠，但孝却不能被夺走。他们认为，“夺情”是引导人民忘父母恩情，坏乱纲常，这是不可取的。这两件事中，或许带有政治因素在里面，从伦常关系来看，“孝”是在先的，因为“孝”是“忠”的理论基石，更是“移孝为忠”的情感基础。“忠”由“孝”推衍出来，如果因“忠”而夺“孝”，就是对于伦常的破坏，也是对于“忠”的破坏。从家国关系来看，家、国相辅相成，因为家齐而国治，国治而家安，所以臣子于国尽忠，亦是对于孝的显扬。但在现实的政治操作中，忠明显比孝更重要。很多人在价值选择上，会自然地选择忠于国。这也是家国同构下所产生的情感趋向。

四、孝是政治伦理的保障

在中国传统政治架构中，一个国可由三部分组成：一为君（王），二为臣，三为民。君是国家的统治者，臣是辅助君王治理国家的官员，民则是组成一个国家最主要的群体。君、臣、民三者有严格的尊卑上下的等级区分。但从儒家伦理角度来看，三者的关系并不是以尊抑卑，以上凌下的役使关系，而是在尊卑、上下的伦理等级的基础上展开的相互关系。

（1）君民关系。“君”作为国家的统治者，其责任在于对人民进行教导，从而使国家安定。儒家认为，君民关系正如父子之间的关系一样。父为一家之长，教育子女，稳定家庭；君为一国之长，教育百姓，稳定国家。但君臣关系并不像父子关系那样具有极强的血缘性。为了维持和巩固君臣关系，“礼”自然而然就产生了。《易传·序卦传》将夫妇、父子、君臣、上下置于“天地”的自然系统当中，也就是认为“父子”与“君臣”都是自然而有的。“礼”是对于这些关系的规范与保证，父与子、君与臣的行为都应该在“礼”中进行与展开。

《缁衣》中载有孔子的话，“子曰：‘夫民，教之以德，齐之以礼，则民有格心；教之以政，齐之以刑，则民有遁心。故君民者，子以爱之，则民亲之；信以结之，则民不倍；恭以莅之，则民有孙（逊）心。’。”君主对于人民，应该以道德来教育他们，用礼义来约束他们，这样百姓才会有向善之心。而不是以刑法来限制人们，使人们产生逃避之心。当君王以爱护子女之心来对待人民的时候，人民自然就会亲近于他；用诚信团结人民，人民也不会背离；如果以谦逊恭敬的态度对待人民，人民也自然乐于宾服。由此可见，君民之间的关系是一种“教”和“导”的关系。君以德行感化与教导人民，起到了“表率”作用，民才会有慈、孝、友、悌之心。

（2）君臣关系。司马光在《资治通鉴·周纪》中说：“上之使下，犹心腹之运手足，根本之制支叶；下之事上，犹手足之卫心腹，支叶之庇本根。然后能上下相保而国家治安。”司马光用心腹与手足的关系来比拟君臣关系。心腹指挥手足，而手足护卫心腹，以此形成一个和谐且互保的关系，只有这样才能“国家安治”。手足之所以能够保心腹，是因为心腹以礼待手足。臣子的职责，刘向在《说苑·臣术》中说："人臣之术，顺从而复命，无所敢专，义不苟合，位不苟尊；必有益于国，必有补于君。"人臣的职责就在于做有益于国家的事情，对君王的行为及言语有所增补及匡正。帮助君王治理和守护国家，不是一味奉承、谄媚。所以《孝经·谏诤》中孔子说："故当不义，则子不可以不争于父，臣不可以不争于君；故当不义，则争之。从父之令，又焉得为孝乎！"当君主有不义的行为时，作为人臣，应该对其进行劝谏，而不是一味顺从致使君主陷于不义，甚至败国。

（3）君、官（臣）、民关系。君虽然统治整个国家、百姓，但是在具体之处却不能完全切实的展开。因此就需要相应的臣来辅佐君王的治理。臣这个称谓是相对于君来说的。而相对于民，臣则称之为官。如此来看，臣（官）的作用正在于将君和民连接起来。臣顺从君王的命令而向下施行，又要将人民的具体情况向君王进行反馈。故而，海瑞在其《治安疏》中说："君者，天下臣民万物之主也。惟其为天下臣民万物之主，责任至重。凡民生利病，一有所不宜，将有所不称其任。是故事君之道宜无不备，而以其责寄臣工，使之尽言焉。臣工尽言，而君道斯称矣。"君王是天下的统治者，责任重大，仅凭一己之力，不能治理好整个国家的，故需要臣的辅佐。这也是臣的职责。臣应该以真心事君王，对于人民的情况，要如实地禀告，这样才能够真正建立一整套真实可信的君、臣、民的关系。明代吕坤在其《呻吟语》中将为"臣"的念头分为三种："居官念头有三用：念念用之君民，则为吉士。念念用之套数，则为俗吏。念念用之身家，则为贼臣。"时刻挂念君王与百姓的，这种官员对于君王和百姓都是吉庆的；只是循规蹈矩，将心思放置在日常套路上的，成为俗士；而那些在做事的时候只考虑自己和自己家庭的官员，对于君王和百姓都是有害的。所以，在儒家政治当中，作为官员，应该以公心对待天下，如果陷于利益之中，其心胸也就窄了。

在君、臣、民三者之间的关系中。君的作用在于施德而教化臣民。臣作为君和民的连接者，对上为臣，对下为官。官相较于君，与民走得更近一些。正因为官员能够直接接触到民的生存状态，且可以如同父母一般帮助人民解决实际问题，被称为父母官。所以，君统治国家，臣辅助君治理国家，其目的在于保养人民，使国家安定，从而达到太平。

第二节　孝治的制度

一、孝的标准化

“孝治”是以宣扬“孝”为其价值核心，以“孝”教化百姓的一种政治理念与政治实践。“孝治”之所以能够施行，正在它是以人伦情感为基础，以家国关系为纽带，以家齐国治为目的。由孝及其所衍生出的一系列行为和规范都成为作为治国的基本标准。

1.《孝经》的经典化

《孝经》在我国古代不论是对家庭生活还是对政治生活都

有着很大的影响。这本书主要是围绕“孝”而展开。这个“经”字也不同于“四书五经”中的“经典”之义。“四书五经”是后期学者将其定为经典而给定的一个综合性的“名称”,而《孝经》一名称在先秦典籍中已经存在,这里的“经”首先是标准、原则、道理、方法等含义。《孝经》将孝德上升为了孝道，在对孝进行诠释时,《孝经》将原本属于家庭中父子的互动情感和行为提升到了国家治理的层面,在更大的理论框架下倡导“移孝作忠”的理念。《孝经》的目的在于使孝成为治国的基本道德，让“孝”更好为“政治”服务。

唐玄宗勘定《孝经注》达到顶峰。唐代是中国思想文化融合的时期，彼时在思想和政治上多倡三教（儒、释、道）合一。倡导“三教合一”的原因，一是从思想上借鉴和吸收以丰富自身；二是调和彼此之间的矛盾；三是为治国理民提供思想上的支撑。唐玄宗正是在这时颁布了“御注三经”，即儒家的《孝经》、道家（道教）的《道德经》和佛家的《金刚经》。之所以选择儒家经典《孝经》，并且两次为《孝经》作注，最主要的原因就在于它有着极强的现实教化意义。因此，唐玄宗于天宝二年重注完《孝经》并颁布天下。在《唐会要卷三十五》中记载：“自今已后,宜令天下家藏《孝经》一本,精勤教习。学校之中,倍加传授。州县官长,明申劝课焉。”从这足以看出他对于《孝经》的重视。不仅如此，他以隶书亲笔书写孝经及重注注文，命人刻于青石之上，立于太学，供读书人摹写。此即《石台孝经》，此石现存于西安碑林博物馆。北宋邢昺为《孝经注》作疏，为《孝经注疏》，后此书列于“十三经注疏”之一。

2. 置《孝经》博士

“汉兴，除秦虐禁，开延道德，孝文皇帝欲开广游学之路，《论语》、《孝经》、《孟子》、《尔雅》皆置博士。”（《孟子正义》）从这段文字中可以清楚地看到汉文帝设置博士，目的在于消除因秦政暴虐而导致的社会问题。秦朝对于各家学说严格限制，导致思想僵化。且秦以法治国，缺少了温和包容的气息。所以，汉文帝欲倡道德之学、广开言路，设置博士，以传授经典。

汉朝时，《孝经》的传播广泛。据《资治通鉴·汉纪》记载，汉明帝崇尚儒学，自皇太子、诸王侯及大臣子弟、功臣子孙，都要学习儒家经典。还为外戚樊氏、郭氏、阴氏、马氏诸子立学于南宫，并配置了讲授《五经》的老师，要求他们通《孝经》章句。学习《孝经》不仅限于文官，即便是武官也要学习。这一时期，匈奴也会将自己的子弟送来一起学习。

历代都追捧《孝经》。唐玄宗敕令全国学习《孝经》。宋朝皇帝下不仅令重新刊刻《孝经》，还将《孝经图》挂于室内，亲手抄写《孝经》并赏赐给学校及寺庙。清朝亦是如此，清朝顺治、康熙、雍正都非常注重孝及《孝经》。清顺治再次将《孝经》列入科举考试科目之一，下令儒臣编撰《御定孝经衍义》一百卷。由于编撰的篇幅过多，不利于人民阅读，于是雍正又亲自注《孝经》，以便民众阅读学习。

3. 诵《孝经》与举孝廉

“汉制，使天下皆诵孝经，选吏则举孝廉，以孝为务也。”（《艺文类聚·卷四十·礼部下》）可见，汉朝已经将《孝经》作为化民的普及性读物，它要求天下人诵《孝经》，而且开始以“举孝廉”的方式选拔官员。

对于“举孝廉”,《汉书·武帝纪》载“元光元年，冬，十一月，初令郡国举孝廉各一人”。虽然在汉初已经开始重视孝及《孝经》，但在政治操作中，真正意义上以孝廉选官的行为是在公元前 134 年，汉武帝命令各郡县推举孝廉之人。按照《资治通鉴·汉纪九》的记载,“举孝廉”是在董仲舒的提倡下展开的。所谓孝廉不仅要道德高尚，还要是通晓经书的儒生。“举孝廉”的制度操作依据是从一个人的品行推测其政治行为，由父子之孝推至君臣之忠的现实行动。由此产生了影响深远的“以孝选官”制度。士人可以因为孝而获得官位，官员也可能因为不孝而失去官位。

虽然有汉一朝许多名公巨卿出自举孝廉。但“举孝廉”的展开，难免与权贵阶层或既得阶层的利益相冲突。如曹操在《述志令》中说:“孤始举孝廉，年少，自以本非岩穴知名之士，恐为海内人之所见凡愚，欲为一郡守，好作政教，以建立名誉，使世士明知之；故在济南，始除残去秽，平心选举，违迕诸常侍。以为强豪所忿，恐致家祸，故以病还。去官之后，年纪尚少，顾视同岁中，年有五十，未名为老。”曹操以举孝廉的方式进入政治层，但是因为得罪了权贵阶层，不得不保身辞官。从他的记述可以看出，不论年龄大小，人们开始汲汲于“举孝廉”。问题是,“孝”与“事”并非完全一致，也就是说有孝之人并不一定就具有治理能力。强调孝的政治功能，在一方面确实可以使人们以孝行事，提高社会风气，清除残暴余风；但另一方面又不可回避因此而产生伪孝廉、低能力的情况。

二、孝的礼制化

“礼”贯穿了传统中国整个社会生活的结构系统。“礼”的繁体字形为“禮”，按照东汉许慎《说文解字》的解释，“礼，履也。所以事神致福也。从示从豊（lǐ）”。“豊”字上部分的“曲”，是由两串串起来的玉的形状形成的，下部分的“豆”的字形，是一种有脚架的鼓的形状。所以，“豊”为奏乐以献礼。加上左侧的“示”，更是增加了“祭拜”神灵、祖先之意。“礼”的含义本是通过演奏音乐，履行仪式来向神明或者祖先祈福。后来，“礼”从天与人之间的关系，落实到人与人之间的关系，即在情感的基础上，对于等级、行为进行相应的规范。

礼的作用大体可以分成几种：首先具有“区别”的含义。它区分亲疏、同异、尊卑等。“人”而“成人”的依据在于有礼，即将人与禽兽区分开。“礼”所面对的对象是“人”，“人”应该以“礼”为则，依“礼”而行。这样，人与人之间的关系自然尊卑有序、贵贱有别、长幼有亲，国家也就和谐稳定了。因此，在这个层面上，“礼”的“治理”含义也就凸显出来了。正如《春秋左传》所言：“礼，经国家，定社稷，序民人，利后嗣者也。”

“孝，礼之始也。”（《左传·文公二年》）儒家认为，政治上“礼”的开展，其基础是家庭的伦理关系。在普遍意义上，它凸显了“孝”在礼的应用上的重要性，家庭关系在父子，国家关系在君臣。由父子之礼，推至君臣之礼，即是由孝作忠的政治实践。

三、孝的律法化

孝作为一种“情感”具有不稳定性，所以需要“刑法”以辅之。虽然儒家认为最好的治理方式是教化，即以德和礼来教育人民。如《论语 · 为政》中 ：“道之以政，齐之以刑，民免而无耻。道之以德，齐之以礼，有耻且格。”但是“刑法”依然是孝治的保证。对于刑罚的运用古书多有记载，上可推至尧舜时期。《尚书》论述了“以刑辅教”的理论。不孝和不友是最大的恶，圣人以慈、孝、友、悌来教育人民，当出现泯乱伦常且不受教化的行为，就不能姑息，需要用刑法对其进行惩罚，以保证伦常关系的稳定。在周礼中，“不孝”之刑为首。《周礼 · 地官司徒 · 大司徒》中列有八刑 ：不孝之刑，不睦之刑，不姻之刑，不弟之刑，不任之刑，不恤之刑，造言之刑，乱民之刑。其中第一个就是不孝。在后世中，“不孝”的重罪明确写入了律法。唐朝在隋朝律书的基础上作《唐律》。唐高宗命长孙无忌等人对律法进行逐条解释而成《唐律疏议》。其中制定的“十恶”为 ：谋反、谋大逆、谋叛、恶逆、不道、大不敬、不孝、不睦、不义、内乱。“不孝”为第七条。《唐律》还规定了许多不孝的行为，比如检举和咒骂祖父母 ；当祖父母健在，自己在外面有私财 ；不尽力奉养都是犯罪 ；在为父母服丧期间，自行嫁娶、看戏、内心没有哀思，穿着不符合丧礼的服装，或者长辈去世而不办丧事，假传长辈去世等。按照《唐律疏议》，咒骂祖父母、父母的人要施以绞刑，如果动手殴打的，判处斩刑。妻妾咒骂丈夫的祖父母、父母的人，判三年刑期。从律法中也可以看出宗法关系的等差。作为本家的子弟，如果咒骂或殴打长辈则是死刑，而妻妾与本家族并没有血缘关系，所以相同的行为，处罚方式也就不同。所以，古代国家会通过律法的形式保证孝道的贯彻，还会以孝为原则展开司法过程。孝道渗透到了司法的过程最典型的案例就是“存留养亲”，也称为“权留养亲”。即当犯人家中有直系的祖父母、父母，并且家中没有男丁能够起到奉养的义务，而且罪行不在“十恶”当中的，是可以通过“上请”的方式赦免、缓期执行、减刑或改刑，使其能够照顾家中老人。

我国古代政治一直奉行“古之为政，先于尚老”的精神。所谓尚老就是尊敬老人，因为“上老老而民兴孝”。为了保障老人得到孝养，国家会通过律法来免除其子的徭役和赋税。在唐朝还规定父母健在，子女不可以远游，不能有私房钱。其目的在于让子女很好的侍奉父母，使父母老有所依。而且对于上了年纪的老人，国家会安排人来照顾。如八十岁以上，会安排一个人来照顾；九十岁以上会安排两个人来照顾；如果能够活到一百岁，则会有五个人来照顾。

古代国家还赋予了老人很多法律特权。《曲礼》中就有“耄与悼，虽有罪，不加刑焉”。这里就在强调八九十岁的老人和幼年的孩子虽然犯了罪，并不施以刑罚，而是会赦免或以宽宥的方式来处理。在汉宣帝时，老人除了诬告、伤人和杀人外，其他罪责都会赦免。到了晋代，取消了诬告罪，只保留了伤人和杀人的罪条。到了北朝，更是将特权放大。《魏书·刑罚志》有“八十及九岁，非杀人不坐，拷讯不及四十九”。也就是说，八十岁以上，除了是杀人罪，其他罪都是赦免的。还规定四十九岁以上在审讯的时候，不可以用刑逼供。即使是犯法，甚至是犯了死刑的老人，也可以通过“上赎”（拿铜赎罪）、“上请”（由官员上奏朝廷，由皇帝亲自裁决），处以“不加刑”（不执行死刑，减除或减轻刑罚）。

第三节　孝治的实践

一、孝治与为政

子曰：“施于有政，是亦为政。”在孔子看来，不直接进入国家的官僚系统，也可以推动社会治理。这是因为，孔子主张政治以孝为本，以孝修身、以孝齐家都有助于善治。修身齐家是个人“为政”的一种形式，与治国所适用的原则别无二致，就是以孝道为原则，采取推恩与推恶恶的方式。

1. 推恩

孟子言：“古之人所以大过人者无他焉，善推其所为而已矣。”古代的圣贤之所以远远超越一般人，不是因为别的，只是因为他们善于将好的行为推广出去而已。孝为人的根本处，不单单是要停留在对于父母之孝上，而是要将这种孝行推开，使其在更大的社会关系中起到作用。由身推到父母，由父母推到家，再由家推至乡，由乡推至国，再由国推至天下。君子教民以爱，如果人人都以孝悌为根本，并不断充裕自己，就可以使家庭和睦、天下太平。

孟子说：“老吾老，以及人之老；幼吾幼，以及人之幼。

天下可运于掌。诗云：'刑于寡妻，至于兄弟，以御于家邦。'言举斯心加诸彼而已。故推恩足以保四海，不推恩无以保妻子。"尊敬家里的长辈，将这种尊敬推广带他人家的长辈；爱护自己的孩子，并将这种爱护推广到别人家的孩子。如果社会治理能够从这个原则出发，齐家、治国就很简单了。《诗》中的《思齐》一篇中就表达这个思想：（文王）能够在行为上给妻子做榜样，再推广到自己的兄弟身上，为兄弟做典型，再将这种行为推广到整个家族和国家，如此在治理国家上就很容易了。所以，运用"推恩"这种方法来治理国家，可以使家庭和睦、国家安稳、天下太平。但如果不用这个原则，导致国家混乱，这时就连自己的妻子和儿女都保护不了。

2. 推恶恶

《孟子》中提到三种事君交友的做法，其中一个是商末孤竹君的大儿子伯夷。具体表现为：不是理想的君主不侍奉，不是理想的朋友不结交，不与邪恶的人同在一个朝廷，不与有邪念的人讲话，不与不符合礼的人站在一起。否则，他认为会让自己不纯洁，就像被侮辱了一样。虽然孟子认为伯夷是个狭隘的人，但从另外一个角度来看，伯夷做到了"择"。即应该选择与什么样的人作朋友。伯夷很明确自己讨厌什么。我们不能决定其他人是什么样的人，但至少我们可以选择与什么样的人结交、以什么样的方式结交。在这里，伯夷是将"恶（wù）恶（è）"之心推广出去。正如孔子所说："匿怨而友其人，左丘明耻之，丘亦耻之。"将自己对这个人的怨恨藏起来而于表面上表现出友好，左丘明认为这是可耻的，孔子也认为赞同左丘明的做法。

所谓的“恶恶”就是讨厌不好的东西。《大学》中有“所谓诚其意者,毋自欺也。如恶恶臭,如好好色,此之谓自慊”。“诚意”，首先要对自己“诚”，即不能自我欺骗。就像讨厌难闻的气味，喜欢漂亮的东西一样。虽然伯夷的这种行为显得狭隘，但也正是因为有了这种“狭隘”,才使得“顽夫廉,懦夫有立志”。伯夷“推恶恶”之风，使得贪得无厌的人廉洁起来，使懦弱的人自立起来。孟子虽然认为伯夷这种行为是“君子”不取的。但由伯夷“推恶恶”的社会效应是积极的正向的，可称为“圣人”了。

综上分析，由“推恩”与“推恶恶”，从而引出孝治。“推恩”是树立好的典型，将自我的情感逐渐向外扩展出去；“推恶恶”在于对于自己有清醒的认识,明辨是非、善于选择的“恶恶”之心。以此为方式,将孝推行于天下,从而达到国家安定,社会和谐的目的。

二、孝治与君王典范

儒家认为，孝心人皆有之，但由于环境及习性的不同，使心的展开遭遇阻碍，此时就需要“明王”来进行引导和教化。所谓“明王”，指的是圣明的君王。他们具有很高的道德水准和自我意识。他们在治理天下的时候,首先是以“孝治”为主。而“孝治”所采用的依然是“推”的方式，即“孝治”就是将“孝”推行于天下，即使是地位再低下的人也不能够被遗漏。

1. 以孝齐家到以孝治国：大舜

在儒家关于上古帝王的记载中，舜的“孝行”一直是作为典范而存在。据《尚书》和《孟子》的记载。舜的母亲去世，父亲瞽叟为他娶了一个后母，生了一个弟弟，叫作象。舜的父亲不喜欢舜，几度联手妻子与象想杀掉舜。舜的父母命大舜去修补谷仓，当舜上了屋顶之后，便把梯子拿走了，瞽叟居然放火烧谷仓。幸好舜想办法逃过了火灾。又让舜去淘井，井越打越深，瞽叟和象便用土把井给填塞上，好在舜从旁边的洞穴逃了出来。舜的弟弟象以为害死了舜，说："谋害舜都是我的功劳"，随后开始分舜的财产。但是当他来到舜的房间，看到舜坐在床边弹琴的时候，却毫无惭愧地说："我好想你啊！"因为象憎恨舜，从来不入舜的宫室，反而是舜看到象来到自己住的地方非常的开心。

虽然生活在这样的环境中，舜却坚守"子道"，孝敬父母，友爱兄弟。当然，在这过程中，舜也有很伤心的时候。但舜并没有憎恨父母，他的伤心之处在于得不到父母的欢心。舜的孝行感动了上天。当尧想寻找接班人的时候，大臣们都推荐舜，认为他能够用自己的孝行感化父亲、继母和弟弟。尧为了观察舜的德行，将自己女儿嫁给了舜，在观察、考验的过程中，舜躬行"五典"，"五典"即父义、母慈、兄友、弟恭、子孝，并且能够将此"五典"施于百官和百姓。

2. 以孝立国到孝治天下：汉文帝

汉朝从汉高祖刘邦时起，"孝治"就开始兴起。在《太平御览·工艺部》中记载《西京杂记》中的故事：刘邦称帝后，接父亲刘太公入宫，尊其为太上皇。刘太公不习惯宫中生活，脸上并无喜乐之色。刘邦就将父亲的好友接来与父亲同住，使父亲开心。从这可以看出，刘邦对待父亲不仅仅是养其身体，更在于养其心，以使父乐。

孝文帝刘恒是刘邦的第四个儿子，他延续父亲的孝心。刘恒最初被封为代王，他的母亲不受宠爱，所以被允许同他一起到代国生活。刘恒对待母亲的孝行被元代郭居业编入《二十四孝》之中。文中说："前汉文帝，名恒，高祖第三子，初封代王。生母薄太后，帝奉养无怠。母常病，三年，帝目不交睫，衣不解带，汤药非口亲尝弗进。仁孝闻天下。"因为汤药多是用火煎熬出的，所以"尝"字并不能简单理解成"品尝"的意思，而是为母亲进药时，先试探汤药的温度，以免烫到母亲。

在平定了吕氏家族的叛乱后，大臣推举刘恒即位："方今高帝子独淮南王与大王，大王又长，贤圣仁孝，闻于天下，故大臣因天下之心而欲迎立大王，大王勿疑也。"文帝即位后，以仁德之心治理国家。当看到边境的人民频遭匈奴的侵扰时，文帝认为是自己德行不够，未能感化周边国家的人。《史记·孝文本纪》就记载"朕既不明，不能远德，是以使方外之国或不宁息。夫四荒之外不安其生，封畿之内勤劳不处，二者之咎，皆自於朕之德薄而不能远达也。间者累年，匈奴并暴边境，多杀吏民，边臣兵吏又不能谕吾内志，以重吾不德也……今单于反古之道，计社稷之安，便万民之利，亲与朕俱弃细过，偕之大道，结兄弟之义，以全天下元元之民。和亲已定，始于今年"。文帝对边境动乱非常自责，就用以"和亲"的方式来安民。文帝去世前，怕自己的丧事而影响人民的生活，所以改变礼制。对此，司马迁赞扬文帝使汉代的德业达到了鼎盛。司马迁在《史记》中对汉文帝的评价："孔子言'必世然後仁。善人之治国百年，亦可以胜残去杀'。诚哉是言！汉兴，至孝文四十有馀载，德至盛也。廪廪乡改正服封禅矣，谦让未成于今。呜呼，岂不仁哉！"

三、孝治与君子典范

君子不仅在家敬养父母，还应该将此孝心向外推广，来尽忠、治国。尽忠并不是对"人"尽忠，而是对"国"尽忠。"忠"强调是以不偏不倚之心。不偏不倚即是强调"忠"并不是简单的顺从，而是要起到斧正的作用。所以"尽忠"可以从两个角度来看，一是谏诤君王；二是护卫家国。臣子谏诤于君，就如子女谏诤于父母一样，使其免于陷入不义当中。当国家遭到侵害、伦常秩序遭到破坏的时候，作为臣子应该起到保卫国家、维护纲常的作用。做到这两者，以尽臣子之孝。

1. 培德辅国，诤谏于君：魏徵（征）

李世民对隋朝败国一直引以为戒。他认为隋炀帝自夸自傲，不听劝谏，导致官员不敢劝谏，以致灭国。李世民在《贞观政要》中说："人欲自照，必须明镜；主欲知过，必藉忠臣。主若自贤，臣不匡正，欲不危败，岂可得乎？故君失其国，臣亦不能独全其家。至于隋炀帝暴虐，臣下钳口，卒令不闻其过，遂至灭亡，虞世基等，寻亦诛死。前事不远，公等每看事有不利于人，必须极言规谏。"李世民明白君王的德行并不是绝对的，需要有忠臣对其进行匡正，才能更好地治理国家。其中以"进谏"为要。

魏徵（征）作为李世民的重要官员，曾做过谏议大夫、尚书左丞、太子太师。他多次劝谏君王行王政，不可玩物丧志。

李世民曾得到一只鹞子，非常喜欢，经常把玩。魏徵（征）知道后，就来见李世民。李世民怕魏徵（征）知道自己玩物，将鹞子藏于怀中。而魏徵（征）故意拖延时间，致使鹞子闷死于怀中。魏徵（征）还多次上疏劝谏李世民，如《谏太宗十思疏》，强调要居安思危、戒奢以俭。魏徵（征）所撰的《九成宫醴泉铭》，本是记李世民发现醴泉，以表其德的文章，也不忘劝谏一番："道随时泰，庆与泉流，我后夕惕，虽休弗休，居崇茅宇，乐不般游，黄屋非贵，天下为忧。人玩其华，我取其实，还淳反本，代文以质，居高思坠，持满戒溢，念兹在兹，永保贞吉。"

当魏徵（征）去世后，"太宗后尝谓侍臣曰：'夫以铜为镜，可以正衣冠；以古为镜，可以知兴替；以人为镜，可以明得失。朕常保此三镜，以防己过。今魏徵（征）殂逝，遂亡一镜矣！'因泣下久之。"（《贞观政要·论任县》）从李世民的言语中足以看出魏徵（征）在其心中的位置，对于国家的意义。而魏徵（征）以谏诤为忠，培君王之德、辅国家之运，正是臣子之"孝"的表现。

2. 满门忠烈，以孝作忠：颜氏门风

颜真卿是唐朝名臣，不仅书法闻名，更是因为他的忠烈而传于后世。颜真卿有着良好的家风，其五世祖颜之推作《颜氏家训》，以立颜氏一族。做"家训"旨在整饬门风，教诲后辈子孙。

颜真卿正是在颜氏门风下"忠烈"之士。时逢"安史之乱"，颜真卿联络其兄颜杲卿起兵讨伐叛军。叛军史思明攻陷常山，颜杲卿和其少子颜季明被捕。据《旧唐书》所载，安禄山见到颜杲卿，斥责说，是他提拔了颜杲卿却背叛他。颜杲卿秉颜家门风，信守忠义，对安禄山大骂。安禄山命人将颜杲卿绑于桥柱上，将其肢解，但颜杲卿仍然是大骂不绝，安禄山又命人钩断他的舌头。后来，颜真卿被派去向李希烈传达朝廷的旨意，却被李希烈抓捕，在其威逼之下，颜真卿誓不投降，被缢死。唐德宗追其谥号为“文忠”。

中篇

历代孝文注译与评介

第五章 《孝经》成书及其解读

第一节 《孝经》概要

《孝经》是儒家十三经之一，也是其中篇幅最短的一部经典，总字数一千八百余。“经”，意指普遍实行的义理、准则、法则。即是说“孝”是作为恒常不变的义理、法则而存在的。所以，《孝经》是一本关于“孝”的准则及如何行孝的书籍。

据《汉书·艺文志》记载：“《孝经》者，孔子为曾子陈孝道也。夫孝，天之经，地之义，民之行也。举大者言，故曰《孝经》。”可见，《孝经》由曾子的弟子或者再传弟子将进行语言上的收集与整理而成。其成书大体在战国后期。东汉郑玄认为《孝经》成书的目的是“孔子以六艺题目不同，指意殊别，恐道离散，后世莫知根源，故作《孝经》以总会之”。

关于《孝经》文本，有今文、古文之分。李学勤先生将《古文孝经》的流传总结为：“汉初所传《孝经》，本来是河间人颜芝所藏，由其子颜贞献出。长孙氏、博士江翁、少府后仓，谏大夫翼奉、安昌侯张禹等家所传，经文皆同，即《汉书·艺文志》所载《孝经》一篇十八章。后来鲁恭王坏孔子宅，在壁中发现《尚书》《礼记》《论语》《孝经》等书，凡数十篇，孔安国悉得其书。汉昭帝时，鲁国三老献《古文孝经》，卫宏校之，即《汉书》艺文志所载《孝经古孔氏》一篇二十二章。十八章本一般称为今文本，二十二章本就称为古文本。”今文本为郑玄注，古文本为孔安国注。至隋代，本已亡佚的《孔传》又出现于世，刘炫对之加以考定而作《孝经述议》。此书真伪虽有争议，但学术影响巨大，与《郑注》形成分庭抗礼之势。正是《孝经》注本存有分歧和争议，至唐玄宗下令重新质定孔、郑二家。在开元十年（722 年），唐玄宗采取“移孝于忠”的基本思路，颁布了“御注”版《孝经注》。这一注本被称为“开元本”。“开元本”于天宝二年（743 年）重修，并于天宝四年（745 年）将《孝经注》刊刻于石，即现存的《石台孝经》。天宝五年（746 年）《孝经注》又进行第三次修订并颁行中外，也是现在所流传的《孝经》版本。

虽然《孝经》入“经”比较晚，但由于其自身所涉及的内容——孝，使它自成书时起，就备受关注。汉文帝时置有《孝经》博士，《孝经》在东汉被列入“七经”，在北宋被正式列入“十三经”。诸多名家对《孝经》进行注疏。主要注疏有汉代经学家郑玄注的《孝经郑注》，清代皮锡瑞又为其作《孝经郑注疏》；孔安国的《古文孝经孔氏传》；唐玄宗李隆基依今文《孝经》为其作注，后宋代刑昺又为其作“疏”。现在的流行版本，以李隆基所注为底本。

第二节 《孝经》全译及解读

【原文】《开宗明义章第一》

仲尼居，曾子侍。子曰："先王有至德要道，以顺天下，民用和睦，上下无怨。汝知之乎？"曾子避席[①]曰："参[②]不敏，何足以知之？"子曰："夫孝，德之本也，教之所由生也。复坐，吾语汝。身体发肤，受之父母，不敢毁伤，孝之始也。立身行道，扬名于后世，以显父母，孝之终也。夫孝，始于事亲，中于事君，终于立身。《大雅》云：'无念尔祖，聿修厥德。'。"[③]

【注释】

① 避席：古人席地而坐，在对方提问、施礼、祝酒等场合，要回答、回礼时，坐在席上的人要起身离开自己的席位，表示对对方的礼貌和尊敬。

② 曾参：即曾子，字子舆，春秋时期鲁国人，十六岁拜孔子为师。曾子孝顺父母，孔子认为他可通孝道，向他传授关于孝的道理。

③ 无念尔祖，聿修厥德：出自《大雅·文王》，本诗是歌颂周王朝的建立者文王姬昌。无念，此处指念，以否定的形式表示肯定。此句大意为怎能不想念你的祖先。聿（yù），句首语气词，无实义。厥，其。此句大意为要努力发扬你的祖先的美德啊！

【译文】

孔子在家中闲坐，曾子在一旁陪坐。孔子问：“古代圣贤帝王怀有一种至善至美的品德和一种至为重要的道理，能够使天下人心顺从，百姓和睦，上上下下各个阶层之间没有怨恨不满，你知道这是什么吗？”曾子连忙起身离开席位回答：“我生性愚钝，如何能知道呢？”孔子说：“孝道，是一切道德的根本，一切教化都是由孝派生出来的。你回到座位上，让我来告诉你。一个人的身体、四肢、头发、皮肤是父母给予的，不敢有毁坏残伤，这是孝的开始。一个人要建功立业，扬名于后世，使父母荣耀显赫，这是孝的终了。孝，开始于孝顺父母，中间的阶段是效忠君主，最终则是建功立业，扬名于后世。《大雅》中说：‘怎么能不追念你的先祖呢？要努力发扬先祖的美德啊！’”

【解读】

本章是全书的纲领，在《孝经》中的地位意义非凡。所谓“开宗明义”，即开示本书的宗旨，说明孝道的道理。孝作为最根本的德行，不仅仅贯穿整个生命长度，它也是整个生命厚度的体现。本章首先阐述了孝的地位，它是顺天下、民用和睦、上下无怨的至德要道，是德之本、教之所由生。接着又论述了如何行孝，以身体发肤，不敢毁伤为始，以立身行道，显名荣亲为终。最后论述孝的不同阶段的表现，幼时体现为事亲，中年体现为忠君，最后立足于扬名后世。

本章最后所引用的诗句为《大雅·文王》中的一句。作者周公以这首诗来督促成王。周王朝能够顺利取代商王朝，最根本的原因是君王的仁德。文王以仁德伐商，在他死后三年，武王继承了文王的遗志，一举推翻了商王朝。武王继承文王之德，不仅为人民带来了安定生活，更是将文王的仁德推广出去。武王真正意义上做到了“以显父母”。

【原文】《天子章第二》

子曰：爱亲者，不敢恶于人；敬亲者，不敢慢于人。爱敬尽于事亲，而德教加于百姓，刑①于四海。盖天子之孝也。《甫刑》②云：“一人有庆，兆民赖之”③。

【注释】

①刑：通“型”，典范、榜样、示范。

②《甫刑》:《尚书·吕刑》篇的别名。《尚书》是一部由中国上古历史文件和部分追述古代事迹的汇编文献。吕指“吕侯”。周穆王任命吕侯为司寇，是执掌刑狱的最高官员。吕侯依据夏朝的律法，以周王的名义颁布了新规，即《吕刑》。吕侯的子孙后来被封为甫侯，故《吕刑》也称《甫刑》。

③一人有庆，兆民赖之：一人，指天子。庆，善。兆民，万民。赖，仰仗，依靠。即是说：一人有美好的德行，天下百姓就会依附于他。

【译文】

孔子说：能够亲爱自己父母的人自然不会厌恶别人的父母，能够敬爱自己父母的人也不会怠慢别人的父母。天子能够以爱敬之心侍奉自己的双亲，就能够以至高无上的德行教化百姓，成为天下人效法的典范。这就是天子的孝道。《甫刑》中说：

“天子保有善行，那么天下万民都会依靠他、信赖他。”

【解读】

本章主要讲述天子的孝道。天子是天下的统治者，地位最为尊贵。但天子也是父母所生，也要面对如何对待父母的问题。天子由于自身特殊的身份和地位，一言一行都对百姓有着巨大的影响。因此，天子首先应该完善自身，以身作则，为百姓做典范。将自身美好的德行推广开来，以此德行来教化人民，使国家长治久安。

《吕刑》申述了国家治理的历史经验。古代蚩尤作乱，苗民不守政令，所以用五刑来制服他们。但后来却出现了滥用刑罚的情况，导致社会混乱。刑罚原本是树立正义的工具，却成了施虐的手段。周穆王认为导致这个问题的根本原因在于施刑人并未采取德政。穆王认为尧以仁德的治理百姓，使政治清明，百姓也遵守于这美好的德行。于是，穆王规劝主管刑罚的官员，不能只树立自己的威严，更重要的是要做到宽博仁厚。周穆王也通过这段历史，警示各诸侯所肩负的责任重大到“一个人常用善行，办好事，百姓就会很受益”，要求他们慎用五刑，养成德行。

【原文】《诸侯章第三》

在上①不骄，高而不危；制节谨度②，满而不溢。高而不危，所以长守贵也。满而不溢，所以长守富也。富贵不离其身，然后能保其社稷③，而和其民人。盖诸侯之孝也。《诗》云：“战战兢兢，如临深渊，如履薄冰。”

【注释】

①在上：指的是诸侯的地位高于万民。

②制节谨度：制节，指费用开支节约俭省；谨度，即行为举止谨慎而合乎法度。

③社稷：社，土地神。古人有“五土”之说，认为土地分为山林、川泽、丘陵、原隰（xí）、坟衍五类，社是“五土”的总神。稷，谷神。“五谷”有黍、稷、菽、麦、麻，稷为百谷之长。土地和谷物是国家的根本，古代立国必先祭社稷之神。此后，社稷便成为国家的代称。

【译文】

身为诸侯，虽处高位但并不骄奢，那么尽管地位高贵也不会有倾覆之危。节省费用，谨守天子的法度，那么尽管财富充裕也不会僭越奢侈。居高位而没有倾覆的危险，就能长久地保守尊贵的地位。财富充足却不僭越奢侈，就能长久地保守财富。能够长久地拥有财富和尊贵，才能保住自己的国家，使自己的人民和睦相处。这就是诸侯的孝道。《诗经》中说：“凡事要谨慎小心，就像身处深水潭边生怕坠落，就像脚踏薄冰生怕陷落下去。”

【解读】

本章主要讲述诸侯的孝道。周王朝以分封制组建国家。周天子将土地和百姓依照亲疏和功勋分封给王室子弟和功臣，分为公、侯、伯、子、男五等爵位。后来用诸侯一词来代指统治一国的君主。既然诸侯对于本国国民有管理的权利，当然也就有治理的义务。《孝经》指出，治理好本国、管理好百姓的关键在于“约身”。“约身”即对自己的态度、行为、语言、礼仪规范等进行约束。只有这样，人民才会信任国君，才能使上下和睦，国家安泰。

诸侯对于一国的管理并不是长久拥有的，甚至会出现“易主”的情况。所以《孝经》强调了两点，一是诸侯自身的态度，二是诸侯如何处理人民之间的关系问题。《孝经》要求诸侯应该具有足够的忧患意识，作为天子之臣，诸侯帮助天子管理一方土地，应严格要求自己，治理好百姓，这就是诸侯孝道的体现。

【原文】《卿、大夫章第四》

非先王之法服①不敢服，非先王之法言②不敢道，非先王之德行不敢行。是故非法不言，非道不行；口无择言，身无择行；言满天下无口过，行满天下无怨恶。三者备矣，然后能守其宗庙。盖卿、大夫之孝也。《诗》云：“夙夜匪懈，以事一人。”③

【注释】

①法服：按照礼法制定的服装。古代服饰有十分严格的规定，颜色、花纹、材料、式样，对于不同等级和不同身份的人来说，有不同的规定和服饰。

②法言：合乎礼法的言论。

③夙夜匪懈，以事一人：出自《大雅·烝民》。夙，早晨。夜，晚间。匪，同“非”，不。懈，松懈，懈怠。原诗赞美了周宣王的卿大夫仲山甫，从早到晚，尽心竭力侍奉周宣王一人。

【译文】

不合乎先代圣王礼法所规定的服装不敢穿，不合乎先代圣王礼法的言论不敢说，不合乎先代圣王道德规范的行为不敢做。因此不合乎礼法的话不说，不合乎道德规范的事不做。开口说话不用斟酌措辞，行为举止不用考虑怎样去做。虽然言语传遍天下，但不会言语有失；虽然做事被天下所知，但不会招致怨恨厌恶。三者都完备无损，才能守住自己的宗庙。这大概就是卿、大夫的孝道了。所以《诗经》中说："即使是在白天或者夜晚，也不能有丝毫的懈怠，要尽力侍奉天子。"

【解读】

本章主要讲述的是卿、大夫的孝道。卿、大夫是辅佐天子处理国家事务的高级官员，地位仅次于诸侯，其中卿的地位要略高于大夫。对于卿、大夫来说，他们处在"承上启下"的关键位置，在上要对天子或者诸侯负责，在下要接管内政、外交等事务。

卿、大夫身居高位，言行举止备受关注。他们必须在服饰、行为、言论等方面合乎先王所制定的礼法，成为民众的表率。只有以礼法严格要求自己，说出来的话即使传遍天下也不会有人挑出错误，所作所为即使被大众所知也不会有人检出不当，才能解决人民出现的问题，辅佐君主，使上下和睦。一旦逾越礼制或者随意为之，就会带来非常不利的影响，使自己的宗族蒙羞，甚至会使宗庙祭祀不保。

【原文】《士章第五》

资[①]于事父以事母，而爱同；资于事父以事君，而敬同。故母取其爱，而君取其敬，兼之者父也。故以孝事君则忠，以敬事长则顺。忠顺不失，以事其上，然后能保其禄位，而守其祭祀[②]。盖士之孝也。《诗》云："夙兴夜寐，无忝尔所生。"[③]

【注释】

①资：取，拿。

②祭祀：祭侧重向天地汇报工作，祀侧重祈求祖先庇佑。

③夙兴夜寐，无忝尔所生：出自《小雅·小宛》。兴，起来。忝，羞辱。尔所生，生养你的人，即父母。

【译文】

用侍奉父亲的态度来侍奉母亲，那么其中的亲爱之心是相同的。用侍奉父亲的态度去侍奉国君，那么敬爱之心也是相同的。侍奉母亲用的是亲爱之心，侍奉国君用的是敬爱之心，唯有侍奉父亲是兼有亲爱和敬爱之心。有孝心的人侍奉君主，必然会忠心。在家敬重兄长的人，侍奉上级也一定会顺从。在忠诚与顺从两方面都能做到不缺失，用忠顺来侍奉国君和上级，就能够保住自己的官位，守住对祖先宗庙的祭祀。这大概就是士的孝道。《诗经》中说："应该早起晚睡，不要辱及生养你的父母。"

【解读】

本章主要讲述的是士的孝道。"士"指的是仅次于卿、大夫的最后一等的爵位，其地位在大夫之下庶民之上，是面向普通百姓而处理具体事务的官员。"孝"作为一个人的根本道德，其意义不仅停留在对于父母的孝顺上，更应该将这种孝顺推及开来。以爱父母之心爱君主，以顺父母之情顺从上级，不使自身的德行有亏损而辱及自己的双亲。故本章在讲士的孝道时，着重强调"忠""顺"二字。

作为与百姓接触最为密切的官员，士孝顺的表现形式主要有两方面，一方面是尽忠职守，另一方面是尊敬长上。士只有以对父母的恭敬顺从之心来侍奉国君和上级，才能保住自己的俸禄和职位，守住自己的宗庙，进而光宗耀祖。

【原文】《庶人章第六》

用天之道①，分地之利②，谨身节用，以养父母，此庶人之孝也。故自天子至于庶人，孝无终始，而患不及者，未之有也。

【注释】

①用天之道：用，顺应、利用。天之道，顺应春、夏、秋、冬四季变化的自然规律。

②分地之利：分，区别。地之利，分辨土地的特性和优势，因地制宜种植农作物。

【译文】

要顺应春、夏、秋、冬四季变化的自然规律，分辨土壤的不同特点，因地制宜种植不同类型的植物。行为恭谨，节省用度花费，以此来孝顺侍奉好父母，这就是平民所奉行的孝道。所以，上自天子，下到平民，孝道都是无终无始的，永恒存在。

如果有人担心自己无法做到尽孝，那么这是不可能的。

【解读】

本章讲述的是平民百姓的孝道。庶人是指拥有自由身份的平民百姓，在古代社会中是最广大、最普通的群体。平民百姓没有任何官职，主要依靠种地维持生计。作为农业生产的主要劳动者，平民百姓的孝道就体现在应该利用好四季的变化规律（“用天之道”），改良土质，根据不同土壤来种植作物，从而合理地安排农事（“分地之利”），就会有更好的收成。反之，如果不因地制宜种植作物，收成就会受到影响。

平民百姓的孝道要做到两方面。一方面要谨慎小心，时刻注意保护自己的身体和声誉，不能让父母的声名因自己的行为而受到损坏。另一方面要节省用度花费，合理支配钱财，不要将辛苦赚来的钱财肆意挥霍。平民百姓做到这两方面，谨慎小心、节约开支，将富余的钱财奉养父母，那么父母就会非常欣慰，平民也就尽到了自己的孝道。

最后，《孝经》还总结了不同阶层的人的孝道。孝是每个人的天性，行孝是不分身份、地位、等级的，没有尊卑的分别。无论是高高在上的天子，还是平凡的平民，侍奉父母的孝心都是相同的，人人都可以做到“孝”。孝也是没有开始和终结的，不管什么时候都能够行孝，所以任何人都不用担心自己无法行孝。

【原文】《三才章第七》

曾子曰：“甚哉，孝之大也！”子曰：“夫孝，天之经①也，地之义[②]也，民之行[③]也。天地之经，而民是则[④]之。则天之明，因地之利，以顺天下。是以其教不肃而成，其政不严而治。先王见教之可以化民也，是故先之以博爱，而民莫遗其亲，陈之以德义，而民兴行。先之以敬让，而民不争；导之以礼乐，而民和睦；示之以好恶，而民知禁。《诗》云：‘赫赫师尹，民具尔瞻。’[⑤]”

【注释】

① 天之经：经，常，指永恒不变的道理和规律。天之经指孝道就如同天之道，是永恒不变的规律。

② 地之义：义为利物。地之义指孝道像地之道，大地之所以化育万物，生生不息，山川田野为人们提供物产，是因为其中存在着符合道理的和规律的法则。孝道也是这样，是有利的、有益的准则。

③ 民之行：行，行为，品行。民之行是说孝道是人所有行为中最根本的行为，是人最重要的品行。

④ 则：效法。

⑤ 赫赫师尹，民具尔瞻：出自《小雅·节南山》。赫赫，声威显赫的样子。师，太师。太师、太傅、太保是周朝的三公，是周朝的最高行政长官。尹，尹氏。尹本为官职名，古人常常以官职名作为氏名。瞻，仰望。

【译文】

曾子说：“孝是多么博大精深呀！”孔子说：“孝道，犹如天恒常的运行，像地的自然生长一样，是人所有行为中的根本品行。天地按照它的规律运动，人民应该从中领悟到行孝的原则。按照天时四季的自然运行，大地地势的自然状态，从而来治理人民。因此对人民施行教化不需要严厉的统治手段就可以成功，推行政治也不需要严苛的手段就能治理好。先贤君主看见这种方式可以更容易教化百姓，所以国君率先实行博爱，因此也就没有抛弃自己亲人的事情发生。向百姓讲述道德仁义后，人民就能领悟并且实行。率先实行敬爱谦让，人民之间就不会发生纠纷。用礼仪和音乐来引导百姓，百姓就能和睦友好，向百姓宣传什么是对的，什么是错的，什么是好的，什么是坏的，百姓就知道什么是不能做的，就不会违背禁令。《诗经》中说：'威严显赫的尹太师啊，人民都在仰望你啊！'"

【解读】

“三才”指天、地、人。人在天地之间，上法天之自然运行、风雨四时；下则地之生养万物、施载万物。统治者效法“天地”来治理人民，就没有问题了。如何治理？这就要通过“孝”。孝的存在就像天地一般，是自然存在且不可改变的。如同治水一般，不能一味堵塞，而是顺应人性而疏导；不用严苛的手段迫使人民，而是要以身为范，唤起人民内在的孝心，由此产生的孝行才为真正的孝。

本章着重强调了君主对于百姓的教化作用。教，在《说文解字》中意为“上所施，下所效也”，即在上位的人所爱好和施行的内容，会使在下位的人效法。君主喜爱吃的食物，百姓也会喜爱；君主喜爱的活动，百姓也会喜爱。君主在国家治理的过程中起到了示范作用，一言一行都必须十分谨慎，否则便会适得其反。如“吴王好剑客，百姓多疮瘢。楚王好细腰，宫中多饿死”这首民歌中所述的内容。

本章以“赫赫师尹，民具尔瞻”结束，与前文《天子章》中所引的《甫刑》“一人有庆，兆民赖之”一起，表明上之言行不可不慎，是民之表率。强调上位者，不论是君主还是官员，都应该提高自身的德行，并将这种德行贯通上下，这样才能使天下太平。

【原文】《孝治章第八》

子曰：“昔者明王之以孝治天下也，不敢遗小国之臣，而况于公、侯、伯、子、男乎？故得万国之欢心，以事其先王。治国者，不敢侮于鳏寡，而况于士民乎？故得百姓之欢心，以事其先君。治家者，不敢失于臣妾[①]，而况于妻子乎？故得人之欢心，以事其亲。夫然，故生则亲安之，祭则鬼享之。是以天下和平，灾害不生，祸乱不作。故明王之以孝治天下也如此。《诗》云：‘有觉德行，四国顺之。’。”[②]

【注释】

①臣妾：指家中的奴隶。男性奴称为臣，女性奴称为妾。泛指卑贱的人。

②有觉德行，四国顺之：出自《大雅·抑》。觉，大。顺，服从。

【译文】

孔子说：“先贤君主以孝道来治理天下，即使是小国派来的使臣，也不敢遗忘和疏忽，更何况是对于公、侯、伯、子、男这些诸侯呢！因此得到各诸侯国的支持和拥戴，使他们能来参加祭祀先王的典礼。治理封国的诸侯，就连丧夫和丧妻的人都不敢轻慢和侮辱，更何况对待士和民众呢？所以得到了百姓的爱戴，参加祭祀先君的典礼。治理自己卿邑的卿、大夫，就连奴婢仆从都不敢令他们失望，更何况是对妻子和儿女呢？因此就得到了大家的爱戴，使他们帮助其侍养双亲。正因如此，父母在世时过着祥和的生活，去世后，灵魂可以享受后代的祭奠。也正因如此，才能天下太平，没有天灾，没有祸乱。所以圣明的帝王以孝道治理天下，就会出现这样的太平盛世。《诗经》中说：'天子有至高至大的道德和品行，四方诸国都会归顺他。'。"

【解读】

"孝"不但是修身之本，同时也是治国之本。本章题为孝治，主讲如何"以孝治天下"。前一章《三才章》讲述了君主因天地、顺天下来教化百姓。本章则由"孝"而"治"。开头引孔子的话讲述先贤君主以孝道来治理天下，无论是小国还是诸侯国，对待各国的使者都以礼相待。朝聘制度是指诸侯每年会派大夫朝见天子，每三年会派卿大夫去聘问一次，每五年诸侯要亲自去朝见天子，天子会以礼相待。一般来说，小国使臣朝见天子容易受到忽视和怠慢，但礼制要求明王同样施以礼貌和关注，不能遗忘和疏忽。

国君对民众有极强的示范作用，无论对方身份高低，都以礼相待，这样做便会使百姓纷纷效仿，受到教化，从而得到各诸侯国的支持和拥戴。诸侯、卿、大夫能够以孝治理百姓，就能得民心，使国家安泰祥和，不生灾害。由此可见，以孝治国具有其它治国方法所无可比拟的优势。

【原文】《圣治章第九》

曾子曰："敢问圣人之德无以加于孝乎？"子曰："天地之性，人为贵。人之行，莫大于孝。孝莫大于严父。严父莫大于配天，则周公其人也。昔者周公郊祀①后稷以配天，宗祀文王于明堂②，以配上帝③。是以四海之内，各以其职来祭。夫圣人之德，又何以加于孝乎？故亲生之膝下，以养父母日严。圣人因严以教敬，因亲以教爱。圣人之教不肃而成，其政不严而治，其所因者本也。父子之道，天性也，君臣之义也。父母生之，续莫大焉。君亲临之，厚莫重焉。故不爱其亲而爱他人者，谓之悖德；不敬其亲而敬他人者，谓之悖礼。以顺则逆，民无则焉。不在于善，而皆在于凶德④，虽得之，君子不贵也。君子则不然，言思可道，行思可乐，德义可尊，作事可法，容止可观，进退可度，以临其民。是以其民畏而爱之，则而象之。故能成其德教，而行其政令。《诗》云：'淑人君子，其仪不忒。'⑤"

【注释】

①郊祀：古代帝王每年冬至时在国都郊外建圜丘作为祭坛，祭祀天帝。

②明堂：古代帝王布政及举行祭祀、朝会、庆赏、选士等典礼的地方。

③上帝：在明堂中祭天，要按季节祭祀五方上帝。五方上帝指东方青帝灵威仰，南方赤帝赤熛怒，西方白帝白招拒，

北方黑帝汁光纪，中央黄帝含枢纽。

④ 凶德：逆德、逆礼称为凶德。

⑤ 淑人君子，其仪不忒：出自《曹风·鸤（shī）鸠》。淑，美好。忒。差错。

【译文】

曾子说："我冒昧地问一句，在圣人的德行中，没有比孝更重要的吗？"孔子说："天地之中，人是最尊贵的。而在人的种种品行中，没有比孝更重要的了。在孝行中，没有比尊敬父亲更重要的了，对父亲的孝敬，没有比祭天的时候以父祖先辈配祀更重要的了。祭天时以父祖先辈配祀，从周公开始。从前，周公在国都郊外祭天时，以周族的始祖后稷配祀天帝；在明堂聚宗族祭祀上帝时，以亡父文王配祀。所以四海之内的诸侯，各司其职，协助天子祭祀。圣人的德行，还有什么是比孝更重要的呢？

子女对父母的亲爱之心在幼年就形成了，待到长大后，奉养父母，日渐明白了对父母的孝敬。圣人根据子女对父母的尊敬的天性，而教人民敬重父母，根据子女对父母的亲近之心，而教人民爱父母。由此，圣人教化百姓，不需要采用严厉的手段便可以成功，圣人统治百姓，不需要严厉的手段便可以治理好国家。能够成功的根本就在于圣人可以根据人性，用孝道来引导和教化人民。

父子之间的关系，是天性。同时也体现了君臣关系的义理。父母生下孩子来传宗接代，这就是父母对子女最大的恩情。父亲具有君主和父亲的双重意义的身份，这在人伦关系中，没有比它更厚重的了。如果说不爱自己的父母而去爱别人，这是不合道德的。不敬重自己的双亲而去敬重他人，这是违背礼法的。以此使百姓顺从，就会是非颠倒，百姓也会无所适从，不知道效法什么。如果不能用善行来教化天下，而是用违背道德的手段统治天下，那么即使得一时之利，君子也是不赞赏的。君子也不会这样做，君子所说的话要能令人信服；谨慎行事，使所做的事情能够使人高兴；他们的品行能够使人尊敬，他们从事制作和建造，要考虑成为人们的典范；他们的容貌仪态，要考虑得到人们的称赞；他们的动静进退，要考虑合乎礼法。如果君王能够以这样的方式治理人民，那么百姓便会敬畏和爱戴他，继而效仿他，向他学习。因此就能顺利地推行教化，使政令顺利实施。所以《诗经》中说：'善人君子，最讲求礼仪；容貌举止，丝毫没有差池。'。"

【解读】

儒家所说的爱，是一种有"等差"的爱，而不是所谓的"博爱"。等差并不是爱的多少问题，而是爱的先后问题。儒家强调仁的核心在爱，而爱的根本在于孝，孝即是事亲。再由对父母的爱向外推开，以爱他人。

本章进一步讲述了圣人以孝治天下的道理。孔子认为天地之中，人是最尊贵的。人的各种品行中，没有比孝更重要的了。圣人以德治天下，用孝道来治理百姓，上层的管理者做出表率，一言一行合乎礼仪，那么人民就会进行模仿，争相效仿。如此，形成"不肃而成"、"不严而治"的理想境界。

【原文】《纪孝行章第十》

子曰："孝子之事亲也，居则致①其敬，养则致其乐，病则致其忧，丧则致其哀，祭则致其严。五者备矣，然后能事亲。事亲者，居上不骄，为下不乱，在丑②不争。居上而骄则亡，为下而乱则刑，在丑而争则兵。三者不除，虽日用三牲③之养，犹为不孝也。"

【注释】

①致：尽。

②在丑：丑，众，卑贱的人。在丑，指的是地位卑贱的人。

③三牲：猪、牛、羊。宴会或祭祀的标准的最高等级是一猪、一牛、一羊，称为"太牢"。

【译文】

孔子说："孝子侍奉父母，生活起居要对父母表现出充分的恭敬；赡养父母要充分表达出照顾父母的快乐；父母生病时，要表达出对父母健康的忧思；父母去世时，要充分表达出哀伤；祭祀去世的先人时，则要表达出严肃庄重。这五种都做到，才算是能尽孝道。侍奉双亲的人，身居高位而不骄傲放恣；为人臣子，而不犯上作乱；地位低下而不相互争斗。身居高位而骄傲恣横，就会灭亡；为人臣子犯上作乱就会被处罚；地位低下而相互争夺就会动用兵器。这三者如果不能去除，那么即使是用猪、牛、羊三牲的佳肴来供养父母，也是不孝顺。"

【解读】

本章讲述了孝子事亲的行为。首先列举了孝子事亲应该做到的五个方面，接着列举了三种必须戒除的行为。孝不仅是赡养父母的身体，更重要的是要以恭敬的态度对待父母。同时也要注意自己的言行，不要因为言行的问题而使自己的德行有所亏损，这样不仅自己会受伤，父母也会为子女着急或感到羞愧。

【原文】《五刑章第十一》

子曰："五刑[①]之属三千，而罪莫大于不孝。要[②]君者无上，非[③]圣人者无法，非孝者无亲。此大乱之道也。"

【注释】

①五刑：指墨、劓、剕、宫、大辟五种刑罚。墨，指在额上刺字后，涂上墨色的刑罚。劓（yì），割掉鼻子的刑罚。剕（fèi），砍断脚的刑罚。宫，破坏生殖器官的刑罚。大辟，死刑。

②要：音 yāo，以暴力要挟。

③非：责难反对。

【译文】

孔子说："应该处以墨、劓、剕、宫、大辟这五种刑罚的罪有三千条，然而其中最大的罪是不孝。藐视君主、以暴力胁迫君主的人，叫作藐视尊长。反对、侮辱圣人的人，叫作藐视法纪。反对孝行的人，叫作藐视父母。这三种人，是造成天下大乱的根源。"

【解读】

本章主要讲述了不孝是五刑中最为重大的罪行。君王教化民众，又“以刑辅政”。“刑”为惩戒，使乱民知其罪遂而改其非。本章所讲的五刑，所包括的罪行有很多，但没有比不孝更严重的。孔子甚至认为不孝是造成天下大乱的根源。

【原文】《广要道章第十二》

子曰：“教民亲爱，莫善于孝。教民礼顺，莫善于悌。移风易俗，莫善于乐。安上治民，莫善于礼①。礼者，敬而已矣。故敬其父，则子悦；敬其兄，则弟悦；敬其君，则臣悦；敬一人，而千万人悦。所敬者寡，而悦者众，此之谓要道也。”

【注释】

①礼：礼法。儒家学者认为，礼的作用是维护社会固有的秩序和等级制度。

【译文】

孔子说：“教育百姓相亲相爱，没有比孝更好的了。教育民众知礼顺从，没有比悌更好的了。改变旧的、不良的风俗，没有比音乐更好的了。安定国家、治理民众，没有比礼更合适的了。礼教的根本是敬。所以，尊敬他的父亲，儿子就会高兴；尊敬他的兄长，弟弟就会高兴；尊敬他的君主，臣子就会高兴；尊敬一人，而千千万万的人都会高兴。这就是所需要尊敬的人少，但是为此感到高兴的人却很多，这就是礼敬作为要道的意义之所在啊。”

【解读】

“要道”即“孝道”。《孝经》在开篇第一章中就提出过“先王有至德要道”。本章提出“孝悌教人，礼乐化人”。孔子认为教化民众相亲和睦的最好方式是教导人们孝敬父母、敬爱兄长、敬重长上。孔子接着又讲到移风易俗最合适的方式莫过于音乐。音乐使人潜移默化地去除旧的认识，树立新的风尚。

“孝”从小范围来说，关涉的是一个家的和睦关系。对于家天下的中华民族来说,“孝”的意义被扩大到国家安定的层面。身居高位的君主在推行孝治时,最主要的就是对“礼”的重视,“礼”的根本就是“敬”。以恭敬之心待人,人民相亲,社会和谐。

【原文】《广至德章第十三》

子曰："君子之教以孝也，非家至①而日见之也。教以孝，所以敬天下之为人父者也。教以悌,所以敬天下之为人兄者也。教以臣，所以敬天下之为人君者也。《诗》云：'恺悌君子，民之父母。'非至德，其孰能顺民如此其大者乎！"

【注释】

①家至：挨家挨户地走到。

【译文】

孔子说："君子推行孝道，并不需要挨家挨户推行，也不需要面对面的教导。以孝道来教导百姓，使天下所有做父亲的人都能受到尊敬。以悌道教育百姓，使天下所有做兄长的人都能受到尊敬。以臣道教育百姓，使天下人都尊敬天子。《诗经》

中说：'和乐平易的君子啊，是人民的父母。'如果没有至高无上的道德，有谁能教化百姓，使人心顺服，国家安定祥和呢！"

【解读】

本章与《广要道章》一起，作为第一章"至德要道"的解释。作为施教者，是通过自我的道德修养来影响其他人。只有一个人自身充满了美好的德行，才能够让人民真正地看到并真正地接受。否则，空洞的说教或僵化的教条，并不能起到教化的作用。

【原文】《广扬名章第十四》

子曰："君子之事亲孝，故忠可移于君。事兄悌，故顺可移于长。居家理①，故治可移于官。是以行成于内，而名立于后世矣。"

【注释】

①居家理：指家政、家务管理得好。

【译文】

孔子说："君子如果能以孝道侍奉父母，那么也可以将对父母的孝移作对君主的忠诚。能够敬爱、顺从兄长，那么也可以把对兄长的顺从移作对长辈和上司的顺从。君子能够打理好家中事务，那么也可以把齐家的经验移作处理公务。所以在家养成良好的品行，将会流芳千古，使美名传于后代。"

【解读】

"孝"不但具有伦理意义，更带有政治意义。本章主要讲述的是由“孝”推及至“忠”。《大学》中讲到修齐治平，讲求修养自身，将家中打理得井井有条，这样也是在积累“为政”的经验，才能在其官位上更好的治理一方。

【原文】《谏诤章第十五》

曾子曰：“若夫慈爱、恭敬、安亲、扬名，则闻命矣。敢问子从父之令，可谓孝乎？”子曰：“是何言与，是何言与！昔者天子有争臣七人，虽无道，不失其天下；诸侯有争臣五人，虽无道，不失其国；大夫有争臣三人，虽无道，不失其家；士有争友，则身不离于令名①；父有争子，则身不陷于不义。故当不义，则子不可以不争于父，臣不可以不争于君；故当不义，则争之。从父之令，又焉得为孝乎！”

【注释】

①令名：好的名声。

【译文】

曾子说：“爱亲、敬亲、安亲、扬名于后世等，都已经聆听过老师的教诲了。现在想冒昧地问一下，如果做儿子的一味听从父亲的命令，这能不能称为孝呢？”孔子说：“这算是什么话，这算是什么话！从前天子身边有七个敢于直言劝谏的大臣，那么，天子即使无道，也不至于失去天下。诸侯身边有五个敢于劝谏的大臣，那么，即使诸侯无道，也不至于亡国。大夫身边有三个敢于劝谏的家臣，那么，即使大夫无道，也不至于失去封邑。士有敢于劝谏的朋友，那么他就能保持美好的名声。父亲有善于劝谏的儿子，就不会使自身陷于不义之中。所以，当父亲做了不正义的事情时，儿子不能不劝谏；当君主做了不正义的事情，臣子不能不进行劝谏。面对不正义的事情，必须勇敢进行劝谏。一味地盲从父亲的命令，又怎么能称得上是孝呢！”

【解读】

本章讲述的是儿子、臣子应该勇敢劝谏的道理。真正的敬爱，并不是一味地顺从，而是使父母远离错误，避免父母陷于不义。在家侍奉双亲、在朝侍奉君主，当父母、君主行为上出现了问题，一定要进行劝谏，要保证他们的名声。这才是真正的孝顺和忠诚。

所以这里曾子提问：一切听从父亲的话，就是孝吗？孔子对这个问题很生气。一个人难免会犯错，一旦出现了错误，不知改正，甚至不知道是错误。这种情况只能让自己陷入不道德之中，更何况是父子之间。子女对于父母的孝的表现，其中有一点就是“谏诤”，即是指出父母的错误并且进行合理的劝谏。如果子女知道父母的行为不好，却不去劝谏，而使父母名声变坏，这才是不孝。

在劝谏的时候也有人子女所要遵守的礼仪。《论语》言：“事父母几谏，见志不从，又敬不违，劳而无怨。”劝谏父母时要注意自己的脸色与语气，不能像批评自己子女那样。劝谏过程不能太过于执拗，要缓和一些。劝谏父母，不能够将父母的错误在大庭广众之下劝谏，而应该私下里进行劝谏，这也是所谓的“隐”。“隐”不是隐藏起来不说，而是指要在私下说。旁边有人时不能提父母的短处或过错，因为这样不仅没有帮父母消除错误，反而将父母的过错传播出去，更损害了父母的名声，这是更不孝的。如果父母不听，我们也不能埋怨，而是要做好应对错误的准备。

【原文】《感应章第十六》

子曰："昔者明王事父孝，故事天明；事母孝，故事地察；长幼顺，故上下治。天地明察，神明彰矣。故虽天子，必有尊也，言有父也；必有先也，言有兄也。宗庙致敬，不忘亲也；修身慎行，恐辱先也。宗庙致敬，鬼神著矣①。孝悌之至，通于神明，光于四海，无所不通。《诗》云：'自西自东，自南自北，无思不服。'。"②

【注释】

①鬼神著矣：神灵显著彰明，降下福祉。

②自西自东，自南自北，无思不服：出自《大雅·文王有声》。思，语气词。服，服从，归服。

【译文】

孔子说："曾经先贤明王以孝事父，所以能够以虔敬侍奉、祭祀天帝，上天也能够感受到他的孝敬之心。能够以孝事母，也就能虔诚地祭祀地神，使地神能够感受到孝子的敬爱之心。能够使长辈和晚辈的关系和谐融洽，也就能使上上下下太平祥和。以此，天地之神可以明察君主的行为，彰显神明，降下福佑。虽然贵为天子，地位极其尊贵，但他也有尊敬的人，也就是他的父辈；也一定有长于他的人，就是他的兄长。在宗庙祭祀保持尊敬，不忘记先祖的恩情。修养自身谨慎自己的言行，唯恐辱没自己的祖先。在宗庙祭祀时保持十足的尊敬，先祖的灵魂便会来到灵堂，享用祭奠，显灵赐福。真正能把孝悌之道做得尽善尽美，就能与神明相通。孝道将会遍及天下，磅礴于四海，没有它达不到的地方。《诗经》中说：'从西、从东、从南、从北，四面八方，没有人不肯归顺、服从。'。"

【解读】

本章旨在说明孝悌可以感通神明的道理。孝悌不但能够感动人，同时也可以感通神明，使天降祥瑞。古人认为，充分表达孝心，由孝心表达出来的恭敬而完美的孝行，会感动天上的神明而降下吉祥。相反，上天就会降下灾异，以示警告，甚至会收回所赋予的一切。

本章说明了孝悌之道具有无所不通的效能，至诚则可以感动神明，降下福泽，使天下安宁。对于君主来说，推行孝悌之道是十分重要的。

【原文】《事君章第十七》

子曰："君子之事上也，进思尽忠，退思补过，将①顺其美，匡救其恶，故上下能相亲也。《诗》云：'心乎爱矣，遐不谓矣。中心藏之，何日忘之。'。"②

【注释】

①将：执行、实行。

②心乎爱矣，遐不谓矣。中心藏之，何日忘之：出自《小雅·隰（xí）桑》。遐，远。谓，诉说。

【译文】

孔子说："君子侍奉君主，在朝应该竭尽忠诚，下朝后应该思考补救君主的过失。君主的政令是正确的就依令执行，君主的政令如果有错就该勇敢劝谏，这样，君臣之间便能够相亲相爱。《诗经》中说：'心中充满热爱之情，相距太远不能倾诉。将热爱之心在心中珍藏，无论什么时候，都不会忘记。'。"

【解读】

本章重在讲述君臣之间的忠孝之义。在《开宗明义章》中，孔子提到"始于事亲，中于事君，终于立身"。本章进一步说明"中于事君"的道理。父子、君臣关系是相互的。父慈子孝、君仁臣忠，这是一种极其和谐的关系。君以仁爱对待臣民，臣民则会尽心事上。当君上的行为或政令有失时，作为臣民，应勇敢劝谏，尽力做到防微杜渐。这一点，在《谏诤章》中也有详细的论述。如果能做到"进思尽忠，退思补过，将顺其美，匡救其恶"，君臣之间就会同心同德。

在《孝经》的诠释下，"孝"的范围更大了。"孝"原本指的是在一个家庭当中子女对父母之间的态度和行为，但通过这层关系（子女—父母）的实践，可以转而向内回归到个人，作为修身成人的根本。而向上或向外，"孝"就成了国家安定团结的基础。所以，"孝"在中国文化语境下，所承担的不仅仅是一个家庭，更是从一个人到整个国家一贯的情感。由"修身"到"齐家"，再到"忠君"，在《孝经》当中，是自然推导出来的结果。

【原文】《丧亲章第十八》

子曰："孝子之丧亲也，哭不偯[①]，礼无容，言不文，服美不安，闻乐不乐[②]，食旨不甘[③]，此哀戚之情也。三日而食[④]，教民无以死伤生。毁不灭性，此圣人之政也。丧不过三年[⑤]，示民有终也。为之棺、椁、衣、衾而举之，陈其簠簋[⑥]而哀戚之；擗踊[⑦]哭泣，哀以送之；卜其宅兆[⑧]，而安措[⑨]之；为之宗庙，以鬼享之；春秋祭祀，以时思之。生事爱敬，死事哀戚，生民之本尽矣，死生之义备矣，孝子之事亲终矣。"

【注释】

①哭不偯（yǐ）：哭的时候不能拖腔带调，不能使哭声尾声曲折、绵长。

②闻乐不乐：前一个"乐"指音乐，后一个"乐"是指快乐。丧礼规定，孝子在服丧期间不得演奏或欣赏音乐。

③食旨不甘：丧礼规定，丧期内不得食用美味的食物。

④三日而食：丧礼规定，孝子三日内不进食，三日后进食粥食。孝子过度忧伤，因为长期饥饿而使身体受到损伤，这是不合孝道的。

⑤丧不过三年：孝子为父母守丧三年。孝子在服丧期间，单独居住在服丧的庐舍内，不能参加政治、文化、娱乐活动。

⑥簠（fǔ）簋（guǐ）：指古代盛放食物的两种器皿。丧礼规定，从父母去世到出殡入葬，死者的身旁都要供奉食物。簠簋是盛放器具的代表，除此之外，还有鼎、豆等器具。

⑦擗（pì）踊：擗，捶胸。踊，顿足。

⑧卜其宅兆：卜，占卜，用占卜的方法选择墓地。宅，墓地。

兆，陵园。

⑨ 安措：指将棺椁放到墓穴中去。

【译文】

孔子说：作为孝子，当父母去世时，哭泣时不能让哭声拖腔带调。行为举止不再讲究仪容姿态。言谈上不再辞藻华丽。穿着华美的衣服便会于心不安，听到音乐时不会感到快乐，吃到美味的食物也不会感到味美。这些就是对父母去世表达出的哀思之情啊！

孝子应该在父母去世后三日开始进食，这是教导百姓不要因为去世的人而使生者损伤身体。尽管心中哀伤会使孝子身体消瘦，但不至于危及生命，这就是圣人的政教。为父母服丧，丧期是三年，这是向百姓展示丧事也是有终结的。

父母过世之后，应该准备好外棺、内椁、衣物、铺盖的被子等，将遗体装殓好后，将簠簋等器具摆好，寄托对逝者的哀思；出殡的时候，要号啕大哭；通过占卜选好墓地，将逝者安葬；设立宗庙，供奉食物，请亡灵享用；按时令在春秋两季进行祭祀，表达对父母的哀思。

父母在世时，以爱敬之心侍奉父母；父母去世后，以哀伤之情处理丧事。如果能做到这样，就算是尽了孝道，尽到了生前孝顺父母、死后安葬、祭祀父母的义务。孝子以孝事亲，到这里也就结束了。

【解读】

本章是《孝经》最后一章，讲述父母去世之后，子女应该遵守的礼法。人都要经历生老病死的过程，死亡是一个人不可避免的。作为人子，当尽心对待父母的丧事。在情感上自然地表现哀戚，在葬礼上要符合相应的礼制。父母在世时，爱敬父母；父母去世后，安葬、祭奠父母。父母过世，要保有对于父母的思念之情。《论语》中记载曾子的话："慎终追远，民德归厚矣。""慎终"指的是慎重地对待父母的丧事；"追远"是虔诚地追忆远去的先祖。如此一来，无论是在生前还是死后都尽心去做，尽到了子女的本分和义务，这就是孝子的孝道。

第六章 《女孝经》成书及其解读

第一节 《女孝经》概要

《女孝经》是由唐朝散郎侯莫陈邈的妻子郑氏撰写而成。《女孝经》模仿《孝经》的格式，也将其内容分为十八章，每一章开头都假借班昭立言。班昭作为东汉史学家班彪之女、班固之妹,具有很好的历史修养。班昭曾撰《女诫》,以教导班家女性。《女诫》与明成祖的徐皇后所撰的《内训》、唐宋若莘的《女论语》和明刘氏所作的《女范捷录》一起被称为《女四书》并流传至今。

《女孝经》是一本古代女子修身养德的读物，旨在通过儒家思想对女子进行德行教化，培养长幼有序的意识，整肃家风，树立女性的典范。它讲述了后妃、夫人、邦君之妻、庶人之妻应如何行孝，又讲述了女子如何侍奉公婆、治理家庭、劝谏丈夫、教育子女。当然，这些规范都潜在地维护男权的再生产，对于女子自身的发展产生了巨大负面影响。在关照现实的同时，以历史的视角来看待本文内容,对《女孝经》进行批判性阅读。对于古代书籍，我们有可学者，有可知者，有可批者，有可弃者。一言蔽之，我们当有明辨慎思的能力。

第二节 《女孝经》全译及解读

【原文】 进《女孝经》表

妾闻天地之性，贵刚柔焉；夫妇之道，重礼义焉。仁义礼智信者，是谓五常。五常之敬，其来远矣。总而为主，实在孝乎！夫孝者，感鬼神，动天地，精神至贯，无所不达。盖以夫妇之道，人伦之始，考其得失，非细务也。

《易》著乾坤，则阴阳之制有别；《礼》标羔雁[①]，则伉俪之事实陈。妾每览先圣垂言，观前贤行事，未尝不抚躬三复，叹息久之，欲缅想余芳，遗踪可躅[②]。妾侄女特蒙天恩，策为永王妃，以少长闺闱，未娴《诗》、《礼》，至于经诰，触事面墙[③]，夙夜忧惶，战惧交集，今戒以为妇之道，申以执巾[④]之礼，并述经史正义，无复载于浮词，总一十八章，各为篇目，名曰《女孝经》。上自皇后，下及庶人，不行孝而成名者，未之闻也。妾不敢自专，因以曹大家为主，虽不足藏诸岩石[⑤]，亦可以稍补闺庭。辄不揆量[⑥]，敢兹闻达。轻触屏扆[⑦]，伏待罪戾。妾郑氏诚惶诚恐，死罪死罪，谨言。

【注释】

① 羔雁：指小羊和雁。古代用作征召、婚聘、晋谒的礼物。

② 躅（zhú）：踩踏。

③ 面墙：比喻不学而识见浅薄。

④ 执巾：古时为人妻妾的谦辞。

⑤ 藏诸岩石：比喻著作极有价值，能传之后世。

⑥ 揆（kuí）量：审度。

⑦ 屏扆（yǐ）：古代宫廷内设在户牖间的屏风，上画斧形图案。

【译文】

我听说天地的本性，贵在阳刚而阴柔；夫妇之道，重在礼义。仁、义、礼、智、信，是“五常”。五常的教育，由来已经很久远了。总结它的主要内容，根本是孝。孝，感动鬼神天地，贯通精气元神，无所不达。这是因为夫妇之道，是人伦关系的开始。考究夫妇关系的得失，并不是细微琐碎的小事。

《周易》写了乾坤两卦，那么可以说明男女不同、天地阴阳有别；《周礼》中说羔雁作为馈赠的礼物，那么夫妻关系就如实表达了出来。我每次阅览先圣流传下来的经典，看前贤的所作所为，总是再三反躬自省，久久叹息。想缅怀先圣美好的德行，追寻前辈的足迹。我的侄女特别蒙受皇上的恩典，被册封为永王妃。她从小生长在深闺内院，不熟悉《诗》《礼》，遇到事情才知道自己见识浅薄，日夜忧愁惶恐，战战兢兢。如今告诫她作为妻子应该遵守的规矩、为人妻的礼节，并且叙述经典史书的正确含义，省去华丽的辞藻，总共十八章，每章都有标题，名为《女孝经》。上自皇后，下到平民的妻子，不行孝道而留名于世的，从来没有听说过。我不敢一任己见，因此以曹大家为主讲人，本书虽然称不上传世经典，也可以作为家庭女教的补充。我就自不量力，向皇上呈报，打扰圣上，低头等待降罪。臣妾郑氏非常惶恐，多有冒犯，恭敬上表。

【解读】

本段讲述了陈氏向皇帝进献《女孝经》的经过。首段提出“五常”之根本在于孝。在《论语》中，孔子的弟子有若有“孝悌也者，其为仁之本与”一句，正是强调“孝”的重要性。“孝”是社会关系的伦理原则，不同的角色适应不同的行孝方式。男有男孝，女有女孝，只有当两种孝相结合才能构成完整的“孝”。本文主要是从女子的角度对“孝”进行阐述。女子在家为女，出阁为妻、为媳，生养则为母。女性应该如何行孝，这正是《女孝经》所要给出的答案。

【原文】《开宗明义章第一》

曹大家[①]闲居，诸女侍坐。大家曰：“昔者圣帝二女有孝道，降于妫汭[②]，卑让恭俭，思尽妇道，贤明多智，免人之难，汝闻之乎？”诸女退位而辞曰：“女子愚昧，未尝接大人余论，曷得以闻之？”大家曰：“夫学以聚之，问以辩之，多闻阙疑[③]，可以为人之宗矣！汝能听其言，行其事，吾为汝陈之。夫孝者，广天地，厚人伦，动鬼神，感禽兽，恭近于礼，三思后行，无施其劳，不伐其善[④]，和柔贞顺，仁明孝慈，德行有成，可以无咎。《书》云：‘孝乎！惟孝友于兄弟[⑤]。’此之谓也。”

【注释】

① 大家：读音“太姑”，古代对女子的尊称。

② 降：帝王之女下嫁。妫，虞舜居妫汭，因以为氏。

③ 多闻阙疑：多听，有疑问的地方先予以保留。出自《论语·为政》。

④无施其劳，不伐其善：不表白自己的功劳，不夸耀自己的长处。语出《论语·公冶长》：“愿无伐善，无施劳。”

⑤孝乎，惟孝友于兄弟：孝就是孝顺父母友爱兄弟。

【译文】

曹大家（班昭）闲坐，诸女子在旁陪坐。曹大家说：“古时尧帝的两个女儿非常懂孝道，下嫁给舜，她们谦卑礼让恭敬节俭，所思所想都是恪守妇道，贤惠开明又有智慧，帮助舜脱离危难。你们听说过吗？”诸位女子起身回答说：“小女子愚昧无知，还未拥有您那样广博的学识。怎么能听过呢？”曹大家说：“通过学习来积累知识，通过讨论来明辨事理，多听，保留有疑问的地方，就可以做别人的榜样了。你们要能听圣贤教诲，并在生活中尽力去做，我来给你们讲一讲。孝能推广到天地之间，深入到五伦关系之中，孝能感动鬼神，感化飞禽走兽。恭敬、谨慎的态度接近于礼，三思而后行，不表白自己的功劳，不夸耀自己的长处，和顺贞洁温柔，仁爱明察孝顺慈爱，德行是有所成就，就可以没有过错了。《尚书·周书》中说：‘孝啊！就是孝顺父母，友爱兄弟。’说的就是这个道理。”

【解读】

《女孝经》开篇以“曹大家”教导诸女子为始。“曹大家”即东汉史学家班彪的女儿，班固的妹妹，班昭。之所以称为“曹大家”，是因为班昭嫁与曹世叔为妻，“大家（太姑）”是对古代有才德的女子的称呼，“大”通“太”，“家”通“姑”。据记载，班昭精通历史，帮助兄长班固完成未完的《汉书》，还参与过政事。汉和帝让自己的妃子向班昭学习，尊称她为“大家”。在本章中，班昭先引舜之二女的故事，论述了女子于家与国的作用及意义。后将孝进一步推衍，强调了“孝”与五伦当中的重要性。又引用《论语》论述了孝在修身中的意义。最后引《尚书》的句子，强调了推孝及治国的方式。在文中，班昭引《易传·文言》及《论语》中的话，论述了学习的重要性。学习助人涵养德行，明白是非，可以帮助和提醒自己的丈夫，同时也可以教子、治家。

【原文】《后妃章第二》

大家曰："关雎麟趾①，后妃之德，忧在进贤，不淫其色，朝夕思念，至于忧勤。而德教加于百姓，刑于四海，盖后妃之孝也。《诗》云：'鼓钟于宫，声闻于外。'②"

【注释】

①麟趾：比喻子孙昌盛。出自《诗经·周南·麟之趾》。

②鼓钟于宫，声闻于外：比喻后妃在后宫中生活做事，但美德却可传扬千里。出自《小雅·白华》。

【译文】

曹大家说："《关雎》、《麟趾》都是在赞颂后妃的德行。后妃担忧的是如何为皇上引进贤才，不过分打扮自己，日思夜想希望为皇帝和朝廷分忧解难。德行教化施行于百姓，使天下人遵守法度，这就是后妃的孝道。《诗经》中说，后妃在后宫中生活做事，但她的美德却可传扬千里。"

【解读】

“后妃”是指帝王的妻妾。帝王作为一国之君，责任就在于治国理民。后妃最为帝王的配偶，应是天下女性的典范。她应该修身以德，不以容貌迷乱君心，替帝王分忧，辅助君王治理天下。文中引《麟之趾》一诗,《麟之趾》本是赞美诸侯公子的诗。为什么赞美诸侯公子的诗，班昭会在这里引用呢？朱熹在《诗集传》中说：“文王后妃德修于身，而子孙宗族皆化于善。故诗人以‘麟之趾’兴公之子。”从朱熹的解释可以看到，诸侯公子之所以充满仁厚,正在于后妃以德修身并教之于公子。这也说明，女性在教育孩子、感化后辈时所起到的作用。公子作为继承王位之人，接受良好的教育，这对一个家庭来说非常重要。

【原文】《夫人章第三》

居尊能约，守位无私，审其勤劳，明其视听，诗书之府可以习之，礼乐之道可以行之，故无贤而名昌，是谓积殃；德小而位大，是谓婴[1]害。岂不诫欤！静专动直，不失其仪，然后能和。其子孙保其宗庙，盖夫人之孝也。《易》曰：“闲邪！存其诚，德博而化。”

【注释】

①婴：遭受，遇。

【译文】

处在尊贵的地位但能节约，以无私来安守自己的地位，慎重对待自己的功劳，让所见所闻保持清明。诗书是德化的载体，可以学习；礼乐之道，可以去实行。所以，没有贤能却名声旺盛，是积攒祸患；德行低下却身处高位，就会遭受灾害。难道能不警戒么？静时专心致志，动时正直果断，不失去自己的威仪，这样才能使子孙和睦，保全家族宗庙，这就是诸侯夫人的孝道。《周易》说："去除邪念并保持诚敬，德行广博可以教化天下。"

【解读】

诸侯的妻子称为"夫人"。作为诸侯的夫人，应该懂得"约""无私""勤劳""习诗书""行礼乐"。"约""无私""勤劳"是从品行上来说。"约"即是俭，虽然处于尊荣之中，但不应该奢靡；"无私"即不以个人之私待人处事，而应以公心；"勤劳"即是勤勉努力，不懈怠。如此，不仅仅有能力教育好晚辈，还可以使家庭和睦，使长辈及丈夫安心。

【原文】《邦君章第四》

非礼教之法服，不敢服；非诗书之法言，不敢道；非信义之德行，不敢行。欲人不闻，勿若[①]勿言；欲人不知，勿若勿为；欲人勿传，勿若勿行。三者备矣，然后能守其祭祀，盖邦君之孝也。《诗》云："于以采蘩，于沼于沚。于以用之，公侯之事。"[②]

【注释】

① 勿若：不如。

② 于以：往哪儿，在何处。蘩（fán）：白蒿，古代常用来祭祀。此句大意是什么地方采白蘩，沼泽旁边沙洲上。采来白

蘩做何用？公侯之家祭祀用。出自《召南·采蘩》。

【译文】

不符合礼法规定的服饰，不敢穿；不符合《诗经》《尚书》的言语，不敢说；不合乎信义的行为，不敢做。想要别人听不到，不如不说；想要别人不知道，不如不做；想要别人不传言，不如不做。这三点都做到之后，就能守住祭祀的宗庙了，这是贵族妻子的孝道。《诗经》说："哪里可以采白蒿？那片池啊那片塘。哪里需要用白蒿？公侯要祭祀。"

【解读】

本章主要强调"礼"的作用。礼是依人的性情、人的伦常而制定的一整套规范。在儒家文化当中，不论是男性还是女性，不论是富者还是贫者，不论是尊者还是卑者，都应以礼行事，个人的言行、服装的材质与颜色，都是由礼来规定。"非礼勿视，非礼勿听，非礼勿言，非礼勿动"，不符合礼的就不要去做。作为妻子，所代表的并非个人，更是代表着夫家与妇家，所以在言语和行动上，应该严肃以待，不能因为自己不合礼的言语和行为，辱没门庭。

【原文】《庶人章第五》

为妇之道，分义之利，先人后己，以事舅姑，纺绩①衣裳，社赋蒸献，此庶人妻之孝也。《诗》云："妇无公事，休其蚕织。"②

【注释】

①纺绩：把丝麻等纤维纺成纱或线。古代纺指纺丝，绩

指缉麻。

②妇无公事，休其蚕织：指桑蚕纺织是妇人应尽的公事。出自《大雅·瞻卬》。

【译文】

做女人的道理，在于分清道义与利益。先想别人后想自己，以此来侍奉公婆，纺丝缉麻，春天祭祀时做好种地养蚕的事，冬天祭祀时供上丰收的谷物。这是平民妻子的孝道。《诗经》上说："妇人不应理朝政，蚕丝女红全抛开"。

【解读】

作为普通百姓的妻子，在家庭里所要求完成任务"事公婆"和"纺丝缉麻"。作为妻子，要完成这些任务首先具备"义利之分"和"公私之辨"的德行。相对而言，《孝经·庶人》要求庶民男子要懂得土地种植的基本常识，还要谨慎、节俭，要赡养父母。礼法对所提出的男女分工不仅是经济生产上，还在公私活动上。《女孝经》引用《大雅·瞻卬》，意在限制妇女参政。

【原文】《事舅姑章第六》

女子之事姑舅也，敬与父同，爱与母同。守之者义也，执之者礼也。鸡初鸣，咸盥漱衣服以朝①焉。冬温夏凊②，昏定晨省③，敬以直内，义以方外④，礼信立而后行。《诗》云："女子有行，远兄弟父母。"⑤

【注释】

①朝（cháo）：此处指晚辈问候长辈。

②清（qìng）：凉。

③昏定晨省（xǐng）：晚间服侍就寝，早上省视问安。

④敬以直内，义以方外：内在的思想诚敬端正，外在行为合宜得体。直：矫正。方：规范。出自《周易·坤·文言传》。

⑤女子有行，远兄弟父母：意为姑娘长大要出嫁，父母兄弟离得远。出自《鄘风·蝃蝀》。

【译文】

女子奉事公婆，敬爱公公要和敬爱自己的父亲一样，敬爱婆婆要和敬爱自己的母亲一样。坚守这样的妇道就是义，执行这种妇道就是礼。鸡刚叫就起床，里外都盥洗干净，衣服穿戴整齐去向公婆请安。冬天让他们温暖，夏天让他们清凉；早上问安，夜晚服侍就寝。内在的思想诚敬端正，外在行为合宜得体。确定礼仪和信义然后施行。《诗经》上说："女子出嫁了，远离了父母兄弟。"

【解读】

所谓"事舅姑"，即侍奉公婆。女子嫁到夫家，应该同丈夫一起侍奉父母（公婆）。这在《礼记·内则》中有详细的礼仪规范。在本章中，晨省昏定、冬温夏凊等属于具体的礼仪。《女孝经》要求这些行为是由内心之德而发出，夫家也应该善待媳妇。本章最后一句引《诗经》，女子出嫁后，就远离了自己的父母兄弟，独自一人来到夫家，她所能依靠的就是丈夫还有公婆。以同理之心来看待，媳妇敬养公婆，公婆理应慈爱媳妇。所以，在讨论婆媳关系的时候，不应该片面地强调媳妇的礼仪，公婆的态度更为重要。

【原文】《三才章第七》

诸女曰："甚哉！夫之大也。"大家曰："夫者天也，可不务乎！古者女子出嫁曰归，移天事夫，其义远矣。天之经也，地之义也，人之行也，天地之性而人是则之。则天之明，因地之利，防闲执礼[①]，可以成家。然后先之以泛爱，君子不忘其孝慈；陈之以德义，君子兴行；先之以敬让，君子不争；道之以礼乐，君子和睦；示之以好恶，君子知禁。《诗》云：'既明且哲，以保其身。'。"[②]

【注释】

①闲：防止，限制。执礼：守礼，彬彬有礼。

②既明且哲，以保其身：既能明晓善恶，又能辨知是非，这样就能保全自身的品德不受污染。出自《大雅·烝民》。

【译文】

诸女子说："丈夫是多么重要啊。"曹大家说："丈夫是女人的天，能不用心操持吗？古代的女子，出嫁叫归，把自己遵从的天从父亲变成了夫君，其中意义非常深远。犹如天道运行规律恒常不变，犹如大地滋养万物，这是人最根本的德行，天地运行的规则，人们需要效仿它。效法天的恒常规律，按照大地的利益万物，去除邪念遵守礼法，就可以组建家庭。然后，妻子率先广泛爱人，丈夫就不会忘记他的孝敬慈爱；向他陈述道德仁义，丈夫就会乐意去做；妻子率先恭敬礼让，丈夫就不会相互争斗；用礼乐来引导他，丈夫就会与人和睦；表现自己的爱憎好恶，丈夫就会明白禁忌的事。《诗经》上说：‘既能明晓善恶，又能辨明是非，这样就能保全自身的品德不受污染。’。”

【解读】

本章首先提出“家庭”的组成。女子在娘家时，以父亲为其纲。到了夫家，则以夫君为要，这种行为就是“移”。加入夫家后，女子要“事”夫君。我们在理解“事”一词的时候，不应该单从侍奉的角度来看待。妻子要对丈夫进行德行上的引导和言语上的劝谏。这里面提到了“知禁”，强调媳妇作为家里的一员，而不是佣人，在夫家应该得到相应的尊重和性格上的保留，所以“示之以好恶，君子之禁”。

【原文】《孝治章第八》

大家曰：“古者淑女之以孝治九族也，不敢遗卑幼之妾，而况于娣侄①乎！故得六亲之欢心以事其舅姑。治家者不敢侮于鸡犬，而况于小人乎！故得上下之欢心以事其夫。理闺者，不敢失于左右，而况于君子乎！故得人之欢心以事其亲。夫然，故生则亲安之，祭则鬼享②之，是以九族和平，萋菲不生，祸乱不作。故淑女之以孝治上下也如此。《诗》云：‘不愆不忘，率由旧章。’③”

【注释】

① 娣侄：古时诸侯的女儿出嫁，从嫁共事一夫的妹妹和侄女称“娣侄”。

② 享：鬼神享用的祭品。

③ 不愆：愆为过错、过失之意，不愆意为不犯错。率：遵

循。旧章：先王之法。出自《大雅·假乐》。

【译文】

曹大家说："古代的淑良女子用孝道来治理九族关系，不敢遗忘卑下幼小的侍妾，更何况与自己共事一夫的妹妹或侄女呢？因此得到家中六亲的欢心，并以此侍奉公婆。治理家庭的妻子，连鸡狗都不敢侮辱，更何况是子女呢？所以才得到全家上下的欢心，并以此来侍奉丈夫。管理女眷的妻子，连身边的人都不敢疏忽，更何况是丈夫呢？所以才得到众人的欢心，从而来侍奉亲人。这样，才会让长辈在世时过着安闲的生活，去世后安享子孙的祭奠。从而九族和谐太平，不生谗言，不产生祸患和悖乱。因此，淑良女子以孝道治理家庭的方法就是这样。《诗经》说：'从不犯错不迷狂，遵循先祖旧典章。'"

【解读】

从《孝经》与《女孝经》的对比中可以清楚地看到男女之间"孝治"的不同。男子之"孝治"在于治天下，而女子之"孝治"在于治九族。二者有明确的分工，却不能以"轻重"来区分。"家"并非指"小家"，而是"家族"。家族的教育、安定，对于一个家族的延续是非常重要的。女子要担负起以孝治家的责任，具备安定家族的能力。

【原文】《贤明章第九》

诸女曰："敢问妇人之德，无以加于智乎？"大家曰："人肖天地，负阴抱阳[①]，有聪明贤哲之性，习之无不利，而况于用心乎！昔楚庄王晏朝，樊女进曰：'何罢朝之晚也，得无倦乎？'

王曰：‘今与贤者言乐，不觉日之晚也。’樊女曰：‘敢问贤者谁欤？’曰：‘虞丘子。’樊女掩口而笑。王怪问之。对曰：‘虞丘子贤则贤矣，然未忠也。妾幸得充后宫，尚汤沐[②]，执巾栉[③]，备扫除，十有一年矣。妾乃进九女，今贤于妾者二人，与妾同列者七人。妾知妨妾之爱，夺妾之宠，然不敢以私蔽公，欲王多见博闻也。今虞丘子居相十年，所荐者非其子孙，则宗族昆弟，未尝闻进贤而退不肖，可谓贤哉？’王以告之，虞丘子不知所为，乃避舍露寝，使人迎孙叔敖而进之，遂立为相。夫以一言之智，诸侯不敢窥兵[④]，终霸其国，樊女之力也。《诗》云：‘得人者昌，失人者亡。’[⑤]又曰：‘辞之辑矣，人之洽矣。’[⑥]”

【注释】

①负阴抱阳：万物背阴而向阳，指万物内含着阴阳两种相反而又相成之气。

②尚：指主管、执掌帝王私人事务。汤沐：沐浴。

③巾栉：泛指盥洗用具。

④窥兵：观兵，炫耀武力。

⑤得人者昌，失人者亡：本句大意为得人心的就能兴隆，失去人心的就要灭亡。本章提到此句出自《诗经》，但在现存的《诗经》中并未有此句。

⑥辞之辑矣，人之洽矣：政令如果协调和缓，百姓便能融洽自安。出自《大雅·板》。

【译文】

诸位女子说：“冒昧地问一下，妇女的品德，不能加上智慧吗？”曹大家说：“人效法天地，同时具有阴阳两种相反而又相成的性质，女子也有聪明贤能智慧的本性，如果把它应用于生活中没有行不通的，更何况用心去做呢？从前，有一次楚庄王退朝晚了，夫人樊姬向他进言说：‘为什么退朝晚了呢？您不疲倦吗？’王回答说：‘今天和贤人聊得开心，没发觉天色就晚了。’樊姬说：‘请问那位贤者是谁呢？’王说：‘虞丘子。’樊姬捂着嘴笑起来，楚庄王好奇地问她为什么，她回答说：‘虞丘子确实贤明，但不够忠诚，我有幸被召入后宫，侍奉大王沐浴盥洗，成为您的姬妾，已经有十一年了。我为您推荐了九位女子，如今比我贤能的有两人，和我同样的有七人。我知道她们会阻碍您对我的爱，会夺去您对我的宠爱，但我不敢因为私心阻碍公事，想让您多见到一些贤良的女子。如今虞丘子做宰相已经十年，所举荐的人不是他的子孙，就是宗族兄弟，没听说过他举荐贤才而辞退不贤的人。这样可以称得上是贤能吗？’楚庄王把这番话告诉了虞丘子，虞丘子知道自己行为有失，不知该如何是好，于是虞丘子外出寻访贤人，直到派人请来孙叔敖并举荐给楚庄王，于是孙叔敖被立为宰相。樊姬用一句话的智慧，使诸侯国不敢对楚国虎视眈眈，楚庄王最终称霸，这是樊姬的功劳啊。《诗经》上说：‘得人心者昌盛，失人心者灭亡。’又说：‘政令如果协调和缓，百姓便能融洽自安。’。”

【解读】

男女之间并没有任何心性上的不同，不同之处只在于所扮演的社会角色。在传统社会，男人主外，女人主内。但这并不是绝对的。女人所主之内，并不是简单地柴米油盐之类，她的主要职责一在于稳定家庭关系，二在于辅助丈夫。文中引樊姬劝谏楚庄王之事，说明女子的明理表现在帮助自己的丈夫和家庭上。

【原文】《纪德行章第十》

大家曰："女子之事夫也，缅笄①而朝，则有君臣之严；沃盥馈食，则有父子之敬；报反而行，则有兄弟之道；受朝必诚，则有朋友之信；言行无玷，则有理家之度②。五者备矣，然后能事夫。居上不骄，为下不乱，在丑不争。居上而骄则殆③，为下而乱则辱，在丑而争则乖。三者不除，虽和如琴瑟，犹为不妇④也。"

【注释】

① 缅笄：束发加簪。

② 度：事物所达到的境界。

③ 殆（dài）：危险。

④ 不妇：不合为妇之道，违背妇德。

【译文】

曹大家说："女子侍奉丈夫，束发加簪后拜见丈夫，就仿佛有着君臣相见的庄严感；浇水洗手后献上食物，就好像有父子般的恭敬；心怀感恩常想回报夫君，就有兄弟般的道义；接受丈夫的委托而竭力去做，就产生如朋友般的诚信；言行没有过失，就有料理家事的气度。这五点都具备，然后就能侍奉好丈夫。处高位却不骄慢，处下位而不任意随便，在众人中谦让不争。身处高位而骄纵就会有危险，处下位任意随便就会受到侮辱，在众人中处处与人争夺就会不顺利。这三方面不戒除，虽然与丈夫如琴瑟般和睦，仍然是违背妇道啊。”

【解读】

本章分成两部分。上一部分为“居家”，要求妻子处理与丈夫关系时做到五个要点。下一部分为“在外”，要求妇女具备三方面的品德。认为女性必须具备“居上不骄，为下不乱，在丑不争”这三方面的品德。这三方面的品德比处理好夫妻关系的五个要点更重要。只有具备了这三方面，才能称得上遵守妇道。

【原文】《五刑章第十一》

大家曰："五刑之属三千，而罪莫大于妒忌，故七出①之状标其首焉。贞顺正直，和柔无妒，理于幽闺②，不通于外，目不徇③色，耳不留声，耳目之欲，不越其事，盖圣人之教也，汝其行之。《诗》云："令仪令声，小心翼翼。占训是式，威仪是力。"

【注释】

①七出：规定夫妻离婚时所要具备的七种条件："不顺父母""无子""淫""妒""恶疾""口多言""窃盗"。当妻子符合其中之一时，丈夫及其家族便可以要求休妻。

②幽闺：深闺，多指女子的卧室。

③徇（xùn）：顺从，曲从。

【译文】

曹大家说："古代的刑罚有五大类，有三千种之多。其中没有比妒忌更大的罪行。所以休妻的'七出'中把'妒忌'记在首位。贞洁顺从正直，平和温柔没有妒忌心，治理好家中事务，不与外界多有来往，眼睛不随便看，耳朵不流连于好听的声音，耳目的欲望，不背离自己的本分，这是圣人的教诲啊，你们要这样去做。《诗经》上说：'仪态端庄好面色，小心翼翼真负责。遵从古训不出格，勉力做事合礼节。'。"

【解读】

《孔子家语·本命解》载："孔子遂言曰：'女有五不取：逆家子者，乱家子者，世有刑人子者，有恶疾子者，丧父长子者。妇有七出、三不去。七出者：不顺父母出者、无子者、婬僻者、嫉妬者、恶疾者、多口舌者、窃盗者。三不去者：谓有所取无所归一也，与共更三年之丧二也，先贫贱后富贵者三也。凡此圣人所以顺男女之际，重婚姻之始也。'。"此处孔子从"家室"、"身体"、"性格"及"情感"等多方面来论述女性在婚姻，在家庭中的重要性。这里并不是从"男权"的角度来说，而是从社会及家庭意义的角度来论述。古人非常重视择媳，本章也在强调为人妻子应有的操行。

【原文】《广要道章第十二》

大家曰："女子之事舅姑也，竭力而尽礼，奉娣姒[①]也，倾心而罄义。抚诸孤以仁，佐君子以智，与娣姒之言信，对宾侣之容敬，临财廉取与让，不为苟得。动必有方，贞顺勤劳，勉其荒怠。然后慎言语，省嗜欲。出门必掩蔽其面，夜行以烛，无烛则止。送兄弟不逾于阈[2]。此妇人之要道，汝其念之。”

【注释】

① 娣（dì）姒（sì）：妯娌。兄妻为姒，弟妻为娣。

② 阈（yù）：门槛。

【译文】

曹大家说：“女子侍奉公婆，要竭尽全力恪守礼节，对待妯娌，要倾心并竭尽道义。抚养后代要用仁爱之心，辅佐丈夫用智慧，与妯娌交往要讲诚信，对待宾客朋友要宽容恭敬，面对钱财廉洁，获取或者给予之间能够谦让，不贪取小便宜。做事一定要守规矩，要贞洁柔顺勤劳，避免安逸而懈怠。然后谨慎自己的言语，节省欲望。出门一定把脸遮蔽住，晚上出行要点火烛，没有火烛就不出去，送兄弟不跨出门槛。这是做妇人重要的规范，你们要记住啊！”

【解读】

本章讲述女子如何为人处世、持家有道。一方面，面对公婆、妯娌、子女、丈夫、宾客这些不同的人，女子在接触的行为上要有所规范，有礼有节。另一方面，这些礼仪和节仪不只是行为的规训，还应当有内在的依据，那就是仁、智、信、敬、廉、让等品德。这些品德与行为都要在日常生活中不断修养，不可荒废。在内在品德上，古人对女子的要求和对男子的要求并无太大区别，但是在品德的具体应用上，女子的生活领域相比男子狭窄了许多。最后还提到了男女之防，由此可见古人对女子的“贞洁”尤其看重。

【原文】《广守信章第十三》

立天之道，曰阴与阳；立地之道，曰柔与刚。阴阳刚柔，天地之始；男女夫妇，人伦之始。故乾坤交泰，谁能间之。妇地夫天，废一不可。然则丈夫百行，妇人一志。男有重婚之义，女无再醮①之文，是以芣苡②兴歌，蔡人作诫③。匪石为叹，卫主知惭④。昔楚昭王出游，留姜氏于渐台，江水暴至，王约迎夫人必以符合，使者仓促，遂不请行。姜氏曰：“妾闻贞女义不犯约，勇士不畏其死，妾知不去必死，然无符，不敢犯约；虽行之必生，无信而生，不如守义而死。”会使者还取符，则水高台没矣！其守信也如此，汝其勉之。《易》曰：“鹤鸣在阴，其子和之。”⑤

【注释】

① 醮（jiào）：古代行婚礼时，父母给子女酌酒的仪式称“醮”。古代女子再嫁称“再醮”。

② 芣（fú）苡（yǐ）：即车前草，《芣苡》是《国风·周南》中一篇，当时人们采车前草时所唱的歌谣。其含义大概是“生虽是艰难的事情，却总有许多快乐在这艰难之中”。

③ 蔡人作诫：出自《列女传·贞顺》。宋人之女嫁于蔡，其夫有恶疾，其母欲改嫁之。该女认为嫁人之道，一旦结婚，终身不改。今夫不幸染上恶疾，正应细心照料，以情相慰，怎么可以弃之而再嫁呢？不听母言，乃作芣苡之诗。

④ 卫主知惭：周时卫世子共伯之妻共姜，因共伯早死，

父母让她再嫁，她发誓不嫁，因此作《柏舟》以明志。

⑤鹤鸣在阴，其子和之：意为鹤在树荫下鸣叫，小鹤在旁边跟着鸣叫。出自《周易·中孚》。

【译文】

创立了表示上天的方法叫作阴阳，创立了表示大地的方法叫作柔和刚。阴阳刚柔，是天地的本源；男女夫妇，是人伦的根本，所以天地之气祥和，万物通泰，谁能离间他们呢？妇为地，夫为天，缺一不可。然而男子要有多种品行，女子要一心一意。男子有再婚的道理，女子没有再嫁的礼节，所以《芣苡》，是蔡人之妻以贞顺告诫后人，共姜以坚定不再嫁的决心，令卫共伯父母感到惭愧。楚昭王出游，把姜氏留在渐台。江水暴涨，楚昭王曾与她相约，派人来接她时一定要拿符为证，使者来时仓促间没有带符，于是姜氏不跟他走。姜氏说："我听说坚贞的女子要守信义，不违反约定，勇敢的兵士不害怕死亡。我知道不走一定会死，但是没有符，我不敢违反约定。虽然跟你走一定会活下来，但失去信义得以生存，不如坚守信义的死去。"等到使者取符返回时，大水已经把高台淹没了。姜氏守信到这种程度，你们要以此来勉励自己，《周易》说："雌鹤在北山鸣叫，小鹤就同声附和。"

【解读】

本章名为"广守信"，是要使妇人"守信"的德行得到彰明。首先引用《周易》将男女两性与天地、阴阳相比附，提出男女双方如天地一般，缺一不可。但是天地之德不同，天以健为德，主生发；地以柔为德，主顺承。作者认为男人应当像天一样，广修德行，婚姻作为男性生活的一部分，不能束缚男人其他德行的成长，所以男人有“重婚之义”。女人则应以婚姻和家庭生活为重，即便丈夫身染重病或去世，也不提倡再嫁，这是为了遵守夫妇之间的“信约”。对待这一问题，我们应客观、辩证地看待。一方面，男女两性缺一不可，女子应当守信这一点也无不妥；另一方面，我们也要看到古代女子的“信”主要体现在为夫守节，这无疑是有一定局限的。

【原文】《广扬名章第十四》

大家曰：“女子之事父母也孝，故忠可移于舅姑；事姊妹也义，故顺可移于娣姒；居家理①，故理可闻于六亲。是以行成于内，而名立于后世矣。”

【注释】

①理：治理得好，秩序安定。

【译文】

曹大家说：“女子侍奉自己的父母孝顺，这样的忠心才可以转移到公婆；侍奉姊妹有情义，这样的恭顺才可以转移给妯娌；把家治理得井井有条，所以善于持家的美名会被六亲知晓。这就是德行在家里养成，而名声流传于后世啊！”

【解读】

本章主要讲女子应当如何扬名于后世。《孝经》云：“君子之事亲孝，故忠可移于君；事兄悌，故顺可移于长；居家理，故治可移于官。是以行成于内，而名立于后世矣。”可见孝悌忠顺的德行不只是对女子的要求，对男子也是一样。所不同者，男子的舞台在于政治；女子的舞台则在于家族。但无论男女，扬名都不应该是一开始的追求。《论语》讲“君子疾没世而名不称焉”，是说君子担忧去世之后自己的德行不能匹配自己的名声，归根究底，德行才是第一位的。因此文中才说“行成于内”，即人应当以品德修养为本、为内，德行修养好了，自然地体现在待人接物上，他人感受到了，便会传扬你的名声。

【原文】《谏诤章第十五》

诸女曰：“若夫廉贞孝义，事姑敬夫，扬名则闻命矣！敢问妇从夫之令，可谓贤乎？”大家曰：“是何言欤？昔者周宣王晚朝，姜后脱簪珥①待罪于永巷，宣王为之夙兴。汉成帝命班婕妤②同辇，婕妤辞曰：‘妾闻三代明王，皆有贤臣在侧，不闻与嬖女③同乘。’成帝为之改容。楚庄王耽于游畋，樊女乃不食野味，庄王感焉，为之罢猎。由是观之，天子有诤臣，虽无道，不失其天下；诸侯有诤臣，虽无道，不失其国；大夫有净臣，虽无道，不失其家。士有诤友，则不离于令名；父有诤子，则不陷于不义；夫有诤妻，则不入于非道。是以卫女矫齐桓公不听淫乐，齐姜遣晋文公而成霸业。故夫非道则谏之，从夫之令，又焉得为贤乎！《诗》云：‘猷之未远，是用大谏。’。”④

【注释】

①簪（zān）珥（ěr）：发簪和耳饰。古代多为高贵妇女的首饰。

②婕（jié）妤（yú）：宫中女官名。汉武帝时始置，位视上卿，秩比列侯。自魏晋至明多沿设。

③嬖（bì）女：受宠爱的姬妾。

④猷（yóu）之未远，是用大谏：出自《诗经·大雅·板》。猷：谋划。大谏：竭力规劝。意为执政行事没有远见，所以要作诗竭力劝谏。

【译文】

诸位女子问："关于廉洁贞正、孝顺节义、侍奉公婆、敬重丈夫、显扬名声的道理，我们已经听到您的教导了。请问妇女听从丈夫的命令，就可以称得上是贤良了吗？"曹大家说："这是什么话！这是什么话！从前周宣王没有按时上朝，姜后便脱下首饰，到永巷狱中等待大王降罪，周宣王于是早起上朝。汉成帝命令班婕妤与他同车而行，班婕妤推辞说：'我听说夏、商、周三代明王都有贤臣在旁，从未听说和宠爱的姬妾同车的。'汉成帝为此很感动。楚庄王过分沉迷于巡游打猎，樊姬于是不吃野味，楚庄王受到感化，停止打猎。由这些事来看，天子有直言谏诤的臣子，即使天子无道，也不至于失去天下；诸侯有直言谏诤的臣子，即使无道，也不至于失掉他的诸侯国；卿大夫有直言谏诤的臣子，即使自己无道，也不至于失掉家；士人有直言谏诤的朋友，就不会失掉美好的名声；父亲有直言谏诤的儿子，就不会使自己陷于不义；丈夫有直言谏诤的妻子，就不会做出不符合道义的事。所以卫姬提醒齐桓公不听淫乱的音乐；齐姜把晋文公灌醉送走从而成就他的霸业。所以当丈夫违背道义时应该及时劝谏他，一味顺从丈夫，又怎么算得上贤良呢！《诗经》上说：‘(王)执政行事没有远见，所以要竭力劝谏。’。”

【解读】

前文多次强调了对女子而言“柔顺”之德的重要性，但是一味柔顺也是不行的。本章以“诤谏”为名，提出一个有贤德的妻子，应当在丈夫行为有过失时进行劝谏，使丈夫的行为合乎道义，以成就丈夫的德行和事业。“诤谏”有两个前提。第一，妻子要敢于指出丈夫的错误，要有“诤”的品德。诤者，争论也。在某种意义上，这可以说是要求女性必须独立思考，否则女子若以顺为正，那么“争论”又从何而来？第二，妻子要有分辨是非善恶的能力，要有“谏”的能力。谏者，规劝也。只有先分辨出丈夫的行为是否合乎道义，才能与丈夫争论，进一步规劝他。所以，女子只有平日里不间断地修养道德、增长见识，才能敏锐地察觉到丈夫的过失，并以合理有效的方式规劝，使丈夫的行为符合道义。

【原文】《胎教章第十六》

大家曰：“人受五常之理，生而有性习也，感善则善，感恶则恶，虽在胎养，岂无教乎！古者妇人妊子也，寝不侧，坐不边，立不跛；不食邪味，不履左道，割不正不食[①]，席不正不坐，目不视恶色[②]，耳不听靡声，口不出傲言，手不执邪器；夜则诵经书，朝则讲礼乐。其生子也，形容端正，才德过人，其胎教如此。”

【注释】

①割不正不食：用不人道的方式宰杀的食物不吃。

②恶色：邪恶的事物。

【译文】

曹大家说："人们接受仁义礼智信的五常教育，生来就有习性，受善影响就善，受恶影响就恶。即使是胎儿，难道没有受教育吗？古代妇女怀孕时，睡觉不随便侧身，坐姿端正，站立笔直，不吃味道不正的食物，不走旁门左道。用不人道方式宰杀的食物不吃，座位摆得不正不坐，眼睛不看邪恶的事物，耳朵不听靡乱的音乐，嘴里不说狂傲的话，手里不拿邪僻的器具；夜晚诵读经典，早晨讲习礼乐。生出的孩子，相貌庄正，才德超过常人，这是胎教的原因。"

【解读】

本章讲述了妇人怀孕时的行为，也就是胎教。这些行为对孩子的相貌和才德会产生很大的影响。本章意在提醒即将为人母的妇人，应该使自己在孕期的言行举止、行住坐卧都符合礼法。

【原文】《母仪章第十七》

大家曰："夫为人母者，明其礼也。和之以恩爱，示之以严毅，动而合礼，言必有经。男子六岁教之数与方名①，七岁男女不同席，不共食，八岁习之以小学②，十岁以从师焉。出必告，反必面，所游必有常，所习必有业。居不主奥，坐不中席，行不中道，立不中门。不登高，不临深，不苟訾[③]，不苟笑。不有私财，立必正方；耳不倾听，使男女有别；远嫌避疑，不同巾栉。女子七岁教之以四德，其母仪之道如此。皇甫士安[④]叔母有言曰：孟母三徙，以教成人，买肉[⑤]以教存信，居不卜邻[⑥]，令汝鲁钝之甚。《诗》云：'教诲尔子，式榖似之。'[⑦]"

【注释】

①方名：四方之名，指辨识方向。

②小学：汉代称文字学为小学。隋唐以后为文字学、训诂学、音韵学之总称。

③訾（zǐ）：诋毁，指责。

④皇甫谧（215—282）：字士安，幼名静，自号玄晏先生，安定朝那（今宁夏彭阳县）人，著名学者。他自幼丧母，过继给叔父，叔母如母亲般教导他。

⑤买肉：指孟母"买肉啖子"的故事。孟子年少时见邻居杀猪，问母亲说："邻居为什么杀猪？"孟母说："要给你吃肉。"孟母后来后悔了："他刚刚懂事而我却欺骗他，这是在教他不讲信用啊。"于是买了邻居的猪肉给孟子吃。

⑥卜邻：选择邻居。

⑦式：句首语气词。似：同"嗣"，继承。本句意为你们有儿我教育，继承祖先好风采。出自《小雅·小宛》。

【译文】

曹大家说："身为人母，要明白礼仪。用恩情慈爱与儿女和睦相处，也要显示出严厉刚毅的一面。举动要符合礼仪，言语要符合经典。男孩子六岁要教他学习数字和方位，七岁时男女不同席而坐，不一起吃饭，八岁让他读书识字，十岁送他拜师学习。教导孩子，出门前要告知，返回要通报。外出求学做官要有固定的场所，研习的是稳定的职业。不居住在尊长住处，不坐在席子中央，不走在道路中央，不站在门的中间，不爬上高处、不靠近深渊，不随便指责，不轻易嬉笑，不拥有私房钱。站要正直，不侧耳打听，男女有分别，远远避开免生嫌疑，不一起梳洗。女孩子七岁开始教她妇德、妇言、妇容、妇功这四德，这就是做母亲的义务。皇甫谧的叔母说：孟母三迁，把孩子教育成有才有德的人。用‘买肉啖子’这件事，教孩子诚信。居住不选择邻居，会让你十分粗鲁愚钝。《诗经》上说：‘教育好孩子，让他继续为善！’”

【解读】

本章主要讲述了母亲应该如何教育孩子。母亲是孩子的榜样，对于孩子来说，一言一行是示范。身为人母，自己首先应该“明礼”，才能把符合礼法的规范教给子女。在教育子女的过程中，要根据孩子的性别进行不同的教育，以此体现身为母亲的教育责任。

【原文】《举恶章第十八》

诸女曰：“妇道之善，敬闻命矣！小子不敏，愿终身以行之。敢问古者亦有不令[①]之妇乎？”大家曰：“夏之兴也以涂山，其灭也以妺喜；殷之兴也以有莘氏，其灭也以妲己；周之兴也以太任，其灭也以褒姒。此三代之王，皆以妇人失天下，身死国亡，而况于诸侯乎！况于卿大夫乎！况于庶人乎！故申生之亡，祸由骊女[②]，愍怀之废[③]，戮起南风[④]。由是观之，妇人起家者有之，祸于家者亦有之。至于陈御叔之妻夏氏[⑤]，杀三夫，戮一子，弑一君，走两卿，丧一国，盖恶之极也。夫以一女子之身，破六家之产，吁可畏哉！若行善道，则不及于此矣！”

【注释】

①不令：不善，不肖。

②申生：晋献公之嫡长子，夫人齐姜所生，本是晋国太子。后被骊姬陷害，不愿作乱，自杀而死。骊女本是骊戎首领的女儿，被晋献公虏入晋国成为献公的妃子，她使计离间了献公父子之间的感情，设计杀害太子申生。

③愍（mǐn）怀：太子司马遹（yù），字熙祖，西晋武帝司马炎之孙，晋惠帝司马衷之子。皇后贾南风以其非己出，设计谋害，诬愍怀太子谋反，将他杀害。

④戮：祸患，祸乱。南风：贾南风，西晋时期晋惠帝司马衷的皇后，貌丑而性妒。

⑤陈御叔之妻夏氏：史称夏姬，十分美貌，嫁给陈国的夏御叔为妻。

【译文】

诸位女子说：“妇道的善行善事，我们敬听了您的教导。晚辈不才，希望终生践行。请问古代也有不遵从妇道的女子吗？”曹大家说：“夏朝的兴盛是因为涂山氏，灭亡是因为妹喜。殷商的兴盛是因为有莘氏，灭亡是因为妲己。周朝的兴盛是因为太任，灭亡是因为褒姒。这三代君王，都是因为女人失去天下，身死国亡，更何况诸侯呢？更何况卿大夫呢？更何况普通百姓呢？所以申生之死，是骊姬导致的灾祸。愍怀被废黜太子之位，祸乱出自皇后贾南风。从这些事可以看出，妇人之中，有使家族兴盛的人，也有给家族惹祸的人。至于陈国夏御叔的妻子夏姬，与多位诸侯、大夫通奸，引出一连串的历史事件，号称'杀了三个丈夫、一个儿子、一个君主，驱逐了两个卿大夫，毁灭了一个国家'，罪大恶极。这是用一个女子之身，破坏了六家的产业，唉，多可怕啊！如果能多做善事，就不至于这样了。"

【解读】

本章作为《女孝经》的最后一章。主要从反面角度讲述了历史上不善女子祸国殃民的例子，列举出夏、商、周三个朝代都是因贤德的女子而兴盛，因不善的女子而灭国。它列举了骊女、南风、夏氏的反例，以警示后代女子。

第七章　四书中的孝文及其解读

第一节　四书概要

“四书”是《大学》《中庸》《论语》《孟子》的合称，是儒家重要的典籍，与《诗经》《尚书》《礼记》《周易》《春秋》称为四书五经。《论语》是记录孔子及其弟子言行的书，《孟子》一书也是如此。《大学》和《中庸》为南宋朱熹摘自《礼记》中的两篇。

《大学》概要

《大学》原本是《礼记》中的一篇。北宋时，程颐和程颢将它抽取出来，使之单独成书。到了南宋，朱熹又著《大学章句》，并将其同《论语》《孟子》《中庸》合编在一起，称为“四书”。《大学》提出三纲八目，对于维系人伦关系、政治关系起到很大的作用。自此以后，《大学》在古代文化及科举考试中，都占有重要的位置。对于《大学》的作者，程颐和程颢认为是“孔子之遗言也”，本书是孔子所留下来的话。朱熹认为是“古之大学所以教人之法也。”也就是古代教育学生的方法。其中，最重要的是认识自己的本性。人的禀赋有不同，对于自己本性的认识便有所差异，这就需要有人来引导。《大学》正是这样一本书。二程认为：“大学，孔氏之遗书，而初学入德之门也。于今可见古人为学次第者，独赖此篇之存，而论、孟次之。学者必由是而学焉，则庶乎其不差矣。”孔颖达《礼记正义》说：“此《大学》之篇，论学成之事，能治其国，章明其德于天下。”由此可见，《大学》从内在与外在两个方面，对人进行教育即内在的道德素养和外在的礼仪行为。

《中庸》概要

《中庸》同《大学》一样，原本是《礼记》中的一篇。作者传为孔子的孙子子思所作。本书思想丰富，论及天道、人性、修养等各方面。宋以前对它的关注并不多。由于佛教与道教思想在社会及政治上的影响越来越大，所以儒家学者为了纠正佛道所产生的消极影响，从而不断回溯，从先秦古籍中挖掘思想，以期恢复儒学。唐代的李翱将《中庸》尊为经书，到了宋代不断确立了它的经典地位。朱熹对于《中庸》评价非常高，认为“历选前圣之书，所以提挈纲维，开示蕴奥，未有若是其明且尽者也”。即是说先贤的书，在提纲挈领、表达意蕴方面，没有比《中庸》更详尽的了。自宋开始，注解《大学》和《中庸》的学者特别多，其中最著名也是最流行的本子就是朱熹的《大学章句》和《中庸章句》。今人注本可以参看王文锦所著的《大学中庸译注》。

《论语》概要

《论语》，儒家经典之一，是孔子弟子及其再传弟子记录孔子及其弟子言行的语录体和叙事体文集。全书分 20 篇，共 492 章。关于“论语”一词中“论”的读音，应当读为“lún”。“论”字繁体字写为“論”。东汉许慎在其《说文解字》中解释此字时说，“议也。从言侖（lún）声”，将“侖”作为声旁来看待。但是清代段玉裁在其《说文解字注》中说："当云从言侖，侖亦声。"这就是说，"侖"在这字当中，所充当的不仅仅是发声部分，同样提供字义。"侖"上面为"亼（jí）"，下面为"册"。"亼"在含义上，同于"集"。"册"就是用绳子或者皮条整理好的书简。将这些竹简集合并排列好，需要一定的次序，不能杂乱，所以"侖"具有条理、次序的含义。这样再来理解"论语"中的"论"，正如班固在《汉书·艺文志》当中说："《论语》者，孔子应答弟子时人及弟子相与之言而接闻于夫子之语也。当时弟子各有所记。夫子既卒，门人相与辑而论撰。故谓之《论语》。"即《论语》是将孔子及其弟子的言行记录下来啊，并按照一定的次序进行整理和排列的典籍。

《论语》成书于战国前期。汉武帝独尊儒术，《论语》的学术地位升高，成为学者研究的主要典籍。汉代的《论语》注，已经不得见。现在主要的《论语》注疏典籍有三国魏何晏等人的《论语集解》，该书收集了两汉及魏时多家注释并参合自己的学术见解而成。到了宋代，由于理学家对于儒学思想的深入，使《论语》得到了进一步的理论升华。这其中以朱熹的《论语集注》最为重要，影响也最为深远。后来如清人刘宝楠的《论语正义》、民国程树德的《论语集释》也是学习与研究《论语》的主要文献。

《孟子》概要

孟子，名轲，战国中期鲁国邹人，离孔子故乡曲阜不远。孟子说："予未得为孔子徒也，予私淑诸人也。"《史记·孟子荀卿列传》载："（孟子）受业于子思门人。"子思是孔子的嫡孙。

由此可见孟子的学术传承。

《孟子》成书于战国中期，大致为孟子本人及其弟子所编撰，记录了孟子本人与当时其他思想学派之间的争辩、对于自我思想的阐发及对于诸侯王的政治游说等，阐述了孟子的仁政学说、民本思想、人性理论。《汉书·艺文志》将《孟子》放在“诸子略”，以“子书”看待。到了东汉及魏晋六朝,《孟子》的地位得到了很大提升,不仅作为辅助“经”的“传”得到重视，而且“孔孟”并称已经成为一些学者的共识。到了五代,列为《论语》《周易》《尚书》等“十一经”之一。到了宋代,孟子及《孟子》的地位迅速上升。宋神宗时期,《孟子》被列入科举考试科目之一。朱熹将《孟子》与《论语》《大学》《中庸》合称为“四书”。从学术与政治意义上来看，已经高于“五经。《孟子》分为七篇，包括,《梁惠王》上下,《公孙丑》上下,《滕文公》上下,《离娄》上下,《万章》上下,《告子》上下,《尽心》上下。历代注释《孟子》的著作，主要有汉赵岐注、宋孙奭疏的《孟子注疏》，南宋朱熹的《孟子集注》及清代焦循的《孟子正义》等。今人杨伯峻先生的《孟子译注》是初读《孟子》很好的译注作品。

第二节 《大学》《中庸》中的孝文

【按语】

本节将《大学》与《中庸》放在一起进行解读。《大学》

作为“初学入德之门”，朱熹把它列为“四书”之首。它提出八条目，即格物、致知、诚意、正心、修身、齐家、治国、平天下。其中“修身”是非常关键的。“修身”更倾向于“个人”，“个人”又是由内在和外在两个方面所构成。只有不断涵养自己的修养，才能够将内在的道德施之于家，施之于国，施之于天下。《大学》中所蕴含的孝文化也在于此。内心充满孝的情感，并将这种情感发于家，使家庭和睦，再由此向外推广。家庭是天下的最小单位，家庭稳定，国家自然也就稳定了。《中庸》提出“诚”便是人性的本质，这同样需要“教育”和“感化”，也就是《中庸》所说的“修道之谓教”。对于个人而言，“修道”的方式，首先是通过学习，学习圣人及君子，然后不断提到自身的道德修养。而这当中孝慈、亲亲是道德发源的本体。

【原文】《大学》

为人君，止①于仁；为人臣，止于敬；为人子，止于孝；为人父，止于慈；与国人交，止于信。

【注释】

①止：居也，言物都应当有它所处的居处。

【译文】

作为君主，应当以“仁”作为居处；作为臣子，应当以“敬”作为居处；作为子女，应当以“孝”作为居处；作为父亲，应当以“慈”作为居处；与国人交往的时候，就应该以“信”作为居处。

【解读】

本段由《商颂·玄鸟》中“邦畿千里，惟民所止”引出。诗句认为，千里大的国都是人民所居住的地方。后又用“缗蛮黄鸟，止于丘隅”（《小雅·缗蛮》）进一步说明。鸣叫的黄鸟，止息在山陵当中。即小鸟都知道选择合适的地方作为居处，人怎么可以不如鸟呢？孔子用这句话来解释：人应该根据自己的位置来选择自己的“居处”。这个“居处”是指：人应该以什么样的道德情感来对待其他人。

【原文】

所谓治国必先齐其家，齐家不可教而能教人者，无之。故君子不出家而能成教于国；孝者，所以事君也；弟者，所以事长也；慈者，所以使众也。

【译文】

之所以说“治理好国家，一定先要管理好家庭”，如果自己的家庭都不能够管理好，就不可能教育好别人。所以，君子不用出家门就能够管理和教化好一个国家，正在于以孝敬之道侍奉君主。悌道是用来侍奉长上的。仁慈之道是用来使用和命令人民的。

【解读】

如何能够治理好一个国家，《大学》认为，根基正在于家庭。《大学》强调由家到国的教化路径，将在家的一些基本道德推广出去，形成治理国家的基础。“齐家”的基础在于“修身”，如果一个人以孝、悌、慈作为“修身”的根本，对上孝，对长悌，对下慈，他的家庭会是很和谐的。当家道和顺，再施之于外而教化于下，“国治”可成。

【原文】

所谓平天下在治其国者，上老老而民兴孝，上长长而民兴弟。上恤孤而民不倍①，是以圣人有絜矩②之道也。

【注释】

①倍：通“背”，背叛，背离。

②絜（xié）：度量；矩，画方的工具。朱熹对此的注释是“以君子必当因其所同，推以度物，使彼我之间各得分愿，则上下四旁均齐方正，而天下平矣”。即是说，君子应当顺应人所共有之心，将这种心推广出去以此来度量他人，使每个人都满足自己的本分和意愿，这样就可以使天下太平了。

【译文】

之所以说“平天下在于治理好国家”，因为上位者尊敬老人，民众自然会形成孝敬的风气。上位者尊敬长辈，民众自然会形成尊长的风气。上位者体恤孤寡、弱小之人，民众自然就不会背离（孤寡和弱小）。这就是圣人的絜矩之道。

【解读】

本章强调君主的“絜矩之道”。从这段来看，“絜矩之道”其实更像似一种“上行下效”“推己及人”的行为。“老老”“长长”“恤孤”首先由上位者发出，民众受到君主行为的感染，自然就会兴起相应的风气。所以朱熹认为“兴”就是有所感触而兴起的意思。《大学》认为，由“家齐”所提出的“孝悌”之道，正是人们共有之心，这几种“心”就像“絜矩”一样，使天地四方均衡且整齐，如果能将这种心推广至治国，则可以天下太平。所以治国、平天下是以“齐家”作为基础，而“齐家”着重突出的正是“孝悌”之道。

【原文】《中庸》

子曰：“君子之道四，丘未能一焉：所求乎子，以事父，未能也；所求乎臣，以事君，未能也；所求乎弟，以事兄，未能也；所求乎朋友，先施之，未能也。庸①德之行，庸言之谨；有所不足，不敢不勉；有余，不敢尽。言顾②行，行顾言。君子胡不慥慥③尔。”

【注释】

①庸：平常、普通。

②顾：顾及。

③慥慥（zào）：诚恳笃实。

【译文】

孔子说：“君子之道有四个原则，我自己连其中的一项也没有能够做到：以要求儿子对待我的态度来对待我的父亲，这个我没有做到；以要求臣民对待我的态度来对待君主，这个我也没有做到；以要求弟弟对待兄长的态度来对待我的兄长，我没有做到；以要求朋友对待我的态度先来对待朋友，这个我也没有做到。平常的德行努力实践，平常的言谈尽量谨慎。德行实践有不足的地方，所以不敢不勉励自己努力；言谈上也不敢放肆而无所顾忌而将话说得太满。说话顾及自己的行为，行为顾及自己说过的话，这样的君子怎么会不忠厚诚实呢？”

【解读】

本段所强调的是“求”字。“求”,朱熹认为是“责成”的意思。所谓“责成”就是要求他人完成任务。文中提出作为君子的“四道”，“四道”是建立在“求”的基础之上。即是说，一个人在语言和行为上责求他人，反过来，也要用责求他人的标准来责求自己，这样才能不断提升自身的修养。如果只是一味地外责于人，对自身的修养是没有好处的。在这里，孔子将“所求乎子以事父”置于四道之首，强调伦理关系的发展次序。父亲责求儿子要对自己孝顺，反过来，父亲应该以责求自己的儿子的标准来对待自己的父亲。这样上下言语与行为一贯，不仅提升了自我修养，更是稳定了社会的基础——家庭。

【原文】

子曰：“舜其大孝也与！德为圣人，尊为天子，富有四海之内。宗庙①飨②之子孙保之。”

【注释】

①宗庙：祭祀祖先专用的房屋。

②飨：祭祀。

【译文】

孔子说：“舜可以算是最孝敬的人了。德行上是圣人，地位上是尊贵的天子，财富上拥有整个天下，宗庙里祭祀他，子子孙孙都保存着他的功业。”

【解读】

孔子认为舜可以算是最孝敬的人了。为什么呢？孔子从五个角度来说明。一是德行。父亲瞽叟、继母及弟弟多次想杀害舜，舜却没有任何怨恨，而是以自己的德行感化他们。二是地位。舜拥有最尊贵的位置，天子之位是凭借德行而获得。三是财富。这里的财富所指的不仅仅是货物更是指整个天下及天下的人民，因为舜美好的德行，天下的人民都很喜悦地宾服于他。四是祭祀。舜去世之后，有子孙祭祀他。五是保持他的功业。舜将他美好的德行推广出去，使天下人民心悦地宾服于他，他的后代能够很好地保守他的功业。这也正是《孝经》所说的：“立身行道，扬名于后世。”

【原文】

子曰：“武王、周公，其达孝矣乎。夫孝者，善继人之志，善述人之事者也。春秋，修其祖庙，陈其宗器，设其裳衣，荐其时食。宗庙之礼，所以序昭穆①也。序爵，所以辨贵贱也。序事，所以辨贤也。旅酬②下为上，所以逮贱也。燕毛③所以序齿也。践其位，行其礼，奏其乐，敬其所尊，爱其所亲，事死如事生，事亡如事存，孝之至也。”

【注释】

①昭穆：古代宗法制度，宗庙中神主的排列次序，始祖居中。天子七庙，诸侯五庙，大夫三庙。以天子而言，太祖庙

居中；二四六世居左，称为昭；三五七世居右，称为穆。见《礼记·王制》。祭祀时，子孙也按此规定排列行礼。

② 旅酬：古代祭礼结束后，便宴请众宾客，宾客们互相敬酒酬答，称为旅酬。

③ 燕毛：古代祭祀后宴饮时，以须发的颜色排长幼的座次，须发白年长者居上位。毛，须发。

【译文】

孔子说："武王，周公真是最守孝道的人了！所谓的孝者，就是善于继承先人的遗志，善于继续先人未完成的事业。在春秋两季祭祀的时节，整修祖宗庙宇，陈列祭祀器具，摆设先王遗留下来的衣裳，进献祭祀的鲜美食物。宗庙祭祀的礼制，要排列父子、长幼的顺序。按官爵排列次序，就可以分辨出贵贱，按职位排列次序，就能分辨出贤与不贤。敬酒时晚辈先向长辈举杯，这样祖先的恩惠就会延及到晚辈。宴饮时按头发的黑白次序坐，这样就使老少有次序。站到合适的位置上，遵行先王遗存的礼仪；演奏先王的音乐；尊敬先王尊敬的人；爱护先王所爱护的子民，侍奉亡者如同侍奉生者一样，这是最高的孝了。"

【解读】

武王承文王遗志，终使周替殷商。周公不断完善和发扬文王和武王所留下来的美好德行。这种继承先人的遗志，保持和发扬先人的美好德行，就是孝的表现。其次，主要强调生者如何对待死者。礼法要求，对待逝者就像对待生者一样，一切按照一定的礼仪进行，这就是"孝之至"了。

【原文】

天下之达道[1]五，所以行之者三，曰：君臣也、父子也、夫妇也、昆弟也、朋友之交也。五者，天下之达道也。知、仁、勇三者，天下之达德也。所以行之者一也。

【注释】

①达道：天下所共同行走的道路。

【译文】

天下有五种天下人共同行走的道路，实践大道的美德有三种。君臣、父子、夫妇、兄弟、朋友交往，这五项是天下共同的大道。智慧、仁爱、英勇这三者是天下的共通的德行。实践大道的道理是同样的。

【解读】

本段提出了五种人伦关系，这五种关系要靠智仁勇这三种德行来实行。智就是要能够分辨与认识这种关系；仁是在实践当中去真切体会其中的感情；勇则是加强对于这种关系的态度。

第三节 《论语》中的孝文

【按语】

作为重要的儒家典籍,《论语》记载了孔子及其门人的对话，其中多处提到“孝”。依《论语》来看，“孝”不仅仅是一种外在的行动，更是一种内在的态度。所以孔子才有“至于犬马皆能有养；不敬，何以别乎”一句。对孔子而言，“养”是对于父母形式上的赡养，“敬”则是支撑我们赡养父母的内在动力。所以，“孝”应该是一种发乎于内心的真实情感，拥有了这种情感，再将它推广出去，从修身到齐家再到治国。

【原文】《论语·学而第一》

有子[①]曰：“其为人也孝弟，而好犯上者，鲜矣；不好犯上而好作乱者，未之有也。君子务本，本立而道生。孝弟也者，其为仁之本与！”

【注释】

①有子：名若，字子有。孔门“七十二贤人”之一。有子曾提出“礼之用，和为贵”等学说。因其气质形貌酷似孔子，在孔子死后，有子深受孔门弟子敬重。

【译文】

有子说：“一个人，如果孝敬父母、尊敬兄长，但是却喜欢冒犯长上的，这种情况是很少出现的；一个人，不喜好冒犯长上，但是却喜好造反作乱，这是从来没有过的。作为君子，应当在根本处着手，只有根本确立了，道才会随之出现。‘孝悌’这种德性，大概就是‘仁’的根本吧！”

【解读】

本章提出“孝悌”二字，并认为这是为仁的根本。北宋理学家程颐认为是一种顺从的德行。所以，一个人拥有了这种德行，那就不会忤逆长上，更不会出现反叛作乱的行为了。但“孝悌”只是仁之“本”，“本”原义为树根。树如果想生长便不能离开树根，但“树”的目的不仅是拥有树根，而是要依靠树根使自身成其为茂密的大树。孝悌与仁之间的关系即是如此。孝悌作为“仁”的根本，并不是说孝悌就是“仁”。达到“仁”是一个过程，可以通过对于“孝悌”这种德行的培养，使其不断扩大充实。

【原文】

子曰：“弟子入则孝，出则弟，谨而信，泛爱众，而亲仁，行有余力①，则以学文②。”

【注释】

① 余力：朱熹解释说“犹言暇日”，不是等完全“行”之后再去学习。这里强调在道德与学习之间要先确定主次、先后的问题。

② 文：与“德”相对，指文化知识。一说为《诗》《书》等六艺之文。

【译文】

孔子说：“年轻的子弟，在家就应该孝顺父母，出门在外应该尊敬兄长。做事情要谨慎小心，说话要诚实守信，广泛地友爱众人，并且要亲近有仁德的人。在真切地落实这些德行之后，在闲暇的时日，就用来学习文化知识。”

【解读】

在本段中，主要提到了“德”与“文”两个方面。作为“弟子”，首先要懂得“孝悌”这种德行，因为这是一个人立身之本。在此基础上，孔子还提出“谨”“信”“爱”“亲”这四点。“谨”就是做事情要谨慎；“信”就是说话要遵守承诺；“爱”则是要友爱众人；“亲”则是亲近有仁德的人。前两者可以使人在与人交往中确立一个好的形象。爱可以培养我们的仁爱之心。亲近有德行的人，可以增长我们的德行，也能及时纠正自己的问题使自己不会陷入错误的地方。确立了“德”之后，再来学习，就能有了一定的方向，知道自己“为人”的目标和准则。

【原文】

子夏曰：“贤贤①易色②；事父母，能竭其力；事君，能致③其身；与朋友交，言而有信。虽曰未学，吾必谓之学矣。”

【注释】

①贤贤：第一个“贤”为尊敬的意思，第二个“贤”是指贤德之人。

②易：改变、替代，一说轻视。色：美色。好美色之心。意为改变好美色之心。

③致：奉献，献出。

【译文】

子夏说：“用尊敬贤人之心改变爱好美色之心，侍奉父母能够竭尽自己的能力，侍奉君主能够奉献自身，与朋友交往时诚实守信。这样的人，虽然自称自己的没有学习过，但我也会一定会说他是学过了的。”

【解读】

对于“贤贤易色”这四个字的解释有很多，这里我们采用南宋朱熹的解释。他说：“贤人之贤而易其好色之心。”好色之心是人所具有的，如《大学》中“如好好色，如恶恶臭”，喜欢好看的颜色，讨厌难闻的气味一样，这是一种人自然的取向。所以孔子也曾叹息说：“吾未见好德如好色者也。”我从来没有见过爱好德行如同爱好美色的呀！因此，可以将这句话理解成：用尊敬贤人的心改变并且替代好色之心更能体现为德的难度与重要性。可以看出，子夏所肯定的“学”并不是知识层面的学，而是道德层面的学。

【原文】

子曰：“父在，观其志；父没①，观其行；三年②无改于父之道，可谓孝矣。”

【注释】

① 没（mò）：指去世。

② 三年：按古礼，父亲去世后，儿子要守孝三年。《阳货篇》提到“三年之丧”。孔子从情感的角度给出了他的诠释。他认为，儿女要“三年才能免于父母之怀”，相应地，三年之丧是天下的通丧。虽然古代三常虚指多，但这里的“三年”并不能虚指“多年”，而应该是实指。

【译文】

孔子说："(一个人)，父亲在世的时候，观察他的志向，父亲去世后，观察他的行为。三年不改变其父亲的处世之道，这就可以被称作孝了。"

【解读】

本章论述如何行孝。一个人出生后，最直接的行为学习者就是父母，包括性格的形成，为人处世行为的养成。一个人年龄尚小，并不能自己主事，这个时候就可以观察他的志向，以此判断这个人的人品如何。等到父亲去世后，再看他的行为，是否与他原初的志向相同，是否按照父亲的处世之道来做事。但父之道有好有坏。好的行为，可以终身施行，不好的行为，为什么要等到三年后再更改呢？这是因为孝子的"不忍"之心。虽然父亲有不好的行为，但是不忍心改掉，以此来怀念父亲。等到三年之后再做修改，一是修改父亲不好的行为，发扬父亲好的德行，使父亲之道得到更大程度的彰显，二是使孝行得到更完整地呈现。

【原文】《论语·为政第二》

孟懿子问孝，子曰："无违。"樊迟御①，子告之曰："孟孙问孝于我，我对曰'无违'。"樊迟曰："何谓也？"子曰："生，事之以礼；死，葬之以礼，祭之以礼。"

【注释】

①御：赶车。

【译文】

孟懿子问孔子什么是孝，孔子对他说：“不要违背。”后来，樊迟为孔子赶车，孔子告诉樊迟说：“孟孙向我问什么是孝，我回答他说：‘不要违背。’。”樊迟问：“（不要违背）这句话是什么意思呢？”孔子说：“父母在的时候按照礼来侍奉他们；父母去世之后要按照礼来安葬和祭祀他们。”

【解读】

我国古代注重礼法，不同阶层的人有其相应的礼仪规范，尤其是在葬和祭的时候。子女孝顺父母，从父母在世到父母去世，孝都应该在一个规范中始终如一，否则就“背礼”。这个问题起初是孟懿子所问。孟懿子（孟孙）是鲁国三家执政大夫之一，做了背礼的事情。孔子这里指出“无违”，是在批评他。

【原文】

孟武伯①问孝。子曰：“父母唯其疾之忧。”

【注释】

①孟武伯：姓孟孙，名彘。孟懿子之子。

【译文】

孟武伯向孔子问什么是孝。孔子说：“你把父母为你疾病时担忧的心，反过来，用于对待父母，就是孝。”

【解读】

关于这一节的注释颇多分歧。有译为“父母只为孩子的疾病担忧（而不担忧别的）”，如此讲的便是父母对孩子的慈爱。另有译为，“要特别为父母的疾病担忧（这样做就可以算是尽孝了）”，但如果担忧父母的疾病就是孝，显然是不完整的。在这里，应该是以己之心推父母之心，译为“把这种父母对子女生病时候忧愁的心情反过来用于对待父母，就是孝”。孟武伯，出身贵族，骄奢淫逸，有声色犬马诸多切身之疾。孔子借武伯问孝之机，婉转批评了武伯。

上文中，孟懿子问孝，孔子告诫他不要违背礼。孟武伯来问孝，孔子告诫他要行事谨慎，不要让父母操心，更要在内在态度上有孝心。父子同问一个问题，孔子的回答却因人而异。可见是孔子因人施教。

【原文】

子游问孝。子曰：“今之孝者，是谓能养。至于犬马，皆能有养；不敬，何以别乎？”

【译文】

子游向孔子问如何做才是孝。孔子对他说：“现在所讲的孝，一般认为能够养活父母就可以了。即使是犬和马都能够被养；如果不以敬来对待父母，那如何区分孝养与饲养这两种养呢？”

【解读】

本章的重点在于提出了一个“敬”字。养犬马与养父母都是养，区别在哪里呢？就在于恭敬之心。如果我们对于父母的养只停留在饮食供奉上，在行为上就低了一层。孝顺父母要内心敬而外貌恭，使父母在我们的行为及表情上获得愉悦。我们孝养父母，不仅仅是养其身，更要养其心。或者，就像我们上一章所说，孝顺父母要按一定的礼。父母爱我们，但我们却不能因爱而娇以致出现不敬的行为。

【原文】

子夏问孝。子曰："色①难。有事，弟子服其劳；有酒食，先生馔②，曾③是以为孝乎？"

【注释】

①色：脸色。指和悦温润的容色态度。

②馔（zhuàn）：吃喝。

③曾（céng）：难道。

【译文】

子夏向孔子问孝。孔子说："对父母保持和颜悦色的态度很好是难的。有事情，作为子女替父母去做；有美酒佳肴，让父母先吃，只是这样，就认为是孝了吗？"

【解读】

这一章在论述上与上一章相似，孔子都采用反问句式，提醒子女应该如何做才是"孝"。其实在这里孔子已经给出了一个基本的标准。上一章我们提到了"敬"，"敬"更注重的是内心的活动。而这里所说的"色"则是外在所表现出来的脸色。按照宋理学家朱熹所说。如果一个人内心充满着孝顺之情，那在外在的表现上，也会是脸色温润，和颜悦色。但孔子也提醒，这种愉悦的表现也是最难的。

【原文】

季康子问："使民敬、忠以劝，如之何？"子曰："临之以庄，则敬；孝慈，则忠；举善而教不能，则劝。"

【译文】

季康子问孔子："要使人民真正做到恭敬、忠诚和勤奋，怎么样做才可以呢？"孔子说："当政者以庄重对待人民，人民就会很恭敬；对待父母孝顺，对待子女慈爱，人民就自然会忠诚；选举善良贤德的人并教育能力差的人，人民就会很努力。"

【解读】

孔子在这里将孝与政放在一起进行阐发。如何让人民忠诚于一种政治，所需要的不仅仅是政治如何，更重要的是施政者如何。孝所针对的家，政所针对的是国。由家而至国，这正是孔子所提倡的政治。一个人有了很好的德行，将这种德行行之于家、施之于国。施政者应当身体力行，不仅仅作为政策的制定者，更应是政策的实行者。《论语》非常注重上位者的力行程度及对于下位者的影响。

【原文】

或①谓孔子曰："子奚②不为政？"子曰："《书》云：'孝乎惟孝，友于兄弟，施于有政。'是亦为政，奚其为为政？"

【注释】

①或：有人。

②奚：为什么。

【译文】

有人问孔子："你为什么不当官参与政治呢？"孔子回答说："《尚书》中有'孝就是孝顺父母，友爱兄弟，并把它推广到政治当中'，这也是一种参与政治呀，为什么一定要当官进入朝廷才算是为政呢？"

【解读】

孔子这里引了《尚书》，表明家国一体、孝政一致的观点。一个人，建立起了良好的德行，使得家庭稳定，然后再将这种德行不断向外推广，国家也就会自然安稳。所以，孔子认为这就是一种"为政"。政治并不是为了"某一个人"，而是为了所有人。

【原文】《论语·里仁第四》

子曰："事父母几①谏，见志不从，又敬不违，劳②而不怨。"

【注释】

①几：微、委婉。

②劳：操劳，忧愁。

【译文】

孔子说："侍奉父母，对他们的过错要进行委婉的规劝，如果父母表现出不愿意听从，作为子女还是要表现出恭敬的态度，不去违背他们，但是还是要替他们担忧而且没有怨恨。”

【解读】

这一章讨论了两个问题，一是父母有了过错，作为子女应该如何；二是再次强调“色难”的重要性。但一定要要注意“颜色”，也就是我们在劝谏时所表现出的态度。孔子认为我们应该“几谏”，也就是要轻微婉转地说，不能面露愠色。面对父母的过错，作为子女应该时时担忧，在劝谏时所表现出恭敬的态度不能有埋怨、怨恨之心。以求无损于父母之德。这正是在养父母之德，同时也是在养子女之德。

【原文】

子曰：“父母在，不远游，游必有方。”

【译文】

孔子说：“父母在世的时候，不要轻易远离家乡。即便离开家乡，也要有一定方向与去处。”

【解读】

为什么父母在的时候不远行。子女离开家，对于父母的思念与牵挂会变弱，父母则相反，儿女离家越远、越久，思念的情感就会越重。子女如果能够以父母爱我们之心爱父母，孝则成矣。时下有人说，“他乡容纳不下灵魂，故乡安置不了肉身，从此便有了漂泊，有了远方，有了乡愁，有了无穷无尽的牵挂”。孔子言“游必有方”，就是教导我们即便漂泊在外，但要告知父母自己的去向及所做的事情，这样会让父母放心，减少父母的担忧。

【原文】

子曰："父母之年，不可不知也。一则以喜，一则以惧。"

【译文】

孔子说："父母的年龄不可以不知道。一是为他们长寿感到喜悦；同时也因为父母年龄变大，身体逐渐衰弱，（能够陪伴在我们身边的日子越来越少）而感到忧惧。"

【解读】

人的一生很短暂，能够陪伴在父母身边的时间更是何其有限。孔子以此来激发人们心中的"孝"。当我们在为父母长寿而欢喜的时候，同时也会为生命的有限而忧虑。当我们意识到我们陪伴父母的日子越来越短，侍奉父母的时间越来越少时，我们生命当中的那种对父母的依恋就会自然地流淌出来。

第四节 《孟子》中的孝文

【按语】

《孟子》一书整体围绕"仁政"进行阐释。孟子所谓的"仁政"，包括"民贵君轻""不忍人之心""性善论"系列论题。君王如果想施仁政，"必自经界始"（《孟子·梁惠王上》），也就是在从制定井田制上，保证人民有属于自己的土地。在征民的时间上，不违农时，这样百姓才有时间照顾治理土地。在年成不好的时候，君王要抚恤百姓，使百姓免受饥荒之苦；人民在生活有了基本保证，就需要对其进行教化。在施仁时，君王要有“不忍人之心”，有了“不忍人之心”才会有“不忍人之政”。“不忍人之心”，指的是“每个人都有怜悯和体恤别人的心”。即“四端之心”，包括恻隐之心（仁之端也）、羞恶之心（义之端也）、辞让之心（礼之端也）和是非之心（智之端也）。由此扩而大之，达到“仁政”的目的。孟子相信，以“仁”的方式治理百姓，就能恢复到三王的和谐政治状态。

【原文】《孟子·离娄上》

孟子曰：“事[①]孰为大？事亲为大。守孰为大？守身为大。不失其身而能事其亲者，吾闻之矣。失其身而能事其亲者，吾未之闻也。孰不为事？事亲，事之本也。孰不为守？守身，守之本也。曾子养曾皙，必有酒肉。将彻，必请‘所与’。问：‘有馀？’必曰：‘有。’曾皙死，曾元养曾子，必有酒肉。将彻，不请‘所与’。问：‘有馀？’曰：‘亡矣。’将以复进也。此所谓养口体者也。若曾子，则可谓养志也。事亲若曾子者，可也。”

【注释】

①事：侍奉。

【译文】

孟子说：“侍奉谁最重要？侍奉父母最重要。守护什么最重要？守护自己的道德最重要。不失去自己的道德又能侍奉父母的，我听说过；失去了道德又能侍奉父母的，我没有听说过。侍奉的事都应该做，而侍奉父母是根本；守护的事都应该做，而守护自己的道德是根本。从前曾子奉养他的父亲曾皙，每餐一定都有酒有肉；撤席时一定要问剩下的给谁，曾皙若问是否还有剩余，曾子一定答道，‘还有’。曾皙死了，曾元养曾子，也一定有酒有肉；但撤席时便不问剩下的给谁了，曾子若问是否还有剩余，就说，‘没有了’。准备下餐再给曾子吃。这个叫作口体之养。至于曾子，才可以叫作顺从亲意之养。侍奉父母能做到像曾子那样，就可以了。”

【解读】

在这里，孟子首先提出两个问题。一是“事孰为大？”；二是“守孰为大？”答案就是侍奉父母。而第二个问题“守孰为大？”答案就是守护自己的道德。父母生养我们，我们对父母应该保有相应的感恩和恭敬之心。具体如何孝养父母？孟子认为，不仅要养父母之身，更要养父母之志和父母之心。即不但要关注父母的口腹与身体之养，还要关注在顺其心志上，即让父母舒心、顺心。

【原文】

孟子曰：“不孝有三，无后为大。舜不告而娶，为无后也，君子以为犹告也。”

【译文】

孟子说：“不孝顺父母的事有三种，其中以没有子孙为最大。舜不先禀告父母就娶妻，为的是怕没有子孙。所以，虽然他没有禀告，君子却认为他实际上同禀告了一样。”

【解读】

孟子提出三种不孝，其中以没有后代为最大。他还以“舜不告而娶”为例来说明子孙肩负着使家族绵延的使命。“舜不告而娶”，是因为他的父亲、继母、弟弟曾想方设法杀他。如果先禀告，一定会被横加阻挠。所以，舜选择了不禀告父母，为的是可以延续后代，避免做出不孝之事。东汉经学家赵岐在《孟子注疏》中注为：“于礼有不孝者三者，谓阿意曲从，陷亲不义，一不孝也；家贫亲老，不为禄仕，二不孝也；不娶无子，绝先祖祀，三不孝也。”在这里，无后只排在不孝行为的次要位置。

【原文】

孟子曰：“仁之实，事亲是也。义之实，从兄是也。智之实，知斯二者弗去是也。礼之实，节文[①]斯二者是也。乐之实，乐斯二者，乐则生矣；生则恶可已也。恶可已，则不知足之蹈之、手之舞之。”

【注释】

①节文：调节与修饰。

【译文】

孟子说：“仁的实质就是侍奉父母；义的实质就是顺从兄长；智的实质就是明白这二者的道理并坚持下去；礼的实质是对这二者加以恰如其分的调节与修饰；乐的实质就是以这二者

为乐事，快乐于是就发生了；快乐一发生，又如何能止得住呀？止不住，就会不知不觉地手舞足蹈起来了。”

【解读】

孟子认为“仁”最核心的部分就是“事亲”。仁爱的范围非常广大，其根本仍在于对父母的孝和对于兄长的悌。所以什么才是真正的智慧呢？就是知道孝悌的道理并能坚持做下去。礼的作用就是对行为进行适当的调节。合乎礼法地做到了这两点，就会使内心交织着无限的满足感与愉悦感，快乐也就油然而生了。

【原文】

孟子曰：“天下大悦而将归己，视天下悦而归己犹草芥也，惟舜为然。不得乎亲，不可以为人。不顺乎亲，不可以为子。舜尽事亲之道，而瞽叟厎豫。瞽叟厎豫，而天下化。瞽叟厎豫[①]，而天下之为父子者定。此之谓大孝。”

【注释】

①厎（zhǐ）豫：厎，致、达到；豫，愉悦、快乐。

【译文】

孟子说：“天底下的人都很喜欢自己，而且愿意归附自己，却把这种事看成草芥一般，只有舜是这样的。不能得到父母的欢心，不可以做人；不能顺从父母的旨意，不能做儿子。舜尽心竭力侍奉父母，终于使瞽叟变得高兴了。瞽叟高兴了，天下的风俗也就开始变好。瞽叟高兴了，天下父子间的伦常也由此确定了，这便叫作大孝。”

【解读】

不论地位与身份多高，总是离不开“父子”这一层关系。孟子借舜对于父亲的孝心，阐述了国家安定当始于家庭和睦的道理。相较于天下人的归附，舜认为能够获得父母的欢心更重要，即是将孝作为一切政治行为的基础。

【原文】《孟子·离娄下》

公都子[①]曰：“匡章[②]，通国皆称不孝焉。夫子与之游，又从而礼貌之，敢问何也？”孟子曰：“世俗所谓不孝者五：惰其四支,不顾父母之养,一不孝也。博弈好饮酒,不顾父母之养,二不孝也。好货财，私[③]妻子，不顾父母之养，三不孝也。从耳目之欲，以为父母戮，四不孝也。好勇斗很，以危父母，五不孝也。章子有一于是乎？夫章子，子父责善而不相遇也。责善[④]，朋友之道也。父子责善，贼恩[⑤]之大者。夫章子岂不欲有夫妻子母之属哉？为得罪于父，不得近，出妻屏子，终身不养焉。其设心以为不若是，是则罪之大者。是则章子已矣。”

【注释】

① 公都子：战国时期齐国人，孟子弟子。

② 匡章：战国时期齐国名将，是孟子的学生。

③ 私：偏私、偏爱。

④ 责善：以善言相责劝。

⑤ 贼恩：伤害感情。

【译文】

公都子说："匡章，全国都说他不孝，您却同他来往，还很敬重他，请问这是为什么？"孟子说："一般人所说的不孝的事有五件：四肢不勤，不赡养父母，一不孝；好下棋喝酒，不赡养父母，二不孝；好钱财，偏爱妻室儿女，不赡养父母，三不孝；放纵耳目的欲望，使父母蒙受羞辱，四不孝；逞勇敢好打架，危及父母，五不孝。章子在这五项之中占了一项吗？章子不过是父子中间以善相责而把关系弄僵了而已。以善相责，这是朋友相处之道；但是父子之间以善相责，是最伤感情的事。难道章子不想夫妻母子的团聚吗？就因为得罪了父亲，不能和他亲近，因此把自己的妻室及儿子也赶走了，终身不要他们孝养（让自己也得不到孝养）。他觉得不这样做，那罪过可更大了，这就是章子的为人啊。"

【解读】

本章首先抛出一个问题：全国人都认为匡章不孝，孟子却为什么与他相交呢？孟子提出五种不孝的类型，以此来看匡章的行为是否属于不孝。"责善"，即用善言来相互责劝。孟子认为"责善"是朋友相处的办法，但是用到了父子之间，就会伤害感情。在《论语》部分，我们提到了"色难""谏"等问题。在《孟子》这里提到匡章因为善责于他的父亲，而使父子之间感情疏远，不得亲近。他不能亲近父亲，使父亲失去了儿子的孝养。为了责罚自己，他也赶出了自己的妻室和儿女，使自己也得不到孝养。据战国策记载，匡章的母亲因为得罪他的父亲而被杀，埋在马栈的下面。父亲死后，有人劝他改葬自己的母亲，但他认为没有得到父亲的允许私自改葬母亲，这是对于父亲的一种欺骗，何况父亲已经过世，更是不能欺骗了。所以从匡章的内心及行为可以看出他对于父亲的孝心。当然，就现代人的眼光是难以理解匡章的，但孟子提出的“不孝者五”却对人的行为极具良善的规范意义。

【原文】《孟子·万章上》

万章问曰：“舜往于田，号泣于旻天。何为其号泣也？”孟子曰：“怨慕①也。”万章曰：“父母爱之，喜而不忘。父母恶之，劳而不怨。然则舜怨乎？”曰：“长息问于公明高曰：‘舜往于田，则吾既得闻命矣。号泣于旻天、于父母，则吾不知也。’公明高曰：‘是非尔所知也。’夫公明高以孝子之心为不若是恝。‘我竭力耕田，共为子职而已矣。父母之不我爱，于我何哉？’帝使其子九男二女，百官牛羊仓廪备，以事舜于畎亩之中。天下之士多就之者，帝将胥②天下而迁③之焉。为不顺于父母，如穷人无所归。天下之士悦之，人之所欲也，而不足以解忧。好色，人之所欲；妻帝之二女，而不足以解忧。富，人之所欲；富有天下，而不足以解忧。贵，人之所欲；贵为天子，而不足以解忧。人悦之、好色、富贵，无足以解忧者，惟顺于父母可以解忧。人少，则慕父母；知好色，则慕少艾；有妻子，则慕妻子；仕则慕君，不得于君则热中。大孝，终身慕父母。五十而慕者，予于大舜见之矣。”

【注释】

①怨慕：怨，怨恨；慕，思念、依恋。指舜怨恨自己得

不到父母的欢心。

②胥：全部。

③迁：让。

【译文】

万章问孟子："舜到田地里去，向着天一面诉苦，一面哭泣，他为什么要哭诉呢？"孟子答道："由于对父母一方面怨恨（得不到父母的欢心），一方面怀恋（父母）的缘故。"万章说："（曾子说过）'父母喜爱他，虽然高兴，却不因此而懈怠；父母厌恶他，虽然忧愁，却不因此而怨恨。'那么，舜怨恨父母吗？"孟子说："从前长息曾经问过公明高，他说，'舜到田里去，我是已经懂得的了；他向天诉苦哭泣，这样来对待父母，我却还不懂得那是为什么'。公明高说：'这不是你所能懂得的。'公明高的意思，以为孝子的心理是不能像这样地满不在乎的：我尽力耕田，好好地尽我做儿子的职责罢了；父母不喜爱我，叫我有什么办法呢？帝尧让他的子女跟百官一起带着牛羊、粮食等等东西到田野中去与舜共事；天下的士人也有很多到舜那里去，尧也把整个天下让给了舜。舜却只因为没有得着父母的欢心，就好像鳏寡孤独的人找不着依靠一样。天下的士人都悦服于他，是谁都愿意的，却不足以消除忧愁；美丽的姑娘，是谁都爱好的，他娶了尧的两个女儿，却不足以消除忧愁；财富，是人们都想要的，富裕而且拥有天下，但却不足以消除忧愁；尊贵，是谁都希望获得的，尊贵而至于做了君主，却不足以消除忧愁。大家都喜爱他、美丽的姑娘、财富和尊贵都不足以消除忧愁，只有得到父母的欢心才可以消除忧愁。人在幼小的时候，就怀恋父母；长大成人，有了情欲，懂得喜欢女子，便爱慕年轻貌美的人；有了妻子儿女，便依恋妻子儿女；做了官，便讨好君主，得不到君主的欢心就内心焦急得发热；只有最孝顺的人才终身怀恋父母。到了五十岁的年纪还怀恋父母的，我在伟大的舜身上见到了。”

【解读】

本段的主旨是“慕父母”。依孟子来看，人之为人的最根本处就在于对父母的孝。如果不孝顺父母或得不到父母的欢心，内心就不能够得到真正的愉悦充实。孟子在这里提到：当一个人做了官，开始为了得到君主的欢心讨好君主，如果得不到，就会非常忧愁。孟子对于这种表现是持批评态度的。取悦于君王，无非是想获得更多的财富与权贵。这些在孟子看来都是外在，不应该如此汲汲追求。从另一个角度来说，孟子责问：既然可以为了讨君王的欢心而可以想尽办法，为什么不愿意为了获得父母的欢心而想办法并去行动呢？难道君王的欢心比父母的欢心更真实更重要吗？

【原文】《孟子·尽心上》

孟子曰：“君子有三乐，而王天下不与存焉。父母俱存，兄弟无故①，一乐也。仰不愧于天，俯不怍②于人，二乐也。得天下英才而教育之，三乐也。君子有三乐，而王天下不与存焉。”

【注释】

①故：事故、灾患。

②怍：对……惭愧。

【译文】

孟子说："君子有三种'乐'。但是成为天下的君主并不在这三者当中。父母安康健在，兄弟未遭变故，这是一种快乐；抬头不愧对于天、低头不愧对于人，这是第二种快乐；得到天下优秀人并对其进行教育，这是第三种快乐。这三种乐，成为天下的君主并不在其中呀。"

【解读】

孟子的"乐"是指由内心不断充实的快乐，并不由外刺激而产生。在这"三乐"当中，排在第一位置的就是"父母俱存"。这是因为子女内心的孝得到了充实。父母担心子女，子女应该体会到父母对于自己的这种慈爱之情，并以这种情感来回报父母。

第八章　五经中的孝文及其解读

第一节　五经概要

“五经”作为儒家的重要典籍，是指《诗》《书》《礼》《易》《春秋》。《礼》最初指《仪礼》，后来汉代郑玄注《小戴礼记》，使《礼记》的地位攀升，《小戴礼记》进而取代了《仪礼》的位置。唐朝时候，《春秋》和《礼》各分为三。《春秋》有《春秋左传》《春秋公羊传》和《春秋穀梁传》；《礼》为《周礼》《仪礼》和《小戴礼记》。

《诗经》概要

《诗经》是我国第一部诗歌总集，居“五经”之首。它收集和保存了我国先秦时期到春秋中期共三百零五篇诗歌。此外，还有六篇只有题目没有诗歌内容，被称为“笙诗”。《诗经》从文本的组织结构上分为风雅颂。《风》在汉代之后一直被称为“国风”或“邦风”，这一称谓一直延续至今。《风》共有一百六十篇，分为十五个部分，也被称为“十五国风”。《雅》分为大小，《大雅》七十四篇，《小雅》三十一篇。一般认为它们是西周王畿的诗歌。《颂》分为周鲁商。《周颂》三十一篇，是记录周朝宗室的诗歌。《鲁颂》四篇，是春秋时期鲁国人的作品。《商颂》五篇，是殷商时期保留下来的诗歌。《诗经》的文本是在历史上逐渐形成的。《左传》中记录了春秋中期季札到鲁国观乐，乐工所歌唱的诗篇。

这表明《诗经》的基本定型是在春秋时期。经典的注本有唐代孔颖达的《毛诗正义》、宋代朱熹的《诗经集传》，今人有程俊英的《诗经译注》和姚小鸥的《诗经译注》等。

《尚书》概要

《尚书》是中国众多古籍中流传最为久远的一部上古书籍。相传为孔子编定，并“尚”字是孔子所加。《尚书》是中国第一部上古历史文件和部分追述古代事迹著作的汇编。《尚书》有今古文之分。伏生在墙壁中所藏的《尚书》共二十八篇，用汉隶书写，称为《今文尚书》。后汉武帝时期在孔子旧宅中发现的《尚书》比《今文尚书》多了十六篇，用秦汉以前的古文书写，称为《古文尚书》。《今文尚书》共二十八篇，主要分为《虞书》（两篇）、《夏书》（两篇）、《商书》（五篇）、《周书》（十九篇）四部分。《虞书》主要记载上古唐虞时期的历史传说，《夏书》主要记载大禹治水后的全国的地理情况，《商书》主要记载商汤伐桀及商朝后期的事情，《周书》记载了周朝灭商、周人的统治情况。自汉代以来，有众多学者对《尚书》进行注释，如孔颖达的《尚书正义》，可作为唐代《尚书》学的集成之作。到了清代，学者偏重考据，学术成果颇丰。如孙星衍的《尚书今古文注疏》、皮锡瑞的《今文尚书考证》、江声的《尚书集注音疏》、刘逢禄的《尚书今古文集解》等。到了近现代，出现了不少译注版本，如周秉钧《尚书》、顾颉刚与刘起釪《尚书校释译论》、王世舜《尚书译注》等。

《礼记》概要

《礼记》与《周礼》、《仪礼》并称为“三礼”。《礼记》有《大戴礼记》和《小戴礼记》之分。相传《大戴礼记》由西汉礼学家戴德编写而成；《小戴礼记》是由西汉礼学家戴圣所编。《小戴礼记》也称为《礼记》，共四十九篇，是一部记载先秦至秦汉时期的儒家礼论的文献汇编。《礼记》主要记载了先秦的礼制系统，表达了先秦儒家的主要思想。《周礼》主要通过官职来表达治国方案，包括祭祀、朝觐、丧葬等国家大典，还有服饰、礼玉等具体规范。《仪礼》记载更加丰富，包括冠、婚、丧、祭、朝等各种礼仪制度。《礼记》的注释版本很多，如汉郑玄注，唐孔颖达疏的《礼记正义》、清孙希旦的《礼记集解》。现代译本有杨天宇的《礼记译注》、胡平生和张萌译注的《礼记》等。

《周易》概要

《周易》是我国现存最早的古书，被誉为群经之首。关于《周易》的作者，传统的说法是“人更三圣，世历三古”。它并不是由某个人所作，而是在漫长的历史进程中由众多先贤逐步总结形成的。《易经》部分大致完成于西周末期。

关于“易”的内涵，通常有三种理解，即变易、不易和简易。《易》分三易，郑玄认为于夏时为《连山》，于商代为《归藏》，于周则为《周易》。其中，《连山》《归藏》均已遗失。《周易》分为《经》和《传》两部分，《周易》中的“经”是指六十四卦及卦爻辞。《经》分为上经和下经。上经三十篇，下经三十四篇。每卦都由六爻组成，爻分阴阳，阳爻称九，阴爻称六，自下而上读，六十四卦共有三百八十四爻。《易经》大概形成于西周初中期，后经西周晚期的修订后形成。“传”是对“经”的解释。经书的文字一般都比较简洁，经过时代的推移，经书语言晦涩难懂，需要为经作传，以疏通经义。除了六十四卦外，《周易》还包含十种论著，分别是《彖传》上下篇，《象传》上下篇，《系辞传》上下篇，《文言》《说卦》《序卦》和《杂卦》，合称“十翼”。“十翼”是对于易经的解释。历代注《易》的书籍很多，如《十三经注疏》《周易正义》。常见的注本有王弼《周易注》、孔颖达《周易正义》、程颐《程氏易传》、朱熹《周易本义》。今人有黄寿祺和张善文的《周易译注》等。近年随着考古工作的推进，公布了多种出土版本，如张立文的《帛书周易注释》等。

《春秋》概要

《春秋》是鲁国的编年史，记载了从鲁隐公元年到鲁哀公十四年共二百四十二年的历史，相传为孔子编纂而成，是我国最早的一部编年体史书。《春秋》文字简练，记载的事件简略，被后人称为“春秋笔法”“微言大义”。因语言过于精炼，不易被后人理解，所以出现很多诠释之作，其中《春秋左氏传》《春秋公羊传》《春秋榖梁传》合称春秋三传，被列入儒家经典。三传之中，由左丘明所作的《春秋左氏传》以史实为主，补充了《春秋》中一些没有记录的历史大事，但其中的议论较少。公羊高所作的《公羊传》和榖梁赤所作的《榖梁传》侧重的是《春秋》中的微言大义，对于史实的记载较为简略。常见的注本有晋杜预集解的《左传》、杨伯峻《春秋左传注》等。

第二节　《诗经》中的孝文

【按语】

诗经作为我国第一部诗歌总集，现存 305 首。阅读诗经可以了解当时人民的生存环境和情感的寄托。本节选取《诗经》中七首关于“孝”的诗歌。诗中充满着对父母的敬爱与思念。或因为服徭役而没有办法在父母身边尽孝；或感叹父母辛劳而无法陪伴父母；或因为出征，担心战死在沙场而无法回家照顾父母；或因为父母去世，而怀念父母。从这些诗选当中，能够真切地感受到孝敬父母的情感在字里行间流动。

【原文】《国风·邶风·凯风》

凯风[①]自南，吹彼棘心[②]。棘心夭夭，母氏劬[③]劳。
凯风自南，吹彼棘薪。母氏圣善，我无令人。
爰有寒泉？在浚[④]之下。有子七人，母氏劳苦。
睍睆[⑤]黄鸟，载好其音。有子七人，莫慰母心。

【注释】

①凯风：和暖的风，比喻母爱。
②棘心：酸枣树初发的嫩芽，很难长。这里指子女幼时。
③劬（qú）劳：操劳。劬，辛苦。
④浚（xùn）：卫国地名。
⑤睍（xiàn）睆（huǎn）：形容鸟色美好或鸟声婉转。

【译文】

和风煦煦自南方，吹在酸枣嫩芽上。酸枣芽心嫩又壮，母亲辛苦把儿养。

和风煦煦南吹来，枣树长成可当柴。母亲明智又善良，子女奈何不成材。

透骨寒泉自何处？源头从那浚邑出。子女七人已长大，母亲养育最劳苦。

黄莺啾啾婉转鸣，声音悦耳真动听。母亲养育儿七个，无人能慰老母心。

【解读】

诗句赞颂了母爱的伟大，同时表达了子女的自责。凯风是温暖和煦的春风，象征着母爱。春风吹拂着刚刚长出的新芽，正像我们刚出生的时候，母亲爱抚着自己的子女，希望自己的孩子能够健康成长。在诗人眼中，母亲是温柔、聪明、善良且辛劳的。在子女成长的过程中，母亲付出如此之多，子女却不成材，不能抚慰母亲的心。诗人是自责的，但从自责中表达了子女对父母的感恩之心。

【原文】《国风·魏风·陟岵》

陟[①]彼岵兮，瞻望父兮。
父曰[②]："嗟！予子行役，夙夜无已。
上慎旃[③]哉，犹来！无止！"
陟彼屺[④]兮，瞻望母兮。
母曰："嗟！予季行役，夙夜无寐。

上慎旃哉，犹来！无弃！”

陟彼冈兮，瞻望兄兮。

兄曰：“嗟！予弟行役，夙夜必偕。

上慎旃哉，犹来！无死！”

【注释】

① 陟（zhì）：登上。岵（hù）：有草木的山。

② 父曰：这是诗人想象他父亲说的话。下文“母曰”“兄曰”同。

③ 旃（zhān）：之，作语助。

④ 屺（qǐ）：无草木的山。

【译文】

登上草木繁茂的高山，眺望远方的父亲。

我仿佛听到父亲叮嘱说：“唉！我儿服役在远方，日夜勤勉莫懈怠。

希望儿子身健康，战胜凯旋，生还回故乡！”

攀上光秃秃的山顶，遥望越来越远的母亲。

我仿佛听到母亲一声叹息：“唉！小儿服役在远方，日夜警觉不敢睡。

母盼孩儿保身体，平安回家，勿丧他乡！”

登上高低起伏的山冈，向兄长所在的地方眺望。

我仿佛听到长兄说：“唉！我弟服役在远方，昼夜随军征程忙；珍重身体最重要，盼弟回家，勿死他乡！”

【解读】

诗句描写一位出征之人，用“登高”来表达对于家人的思念。出征是一件生死别离的事。诗人登高回望那可能回不去的家乡，回忆可能看不到的亲人。临行前家人的叮嘱句句在耳、萦萦在心。父母兄长对于出征之人的殷切期盼就在于这个“无”字。“无”是一个否定词，诗中的“无止”“无弃”“无死”其实都是在用否定的表达方式强调“要活着回来”这种强烈的情感。

【原文】《国风·唐风·鸨羽》

肃肃鸨①羽，集于苞②栩。
王事靡盬③，不能艺④稷黍。
父母何怙⑤？悠悠苍天，曷其有所⑥？
肃肃鸨翼，集于苞棘。
王事靡盬，不能艺黍稷。
父母何食？悠悠苍天，曷其有极？
肃肃鸨行，集于苞桑。
王事靡盬，不能艺稻粱。
父母何尝？悠悠苍天，曷其有常？

【注释】

① 鸨（bǎo）：鸟名，似雁而大，群居生活。
② 苞：草木丛生。
③ 靡盬（gǔ）：没有休止。
④ 艺：种植。
⑤ 怙（hù）：依靠。

⑥ 曷（hé）：何。所：住所。

【译文】

大鸨振翅肃肃响，成群落在柞树上。

王侯徭役无休止，不能回家种食粮。

父母生活靠什么？遥遥在上的苍天啊，何时才能回家乡？

大鸨拍翅肃肃响，成群落在枣树上。

王侯徭役无休止，不能回家种食粮。

可怜父母无粮吃。遥遥在上的苍天啊，何时不用再奔忙？

大鸨扇翅肃肃响，成群栖息桑树上。

王侯徭役无休止，不能回家种稻粱。

可怜父母吃什么？遥遥在上的苍天啊，何时生活能正常？

【解读】

诗句描写儿子因为在外服徭役而不能照顾父母，表达了对于父母的思念和对于服徭役这事的反抗。鸨鸟是一种群居性的鸟，生活在草原地带，但却停留在树上，以此来比喻服徭役人的现状。他们原本应该在家与父母生活在一起，帮助父母种粮，现在迫不得已出来服徭役，留下无依无靠的父母，不知道什么时候能够回家。作者不断高呼遥不可及的苍天，以表达对于生活的不满，对父母的牵挂。

【原文】《小雅·鹿鸣之什·四牡》

四牡騑騑①，周道倭迟②。岂不怀归？王事靡盬③，我心伤悲。

四牡騑騑，啴啴④骆马。岂不怀归？王事靡盬，不遑⑤启处。

翩翩者鵻⑥，载飞载下，集于苞栩。王事靡盬，不遑将父。

翩翩者鵻，载飞载止，集于苞杞。王事靡盬，不遑将母。

驾彼四骆，载骤骎骎[7]。岂不怀归？是用作歌，将母来谂[8]。

【注释】

① 骓骓（fēi）：因持续奔走而疲惫的样子。《广雅》："騑騑，疲也。行不止，则必疲。"

② 倭（wēi）迟（yí）：亦作"逶迤"，道路迂回遥远的样子。

③ 靡（mí）盬（gǔ），汉语词语，意思是谓无止息。

④ 啴（tān）啴：喘息的样子。

⑤ 不遑（huáng）：无暇，没有空闲的时间。

⑥ 鵻（zhuī）：鹁鸪，一种短尾的鸟，认为它是孝鸟。

⑦ 骎（qīn）骎：形容马走得很快。

⑧ 谂（shěn）：告诉。

【译文】

四匹骏马奔如飞，大路遥远又迂回。

难道不想回家乡？奈何王事未完成，内心痛苦独悲伤。

四匹骏马奔如飞，黑鬃白马跑得累。

难道不想回家乡？奈何王差并未完，怎有闲暇好时光。

翩翩鹁鸠远处飞，忽上忽下寻地方，

最终栖落柞树丛。君王差使未完成，不得来将父亲养。

远处鹁鸠翩翩飞，忽飞忽停不住鸣，

最终落在枸杞丛。怎奈王事终不完，不能来将母亲养。

驾驭四匹骆马跑，风驰电掣行路忙。

怎么不想回家乡？伤心作诗且歌唱，告诉儿把母亲想。

【解读】

诗句依然是一首关于服徭役而不能回家照顾父母的诗，表达服役者对于父母的思念与惭愧之情。第一、二章以马起兴，疲惫不堪的马奔跑在迂回的大路上，由此表现出服役者现在的生活状态。第三、四章用鹁鸪鸟起兴。在神话中，鹁鸪非常孝敬父母，少昊就让他掌管教化。这里用“载飞载下”、“载飞载止”的鹁鸪来比喻满怀孝心的服役者，忙碌于王事，根本没有时间回家照顾父母。所以诗中用三个“岂不怀归”来表达服役者急切想回家的心。但是现实又是如此的残酷，只能将自己对父母的思念寄托在诗中。

【原文】《小雅·节南山之什·小宛》

宛彼鸣鸠，翰飞戾天。我心忧伤，念昔先人。明发不寐，有怀二人。

人之齐圣，饮酒温克①。彼昏不知，壹醉②日富。各敬③尔仪，天命不又。

中原有菽，庶民采之。螟蛉④有子，蜾蠃⑤负之。教诲尔子，式穀似之。

题彼脊令⑥，载飞载鸣。我日斯迈，而月斯征。夙兴夜寐，毋忝⑦尔所生。

交交桑扈⑧，率场啄粟。哀我填寡，宜岸宜狱。握粟出卜，自何能穀？

温温恭人，如集于木。惴惴⑨小心，如临于谷。战战兢兢，如履薄冰。

【注释】

①温克：善于克制自己以保持温和、恭敬的仪态。

②壹醉：每饮必醉。

③敬：通“儆”，警戒，戒慎。

④螟（míng）蛉（líng）：螟蛾的幼虫。

⑤蜾（guǒ）蠃（luǒ）：一种黑色的细腰土蜂，常捕捉螟蛉入巢，以养育其幼虫，古人误以为是代螟蛾哺养幼虫，故称养子为螟蛉义子。

⑥脊令：鸟名，通作“鹡（jí）鸰（líng）”，形似小鸡，常在水边捕食昆虫。

⑦忝（tiǎn）：辱没。

⑧桑扈（hù）：鸟名，似鸽而小，青色，颈有花纹，俗名青雀。

⑨惴（zhuì）惴：恐惧而警戒的样子。

【译文】

小小斑鸠鸟，展翅天空上。忧伤充我心，怀念我祖上。彻夜未能睡，又把父母想。

正直且聪明，饮酒亦稳当。昏庸无知者，饮酒逞傲骄。举止当慎重，天恩不再到。

田野长豆苗，众人齐采摘。螟蛉生幼子，蜾蠃背回家。教育你儿子，继承祖先志。

看那鹡鸰鸟，翩飞鸣不停。每天在奔波，每月要远行。日夜不停歇，不辱父母名。

青雀交交啼，沿场啄稻谷。可怜贫无依，又遇诉讼事。抓米去占卜，何时有大吉。

温和又恭谨，如同站树梢。忧惧倍小心，如到深谷旁。害怕显谨慎，如踩薄冰上。

【解读】

这是一首劝谏诗，诗句从对父母及祖上的怀念开始，随后对自己及朋友进行了一番劝谏，尤其是在喝酒的时候不饮而无德。随后指出代兄弟抚养孩子，教育他们继承祖先的遗志。还讲明了自己在不断地忙碌着，其目的在于不辱没父母的名声，或不使父母名声受辱。作者的生活可能并不是很顺利，还遇到了官司。最后，他通过自己的经历劝谏亲朋族人应该以温和、恭敬、谨慎、小心的态度行事，教育好自己的后辈。

【原文】《小雅·谷风之什·蓼莪》

蓼蓼者莪[①]，匪莪伊蒿。哀哀父母，生我劬[②]劳。
蓼蓼者莪，匪莪伊蔚。哀哀父母，生我劳瘁。
瓶之罄矣，维罍之耻[③]。鲜民之生，不如死之久矣。
无父何怙？无母何恃？出则衔恤，入则靡至。
父兮生我，母兮鞠我。抚我畜我，长我育我。
顾我复[④]我，出入腹我。欲报之德。昊天罔极！
南山烈烈，飘风发发。民莫不穀[⑤]，我独何害！
南山律律，飘风弗弗。民莫不穀，我独不卒！

【注释】

①蓼（lù）蓼：长又大的样子。莪（é）：一种草，即莪蒿。李时珍《本草纲目》：“莪抱根丛生，俗谓之抱娘蒿。”

②劬（qú）劳：与下章“劳瘁”皆劳累之意。

③ 罄（qìng）：尽。罍（léi）：盛水器具。

④ 复：同“覆”，庇护。

⑤ 穀：善。这里指他人都过得很好。

【译文】

莪蒿长得高，不是莪蒿是青蒿。可怜我父母，养我太辛劳！

莪蒿长得高，不是莪蒿是牡蒿。可怜我爹妈，养我身垮掉！

水瓶空荡荡，这是罍耻辱。孤独一个人，不如死了好。

无父依靠谁？无母谁让靠？出门心悲伤，入户不知去哪好。

父亲生我，母亲育我，你们抚养喜爱我，成长教育我，照顾保护我。

出入家门厚爱我。想报答你们的大恩大德，可惜老天降祸难预测！

南山险峻又高大，呼呼旋风让人怕，别人家里没坏事，唯独自己蒙受难。

南山高峻又危险，呼呼疾风心打战，人人美满又幸福，独我不能养父母。

【解读】

通观整首诗，作者都在回忆父母对自己的疼爱，养育自己时的辛劳与不易。当有能力回报父母的时候，父母却不在了。诗句以莪蒿起兴，用来悼念父母。莪蒿俗称“抱娘蒿”，但随后不说莪蒿，而是青蒿和牡蒿，说明自己的孤单。最后两句中的高山与大风，表达了作者情感无所安置，身体无处停靠。

第三节 《尚书》中的孝文

【按语】

《尚书》为记载上古之事的政治书。本书通过文章赞美圣王的完美德行或宣扬当时的政治思想。《尚书》分为虞书、夏书、商书和周书四部分。本节从诸篇中选取关于“孝”的文字进行注译和解读。作为一本政治书，其内容及目的主要指向的是如何治国。治国主要在于治民，治民之要在于定人伦。故而《尚书》提出“五典”“五教”等关系加以论证及应用。或对既往的历史进行总结，寻找到历代的优缺点，以为己用。

【原文】《尚书·尧典》

帝曰：“咨！四岳。朕在位七十载，汝能庸命，巽①朕位？”岳曰：“否德忝帝位。”曰：“明明扬侧陋。”师锡帝曰：“有鳏在下，曰虞舜。”帝曰：“俞？予闻，如何？”岳曰：“瞽②子，父顽，母嚚③，象傲；克谐以孝，烝烝乂④，不格奸⑤。”帝曰：“我其试哉！女于时，观厥刑于二女⑥。”厘降二女于妫汭⑦，嫔于虞。帝曰：“钦哉！”

【注释】

①巽（xùn）：通“践”。《史记·五帝本纪》作“践”。

②瞽（gǔ）：本义为瞎眼。

③嚚（yín）：愚蠢而顽固。

④烝烝：指有美厚的孝德。乂（yì），处理家族内部事务。

⑤ 不格奸：格，至。意为舜有美好的孝德，在处理家族事务的时候没有邪念。

⑥ 女（nǜ）：将女嫁人。

⑦ 厘：命令。妫（guī）汭（ruì），妫，河水名；河流弯曲处。

【译文】

尧帝说："啊！四方首领啊！我在位已经七十年了，你们当中谁能够顺应天命接替天子之位呢？"四方首领回答说："我们德行鄙陋，不配登上帝位。"尧帝说："可以推荐考察贵戚中的贤才，也要推荐考察地位低下但是有贤才的人。"众人提议说："在民间有一个穷困的人，他的名字叫虞舜。"尧帝说："是的，我也听说过这个人，他的德行怎么样呢？"四方诸侯之长回答说："他是乐官瞽叟的儿子。他的父亲心术不正且顽固，他的母亲总是说谎，他的弟弟非常傲慢，但是舜却能用孝行感化他们，并同他们和谐相处。正因为他孝心醇厚，所以在治理家务的时候也不会有邪念吧！"尧帝说："我试试考验考验他吧！把我的两个女儿嫁给舜，通过两个女儿考察他的德行。"于是命令在妫河的弯曲处举行婚礼，让两个女儿作了舜的妻子。尧帝对舜说："以后你就敬慎地处理政务吧！"

【解读】

舜之所以被赏识，最直接的原因就在于他的"孝"。在《孟子》部分，我们介绍过舜的遭际。父亲、后母和弟弟都不喜欢舜，多次想害死他，但是舜并没有怨恨他们，而是用自己的孝行感化他们。也就是文中所说的"克谐以孝"。虽然家人如此对舜，但舜却能够以孝心来对待他们，使家庭和谐。从这层我们可以看出“孝”在治家上的重要性。尧让位给舜，说明孝在治国中的作用。通过孝来提升个人的修养，把它实践在自己的家庭当中使家庭幸福和谐，再由家庭应用于政治。这样，“孝”将个人、家庭、政治三个部分贯穿起来，使天下太平。

【原文】

慎微五典①，五典克从。纳于百揆，百揆时叙。宾于四门，四门穆穆②。纳于大麓，烈风雷雨弗迷。帝曰：“格！汝舜。询事考言，乃言底可绩③，三载。汝陟帝位。”舜让于德，弗嗣。

【注释】

① 五典：五教，指父义、母慈、兄友、弟恭、子孝。

② 穆穆：仪容谨敬，端庄盛美的样子。

③ 底（zhǐ）：取得，求得。绩，功绩。

【译文】

舜诚心诚意地履行父义、母慈、兄友、弟恭、子孝五种美德，并用这美德教导和规范百官及人民，使他们遵循。尧又让舜总理百官，百官都能承顺。让舜在明堂四门迎接四方宾客，四方宾客都肃然和睦。让舜担任守山林的官，在暴风雷雨的恶劣天气也不迷失方向。尧帝说：“来吧！舜啊！我询问了你的政事，考察了你的言论，这三年，你取得了很好的政绩。你现在可以登上天子的位置了。”但舜认为自己的德行还不足，所以推让不肯。

【解读】

本段在表现舜的德行的同时提出了“五典”。“五典”即父义、母慈、兄友、弟恭、子孝。对于这五种美好的德行，舜首先是应用于自身，然后将它们施于百官，即用这些美好的德行来引导和感化他们，使得四方宾服和睦。这里再一次强调“孝”作为一个人最基本的情感所具有的重要意义。这也是儒家突出了“孝”在修身、齐家、治国、平天下这样一个路径下的实践内涵。

【原文】《尚书·皋陶谟》

天叙有典，敕我五典五惇哉！天秩有礼，自我五礼有庸哉！同寅协恭和衷哉！

【译文】

上天规定了君臣、父子、夫妇、兄弟、朋友这五种人与人之间的伦常次序。上天既然规定了，我们就要顺从上帝的旨意，整顿和维持这五者之间的关系。并使这五者敦厚起来啊！

【解读】

本段主要突出了“五伦”的社会关系，儒家文化认为人并不是一个可以独立存在的个体，而是存在具体的关系——五伦之中，即君臣，父子，夫妇，兄弟，朋友。还认为这五种人伦关系是“上天规定”的。也就是说，五伦关系并不是某一个人安排的，而是当有人的那一刻起，五伦关系就产生了。从发生角度来说，应该是夫妇、父子、兄弟、朋友、君臣。君臣之间的情感是由父子之间的情感延伸出来的。行五伦时总会出现问题，就需要富有德行的人对其修正，使这五种关系敦厚起来。

【原文】《尚书·康诰》

王曰：封，元恶大憝①，矧②惟不孝不友。子弗祗③服厥父事，大伤厥考心；于父不能字厥子，乃疾厥子。于弟弗念天显，乃弗克恭厥兄；兄亦不念鞠子哀，大不友于弟。惟吊，兹不于我政人得罪，天惟与我民彝大泯乱，曰：乃其速由文王作罚，刑兹无赦。

【注释】

① 憝（duì）：怨恨、憎恶。

② 矧（shěn）：亦，也。

③ 祗（zhī）：敬。

【译文】

王说：封，最坏的人也是不孝无情的人。儿子不敬从父亲的话，就会伤了父亲的心；作为父亲不愿养儿子，反而恨儿子；作为弟弟不知天帝的权威，便不能恭敬兄长；哥哥不顾及年幼的弟弟的痛苦，对他很不友好。人民到了这种不孝、不慈、不悌、不友的地步，还不被执法者所惩罚，那上天赋予我们治理人民的法将会被破坏。你要赶快用文王所做的刑法来治理这些民众，不能赦免。

【解读】

本段说明如何处置破坏五伦关系的行为。本段认为，不孝和不友就是恶的源头。五伦关系不是单向的，而是一种双向的关系。如父慈子孝，并不是说因为父亲的慈爱所以儿女才孝顺，也不是说因为儿女孝顺父亲才表现出慈爱，而是一种双向的、自然的情感互动。当出现了不孝、不慈、不悌、不友的情况，就要对它们进行修正，使它们恢复正常。这时就需要使用文王所制定的“法”来治理，对破坏五伦关系的人进行惩治。

【原文】《尚书·酒诰》

妹土，嗣尔股肱[①]，纯其艺[②]黍稷，奔走事厥考厥长。肇牵车牛，远服贾用，孝养厥父母，厥父母庆，自洗腆，致用酒。

【注释】

①妹土：沫土，为原殷都。嗣，今后。尔，你们，指殷商人民。股，大腿。肱，胳膊肘到肩膀的部分。股肱用来比喻有能力的辅助者。

②艺：种植。

【译文】

殷朝旧都的殷民们，你们一定要努力辅助我们，专心种植庄稼，勤勉地奉事你们的父兄及官长。农事完毕以，可以赶着牛车，到外地去从事贸易，以此来孝顺赡养父母；父母一定会高高兴兴地亲自为你们置办好美食，这时就可以饮酒了。

【解读】

本段出自《酒诰》。所谓“酒诰”，即是对于饮酒的说明。商王朝之前的君王都能够很好的继承先王的遗志，纣王却沉迷于酒与美色，致使国家败落。周公认为酒是丧德、大乱和亡国的原因。所以，周公制定了详细的饮酒规范，并让康叔告知殷商旧民。喝酒可以在几种情况下，如祭祀的时候。还有去本段所提到的，因为打理好了农事和贸易，归来孝敬父母时候，父母会很高兴并亲自准备饭菜时，可适当饮酒。

第四节　《礼记》中的孝文

【按语】

《礼》分三礼，即《周礼》《仪礼》和《礼记》，本节主要以《礼记》为解读对象。《礼记》从理论与操作两个方面对“孝”进行了论述。“孝”的表达不仅仅在于行为，更在于内心；“孝”的持续并非终止于父母去世，反而父母去世后，子女的行为更能体现出“孝”。在《礼记》中，“孝”分成两大部分，一是生养，二是死祭。父母在世的时候，不仅养父母之身，更要养父母之心和父母之志，不要让父母担心；当父母去世之后，要以诚敬的心进行祭祀，克制自己的言行，不要因为自己的错误使父母名声受辱。

【原文】《礼记·曲礼上》

凡为人子之礼：冬温而夏清①，昏定而晨省，在丑夷②不争。

【注释】

①清（qìng）：冷。

②丑夷：辈分相同的人。

【译文】

作为子女的礼仪行为：冬天让父母温暖，夏天让父母凉快，晚上服侍父母入寝，早晨向他们问候请安。与平辈相处，不和人争斗。

【解读】

“孝”是日常生活中善待父母的实践，目的是要使父母安康。“安”包括“安体”与“安心”。所谓的“安体”，是要经常关注父母身体健康状况，使父母冬则不冷，夏则不热。“安心”则是不让父母担心，就要在行为上做到“不争”。

【原文】

夫为人子者，三赐不及车马。故州闾乡党称其孝也，兄弟亲戚称其慈也，僚友称其弟也，执友称其仁也，交游称其信也。见父之执，不谓之进不敢进，不谓之退不敢退，不问不敢对。此孝子之行也。

【译文】

凡是做儿女的，可以接受君王所赐的官位，但是却不愿接受君王赏赐的车马（因为车马属于享受之物，父母健在，不能超过父母的享受）。本乡本土都称赞他的孝顺，兄弟亲戚都赞扬他的慈爱，同僚们都称赞他的敬兄友弟，朋友们都称赞他待人厚道，和他有来往的人也都称赞他的诚实可靠。前去拜访父亲的好友，人家不让进门就不敢自己做主进去；不让离去就不敢自己做主离去；人家没有提问，不敢随意对答。这样做才算是孝子的行为。

【解读】

周代的官品，九命为最高，一命到三命都有规定的礼服和赏赐的东西，车马便是三命所赏赐的。接受官位可光宗耀祖，但是车马属于享受之物，因为父母健在，孝子不能享用而不愿接受所赐的车马。本段主要提出子女应当以谦卑之心对待父母及长辈。在家谦卑，在享受上不能超过父亲，按照孝悌忠信等规范严格要求自己。

【原文】

夫为人子者：出必告，反必面，所游必有常，所习必有业。恒言不称老。年长以倍则父事之，十年以长则兄事之，五年以长则肩随之。群居五人，则长者必异席[1]。

【注释】

①异席：坐席有尊卑的规矩，五人当中，年长者要单独坐一席，以显其尊。

【译文】

做儿女的，出行一定要当面禀告父母，回到家里也要亲自告知父母，出游要有一定的去处，学习一定要有所记录。平常讲话不可在自称中带有“老”字。对于年长自己一倍的人，应当以对待父亲的礼节来对待他；对于年长自己十岁的人，应当以对待兄长的礼节来对待他；对于年长自己五岁的人，虽可以并行，但仍须退后。自己一辈的五人同居一处，应让年长者另坐一条席。

【解读】

这段仍然是说明孝子侍奉父母的礼节，分居家与在外。居家：子女在出门前要禀告父母自己的安排，回来的时候告诉父母今天的状况，回来后要向父母问安，询问父母的身体的状况。在外：不能亲自照顾父母，不能做不敬和不符合礼仪的行为，以显父母之德。

【原文】

为人子者，居不主奥①，坐不中席，行不中道，立不中门。食飨不为概，祭祀不为尸。听于无声，视于无形。不登高，不临深。不苟訾②，不苟笑。

【注释】

① 奥：室内的西南角，是长者或尊者所坐的地方。

② 訾（zī）：诋毁他人。

【译文】

做儿女的，家居不可坐在西南角，坐席不可坐在中间位置，走路的不走在道路中央，站立时不能站在门的中间。遇有宴请宾客的事，如何招待，不要自己制定；举行祭祀的时候，不可充当受祭之人。要时刻留心父母，在父母还没做出说话和行动前就能知道父母的意思。不要登高处，不要临深渊。不随便诋毁他人，不随便嬉笑。

“西南角”与“中”都是尊位，子女不可居于尊位。宴请与祭祀也是如此。这都是一种“敬”的表现。登高和临渊都属于危险之事，訾、笑都是辱人且会招辱的行为，人子应该以礼仪来规范自己，不能做危险和羞辱之事。

【原文】

孝子不服暗，不登危，惧辱亲也。父母存，不许友以死。不有私财。

【译文】

孝子不暗地里做事，不做危险的事，害怕因为自己的行为而给双亲带来羞辱。双亲健在，不应答应为他人献身的要求。也不应该积蓄私财。

【解读】

如果人子在德行上有亏损，会给父母带来羞辱。如果自己受伤，也会使父母为其担心。在交友方面，要能够相互增长德行，不可随便为他人而失去性命。

【原文】

为人子者：父母存，冠衣不纯素。孤子当室，冠衣不纯采①。

【注释】

①纯采：衣服用彩色镶边。

【译文】

做儿女的，如果父母还活着，帽子和衣服是不可以用白色镶边。没有父亲的嫡子，戴子和衣服，不能用彩色镶边（以表示对于父母的哀思）。

【解读】

为人子之礼有很多，其中就包括着装的礼节。本段所说，父母在世与去世时，人子的穿着讲究。素色在古代是丧兆，是大忌讳。当父母去世，衣服用彩边，则为不敬。

【原文】《礼记·内则》

曾子曰："孝子之养老也，乐其心不违其志，乐其耳目，安其寝处，以其饮食忠养之孝子之身终，终身也者，非终父母之身，终其身也；是故父母之所爱亦爱之，父母之所敬亦敬之，至于犬马尽然，而况于人乎！"

【译文】

曾子说："孝子养老，要使父母内心快乐，不违背他们的意愿；其次言行上要使父母开心，使他们起居安适，在饮食方面要发自内心的照料，这是孝子一生要做的。所谓终身孝敬父母，不是说终父母的一生，而是终孝子自己的一生。所以（父母不论生前生后），父母所爱的，自己也要爱；父母所敬的，自己也要敬；就是对于犬马也都是这样，更何况对他们爱敬的人呢！"

【解读】

"孝"是一生的事情。要尽心的安排父母的生活起居，更要让父母心情愉悦。如果父母有错误的地方，人子有劝谏责任，只是在劝谏的时候要注意语气态度。当父母去世了，人子的孝心和孝行还是要继续：继承父母的遗志，爱父母所爱，敬父母所敬；牢记父母的忌日，内心诚敬地祭祀。

【原文】《礼记·祭义》

君子生则敬养，死则敬享①，思终身弗辱也。君子有终身之丧，忌日之谓也。忌日②不用，非不祥也。言夫日，志有所至，而不敢尽其私也。

【注释】

①享：祭祀，贡献（指把祭品、珍品献给祖先、神明），上供。

②忌日：父母亲去世的日子。

【译文】

君子在父母活着的时候要尽心奉养，当他们死后则要诚心祭享，终身都想着不可辱没父母。君子终身要为父母服丧，这就是指要记得每年父母的忌日。在忌日这一天不做其他事情，并不是因为这个日子不吉祥，而是说在这个日子里，对父母的思念到了极点，根本没有时间和心情做其他的事。

【解读】

孔子曾言："生，事之以礼；死，葬之以礼，祭之以礼。"子女对父母的孝敬是终生的，不仅是生前的奉养，还要有诚心的追思和祭祀。

【原文】

唯圣人为能飨①帝，孝子为能飨亲。飨者，乡也。乡之，然后能飨焉。是故孝子临尸②而不怍③。

【注释】

①飨（xiǎng）：祭祀，这里指陈列祭品祭神供祖。

②尸：古代祭祀时，代表受祭的死者。

③怍：面色改变。

【译文】

只有圣人才能使上帝来飨用他的祭祀，也只有孝子才能使父母来飨用他的祭祀。因为“飨”就有“向”的意思，只有孝子诚心向往父母，双亲才会来受飨。所以孝子在尸前站立，脸色不会改变，且充满着悦色。

【解读】

“祭义”是阐述祭祀的意义，规范祭祀时祭祀者的心理及行为。孔子曾观看“禘祭”，从第一次献酒之后就不想再看了。这有两种原因，一是献酒者内心的恭敬态度并没有真切地表现出来；二是在仪式上就出现了错误。祭天或祭祖，都应该表达自己的诚敬之心、对祖先的思念之情。同时，这也还体现出一种情的“交感”，即孔子所说的“祭如在，祭神如神在”。即使父母的形体不在了，但是子女与父母的情感依然是相连的。因此，即使祭献者站到“尸”的面前，祭献者的脸色也不会有改变。这里的“尸”不是指尸体，而是指祭祀时代表死者受祭的人。孝子在祭祀时，因看不到父母的形象，易使情感无法安置，所以选择在世的人代表孝子的父母，以使其情感有所依托。逝者的牌位、坟、画像都可以起到情感相交的作用。

【原文】

孝子之有深爱者，必有和气；有和气者，必有愉色；有愉色者，必有婉容。孝子如执玉，如奉盈，洞洞属属然，如弗胜，如将失之。严威俨恪[①]，非所以事亲也，成人之道也。

【注释】

①俨（yǎn）恪（kè）：庄严恭敬。

【译文】

如果孝子对父母爱得很深，那心中就必然充满和顺之气；心中充满和顺之气，脸上就一定会表现为和悦的脸色；脸上有和悦之色，就一定会有温顺的容止。孝子在祭祀时，好像拿着贵重的玉，又好像端着满满的一杯水，那份虔诚，那份专心，就好像拿不动，又好像生怕失手打坏。相反，那种威严肃穆一本正经的样子，不是孝子可以用来侍奉父母的态度，那是成人对小辈的态度。

【解读】

本段仍然在强调孝的内在情感与外在行为的统一性。孝子如果有深爱父母之心，在侍奉时的表情与行为应该是和颜悦色、严谨恭敬。在儒家典籍中，对于养父母之心与养父母之体，前者是更为重要，它反映了子女的孝心。

【原文】

先王之所以治天下者五：贵有德，贵贵，贵老，敬长，慈幼。此五者，先王之所以定天下也。贵有德，何为也？为其近于道也。贵贵，为其近于君也。贵老，为其近于亲也。敬长，为其近于兄也。慈幼，为其近于子也。是故至孝近乎王，至弟近乎霸。至孝近乎王，虽天子，必有父；至弟近乎霸，虽诸侯，必有兄。先王之教，因而弗改，所以领天下国家也。

【译文】

先王用来治理天下的原则有五条：尊贵有德的人，尊敬有地位的人，尊敬年老的人，尊重长辈，爱护幼辈。这五条就是先王能够定天下的原因。尊贵有德的人，是为了什么呢？因为有德的人近乎天道。尊敬有地位的人，是因为他亲近君王。尊敬老年人是因为他亲近父母。敬重长辈，是因为他亲近兄长。爱护幼辈，是因为他亲近子女。因此，完全做到孝，也就接近于王道；完全做到悌，也就接近于霸道。做到了孝就接近于王道，这是因为即使是天子也有父母，也要孝敬父母。做到了悌就接近霸道，是因为即使是称霸的诸侯也一定有兄弟，而且要敬、爱其兄弟。先王教化民众，就是遵循上述原则而不加改变，这样才能够领导天下国家。

【解读】

君王的作用在于治理国家和教导百姓，但君王不仅是一个教导者，更是一个实践者。君王要先行后施，百姓才会信服。本段提出贵有德、贵贵、贵老、敬长、慈幼这五条治理天下的原则。“贵有德”是从德行上来说；“贵贵”是从地位与身份上来说。《论语·季氏》中记载孔子的话“君子有三畏：畏天命，畏大人，畏圣人言。小人不知天命而不畏也，狎大人，侮圣人言。”“有德”与“贵”所代表的就是顺应天的意志的人，他们具有很高的德行，能够将这些德行扩大和推广开。后三者所强调的就是“家庭伦理”。在传统的国家观念当中，国与家是一种同构关系。家有父母，国有君主；家有子女，国有臣民。君主孝亲，人民也会跟着孝亲；君主敬长，人民也会随着敬长；君主慈幼，人民也会随着慈幼。

【原文】

曾子曰：“孝有三：大孝尊亲，其次弗辱，其下能养。”公明仪问于曾子曰：“夫子可以为孝乎？”曾子曰：“是何言与！是何言与！君子之所为孝者：先意承志，谕父母于道。参，直养[①]者也，安能为孝乎？”

曾子曰：“身也者，父母之遗体也。行父母之遗体，敢不敬乎？居处不庄，非孝也；事君不忠，非孝也；莅官不敬，非孝也；朋友不信，非孝也；战陈无勇，非孝也；五者不遂，灾及于亲，敢不敬乎？亨孰羶芗[①]，尝而荐之，非孝也，养也。君子之所谓孝也者，国人称愿然曰：‘幸哉有子！’如此，所谓孝也已。众之本教曰孝，其行曰养。养，可能也，敬为难；敬，可能也，安为难；安，可能也，卒为难。父母既没，慎行其身，不遗父母恶名，可谓能终矣。仁者，仁此者也；礼者，履此者也；义者，宜此者也；信者，信此者也；强者，强此者也。乐自顺此生，刑自反此作。”

曾子曰：“夫孝，置之而塞乎天地，溥之而横乎四海，施诸后世而无朝夕，推而放诸东海而准，推而放诸西海而准，推而放诸南海而准，推而放诸北海而准。《诗》云：‘自西自东，自南自北，无思不服。’此之谓也。”

曾子曰："树木以时伐焉，禽兽以时杀焉。夫子曰：‘断一树，杀一兽，不以其时，非孝也。’孝有三：小孝用力，中孝用劳，大孝不匮。思慈爱忘劳，可谓用力矣。尊仁安义，可谓用劳矣。博施备物，可谓不匮矣。父母爱之，嘉而弗忘；父母恶之，惧而无怨；父母有过，谏而不逆；父母既没，必求仁者之粟以祀之。此之谓礼终。"

【注释】

①羶（shān）芗（xiāng）：烧煮牛羊肉的气味。也泛指牛羊肉。

【译文】

曾子说："孝有三等。第一等的孝是能够显尊父母，第二等的孝是不使父母受辱，第三等的孝是能够赡养父母。"曾子的学生公明仪向曾子问道："老师您可以说是做到'孝'了吧？"曾子答道："这是哪儿的话，这是哪儿的话！君子所谓的孝，是不等父母有所表示就把父母想办的事办了，同时又能使父母放心自己的所作所为都是合乎正道的。我只不过是能赡养父母罢了，怎能算是做到了'孝'呢？"

曾子说："自己的身体是父母的遗物。用父母的遗物来做事，敢不小心翼翼吗？日常起居不庄重，就是不孝；为君主做事不忠诚，就是不孝；面对工作慎重，就是不孝；对朋友说话不算数，就是不孝；打仗不勇敢，就是不孝。这五个方面做不到，就是给父母带来了殃祸。所以能不敬慎吗？如果在祭祀时，只是用佳肴美味献祭，这不能算作是孝，只能算作是养。君子所说的孝，是全国的人都称赞，说：‘有这样儿子，他的爹娘真是有福气呀！’这才是所谓的孝啊。各种道德的根本叫作孝，表现出来则叫作养。养就算是可以做到，但尊敬就难了；尊敬就算是可以做到，但毫无勉强之意就难了；毫无勉强就算是可以做到，而在父母去世之后还能坚持就难了。父母去世以后，还能够小心翼翼地行事，不使父母因为自己而受辱，这才叫作能终身行孝。所谓仁，就是要以孝为本；所谓礼，就是要践行孝；所谓义，行动的时候符合孝；所谓信，就是要用行动证实孝；所谓强，就是要努力做到孝。快乐是因为按照孝来行事；受到刑罚时由于违背孝来行事。”

曾子说：“孝作为一种美德，放置开，可以充满天地，散布开，可以覆盖四海，传到后世也会被人日夜奉行。将它推广到东海是正确的，推广到西海是正确的，推广到南海是正确的，推广到北海也是正确的。《诗经》上说：‘从西到东，从南到北，没有人不遵从。’说的就是这种情况。”

曾子说：“树木要在适当的时节砍伐，禽兽要在适当的时候捕杀。孔子说：‘哪怕是砍伐一棵树木，哪怕是捕杀一只禽兽，如果时间不合适，就是不孝。’孝有三等：小孝只是出力气，中孝则是建功立业，大孝则要求没有任何遗漏。思念父母的慈爱而忘掉疲劳，可以说是出力了。尽心地躬行仁义，可以建功立业，光耀父母了。广泛德行能够广被天下，使万物丰硕，万民富足，用着来祭祀父母，这边是没有遗漏了。父母喜爱自己，就内心高兴而永远不忘记。父母不喜欢自己，自己就戒惧谨慎，而没有一句怨言。父母有了过失，自己可以婉言规劝，但不可和他们顶撞甚至违逆。父母去世，即使穷到要靠借贷才能举行祭祀的地步，也不向恶人乞求，这才叫作终身行孝。”

【解读】

曾子在孝亲的基础上，提出了“身”的思想，并在此基础上将孝延伸。身体是父母所给，依己之“身”所做的事情，都代表着的父母。在这种意识与情感下，孝子应该更注重自己的言语和行为，不论父母在世与否，都应该避免让父母因为自己错误的行为而受辱，还应凭借自己的“身体”，不断显耀父母。这也就是曾子所划分的三个层次的孝行：第一为“尊亲”，其次是“不辱”，再次是“养身”。

【原文】

乐正子春[①]下堂而伤其足，数月不出，犹有忧色。门弟子曰：“夫子之足瘳[②]矣，数月不出，犹有忧色，何也？”乐正子春曰：“善如尔之问也！善如尔之问也！吾闻诸曾子，曾子闻诸夫子曰：‘天之所生，地之所养，无人为大。’父母全而生之，子全而归之，可谓孝矣。不亏其体，不辱其身，可谓全矣。故君子顷步[③]而弗敢忘孝也。今予忘孝之道，予是以有忧色也。壹举足而不敢忘父母，壹出言而不敢忘父母。壹举足而不敢忘父母，是故道而不径，舟而不游，不敢以先父母之遗体行殆。壹出言而不敢忘父母，是故恶言不出于口，忿言[④]不反于身。不辱其身，不羞其亲，可谓孝矣。”

【注释】

① 乐正子春：战国初期鲁国人。曾参的弟子，以至孝闻名。

②瘳（chōu）：病愈。

③顷步：跬步，半步。

④忿言：忿怒的话，怨恨的话。

【译文】

乐正子春从堂上下来的时候，不小心扭伤了脚，好几个月不出门，脸上仍然带有忧色。他的学生便问他："老师的脚伤已经好了，为什么还不出门，脸上仍然有忧色呢？"乐正子春说："你问得太好了！你问得太好了！我听曾子说过，而曾子也是从孔子那儿听到：'天之所生，地之所养，没有比人更高贵的。父母完整地把自己生了下来，做儿子的也要把身体完整地还给父母，这才叫作孝。不使身体受到损伤，不使名声受到污辱，这才叫作完整。'所以君子半步都不敢忘掉孝道。现在我扭伤了脚，是忘掉孝道的表现，所以我才面有忧色啊。每抬一次脚都不敢忘掉父母，每说一句话都不敢忘掉父母。每次抬脚都不敢忘掉父母，所以走路的时候总是走大路而不走小径。不敢拿已故父母的遗物（自己的身体）来做冒险的事。因为每说一句话都不敢忘掉父母，所以不说伤害他人的话，也就不会招致被人的恶骂了。我自身不受侮辱，也就不会是父母受辱。做到这一点，可以称得上孝了。"

【解读】

乐正子春是曾子的学生，也以孝闻名。乐正子春之所以会有忧色，是因为他伤害了自己的身体。身体是父母所给，如果没能很好地照顾自己的身体，就是对于父母的不敬。曾子去世前，将弟子都召唤过来，并对他们说："启予足！启予手"（看看我的腿和脚，看看我的手），随后他引用诗经中"战战兢兢，如临深渊，如履薄冰"来说明子女要细心照顾自己的身体。不要因为自己受伤而使父母担忧。使父母担忧便是不孝。正如《论语》所说"父母唯其疾之忧"。当你生病的时候，父母是忧愁和伤心的。所以作为孝子，怎么忍心看到父母如此忧愁和伤心呢？同时曾子还强调不要因为自己行为和语言的过错，而辱及父母，或者使父母亏德。

【原文】

孝子将祭祀，必有齐庄①之心以虑事，以具服物，以修宫室，以治百事。及祭之日，颜色必温，行必恐，如惧不及爱然。其奠之也，容貌必温，身必诎②，如语焉而未之然。宿者③皆出，其立卑静以正，如将弗见然。及祭之后，陶陶遂遂④，如将复入然。是故，悫善不违身，耳目不违心，思虑不违亲。结诸心，形诸色，而术⑤省之，孝子之志也。

【注释】

①齐庄：即"斋庄"，严肃诚敬。

②诎：弯曲。表示身体弯曲作鞠躬状，以表尊敬。

③宿者：指助祭的宾客。

④陶（yáo）陶遂遂：这里指精神恍惚，沉浸于诚敬当中。

⑤术：通"述"，此指追忆。

【译文】

孝子将要举行祭祀，一定要怀着谨慎恭敬的心情来考虑祭事情，准备祭服祭品，整修宫室，处理好各项事务。等到祭祀的日子，脸色一定要温和，走路时带着紧张，就好像害怕来不及看到自己的亲人的样子。孝子在献上祭品时，要和颜悦色，身体前屈，口中像要说话但又没有说出来的样子。助祭的宾客都陆续退出时，孝子还默默地躬身站在那里，好像没有看见别人出去的样子。等到祭祀结束，孝子还沉浸在对亲人的思念之中，神情恍惚，好像亲人还会进来的样子。所以，谨慎恭敬的态度一直表现在孝子身上，耳目受心灵的支配，心中思念的则无时无刻不是亲人。这种思念之情凝结在心中，而流露于外表。回忆着、沉思着！这就是孝子的心情啊。

【解读】

本段是从“祭祀”的角度来讲述孝子的行为规范。曾子曾言“慎终追远，民德归厚矣”。祭祀父母是对于过世的父母的一种追思。在此基础上保有和扩充它们，那德行自然会醇厚起来。

【原文】《礼记·祭统》

贤者之祭也，致其诚信与其忠敬，奉之以物，道之以礼，安之以乐，参之以时。明荐之而已矣。不求其为。此孝子之心也。祭者，所以追养继孝也。孝者畜也。顺于道不逆于伦，是之谓畜。是故，孝子之事亲也，有三道焉：生则养，没则丧，丧毕则祭。养则观其顺也，丧则观其哀也，祭则观其敬而时也。尽此三道者，孝子之行也。

【译文】

贤者的祭祀，就是竭尽自己的诚信与忠敬之心，用祭品进行祭祀，用礼仪进行规范，用音乐来协调，并配合着相应的季节，虔诚而洁净地奉献。这并不是存心要神保佑赐福。这才是孝子的心情。祭祀，是用来完成对父母生前应尽而未尽的供养和孝道。所谓孝，就是对于父母的孝而积蓄在心中而形之于外的表现。一个顺字贯穿一生的行动，且不违背人伦，这就是孝的积蓄。所以孝子侍奉父母包括这三件事：第一件是生前好好供养，第二件是死后举办丧礼，第三件是服丧期满要按时祭祀。在供养时看子女是否对父母敬顺，在服丧时看子女是否哀伤，在祭祀上看他们是否虔敬和按时。这三件事都做得很好，才配称作孝子的行为。

【解读】

“孝”并不单单是父母在世时子女所表现出来的心理和行为，而是一种“终生”的行为。当父母去世后，孝依然要继续。包括“葬”和“祭”两个部分。在埋葬父母的时候要符合一定的礼仪；在祭祀父母的时候，要保持内心足够的恭敬及行为的规范。《论语》中记载，有一次孟懿子问孔子什么是孝，孔子回答说：“不要违背礼。”孟懿子并没有继续追问。后来孔子的弟子樊迟在为孔子赶马车的时间跟他说了这件事，樊迟问他：“无违是什么意思呢？”孔子就回答说：“父母活着的时候，要按照礼节来侍奉他们，去世之后，要按礼来埋葬和祭祀他们。”

第五节 《周易》中的孝文

【按语】

《易》分为《易经》和《易传》两部分。《易经》成文年代较早，大致成于西周末年。《易传》是后人对于“经”部分解读。《传》有时较能符合《经》的原意，但大部分是出于诠释和发展的必要，进行了改造。本节选文部分出自《易传》。相较于《经》的晦涩，《传》的表述更清晰。《传》对于“孝”的阐释隐含在文中，如通过对于自然现象的观察而制作乐，以此通于上帝及祖先，颂其美德，赞其继承祖志；或明内外之正，别男女之分，述家庭伦常，以此建立和谐的家庭关系。

【原文】《周易·豫卦》

《象》曰：雷出地奋，豫；先王以作乐崇德，殷荐[1]之上帝，以配祖考。

【注释】

① 荐：献。

【译文】

《豫卦·象传》说：雷声发出，大地震动，象征“欢乐”。先代君王根据大自然振奋快乐的声音制作音乐，用来推崇美好的功德，通过隆盛的典礼奉献给天帝，让祖先的神灵配合共享。

【解读】

“豫”作为这一卦的卦名，是下坤（☷），上震（☳）。坤为地，为顺；震为动，顺万物之性而动，所以万物皆欢乐，故“豫”象征着“欢乐”。雷声发出，大地震动，万物开始复苏，是一种欣欣向荣的景象。《庄子》中有对于天籁、地籁、人籁的描述。这里的“雷震地动”是天籁的表现。雷震地动，自然振奋之声，历代先王通过对于这种现象的观察，制作音乐。用这种自然振奋且充满德行的乐声奉献给主宰万物的至高无上的神——天帝和王室的祖先，达到人神共乐的欢乐的情景。所以，祭祀天帝和祖先，“乐”必不可少。它渲染氛围，表达出对于天帝与逝去者的敬畏之情。通过如此丰富的音乐，告诉天帝，君王做得很好，希望天帝保佑；告诉祖先，后世子孙一直继承、发扬先祖的德行。

【原文】《周易·家人卦》

《彖》曰：家人，女正位乎内，男正位乎外。男女正，天地之大义也。家人有严君焉，父母之谓也。父父、子子、兄兄、弟弟、夫夫、妇妇，而家道正。正家，而天下定矣。

【译文】

《彖传》说：一家人，女子正位在家内，男子正位在家外。男女都在其应在的位置上，这就是天地阴阳的大道理。一家人有严正的君长，指的是父母。父亲尽父亲的责任，儿子尽儿子的责任，长兄尽长兄的责任，弟弟尽弟弟的责任，丈夫尽丈夫的责任，妻子尽妻子的责任，这样家道才能端正，家道正了，天下也就能安定了。

【解读】

“家人卦”是下离（☲）上巽（☴），象征“家人”。“家人”的伦理关系就是父子之亲，夫妇之义，长幼有序。“家人卦”的前一卦为“明夷卦”，“夷”是受伤的意思，当在外受伤或者遇到困境之后，回到家中是一种情理之内的选择。“离”在《易》中象征着“火”，“巽”象征着“风”，火燃而生风。这也就象征着内部对于外部的影响。即是人对家，家对国，国对天下的内外影响。在《易》中“—”为阳，为男；“--”为阴，为女。所以从卦象上来看，“六二”为阴，主内；“九五”为阳，主外。正符合男主外女主内的关系。这里强调男女各安于其位。如果一个家庭，没有尊卑、长幼等伦理秩序，那孝悌之道就会衰退了，法度也会随之而废弛。所以，只有每个人都能够按照自我的位置来行事，将齐家的道理向外推广，应用于治理国家上，这样不仅家庭和谐，天下也太平了。

第六节 《春秋左传》中的孝文

【按语】

《春秋》有三传，为《左传》《公羊传》《谷梁传》。《春秋》据传为孔子根据《鲁史》而进行整理和删订的。《经》只记事，并未对事件进行展开与说明。《传》则是就事作传，对事进行补充、详说、记述和阐释意义，其中以《左传》为详。《左传》

与《春秋经》合本很早，如《史记》中提到《春秋》已经是合本的《春秋左传》了。《公羊传》和《谷梁传》出现较后，主要阐发《春秋》的微言大义。如庄公与共叔段之事，不仅展现了一场政治事件，更能看出《春秋》对于这个事件中人物的褒贬态度，以此正人伦、明善恶、黜奸邪等“春秋大义”。本节选文选自《春秋左传》。本节所选皆围绕“孝”展开。从中阐明“孝”在家庭与国家中的重要性，以及“孝”是如何贯穿于个人、家庭和国家的。

【原文】《左传·隐公元年》

君子曰：“颍考叔，纯孝也，爱其母，施及庄公。《诗》曰：‘孝子不匮，永锡尔类’①，其是之谓乎。”

【注释】

①此句出自《大雅·既醉》。匮，穷尽。锡，同“赐”。

【译文】

君子说：“颍考叔算是真正的孝子，爱他的母亲，能把亲情推广影响到庄公。《诗》说：‘孝子的孝心没有穷尽，永远可以影响给你的同类。’说的就是这样的事情吧！”

【解读】

郑武公娶了申国的武姜为妻，武姜生了庄公和共叔段。武姜生庄公时候难产，所以不喜欢庄公，偏爱共叔段。庄公继位后，武姜多次强求封地给共叔段，索要的封地的设置不符合礼制，大臣们认为这样不妥。庄公说：“多行不义，必自毙。”在庄公的纵容下，共叔段起兵夺位，母亲武姜准备作为内应打开城门，却被庄公打败。庄公怨恨母亲偏心，将武姜迁于颍地，说："不及黄泉，不相见也。"后来自己又开始后悔。颍考叔听说了，就带一些东西进献给庄公，庄公宴请他。他就将一些肉装起来。庄公问其原因，他说："小人的东西，母亲已经吃过了。君王的东西，母亲并没有吃过，所以带回去给母亲尝一尝。"此时的庄公更加思念母亲，却碍于自己的誓言。颍考叔建议庄公挖一条可以看见泉水的地道，让母子在地道当中相见。庄公最后能够和母亲武姜重享天伦，功在于颍考叔。文中说颍考叔"纯孝"，因为他能够将孝心推广到君主的身上。庄公之所以会被颍考叔所感动，其实在于庄公内心充也满着对母亲的敬爱之情，只是被一些外在的因素阻碍了这种情感的释放。

【原文】《左传·隐公三年》

公子州吁，嬖人①之子也，有宠而好兵。公弗禁，庄姜恶之。石碏②谏曰："臣闻爱子，教之以义方③，弗纳于邪。骄、奢、淫、泆④，所自邪也。四者之来，宠禄过也。将立州吁，乃定之矣。若犹未也，阶之为祸⑤。夫宠而不骄，骄而能降，降而不憾，憾而能昣⑥者，鲜矣。且夫贱妨贵，少陵长，远间亲，新间旧，小加大，淫破义，所谓六逆也。君义，臣行，父慈，子孝，兄爱，弟敬，所谓六顺也。去顺效逆，所以速祸也。君人者，将祸是务去。而速之，无乃不可乎？"

【注释】

①嬖（bì）人：受到宠爱的人。

②石碏（què）：卫国的大夫。

③义方：正确的礼仪规范。

④泆：同“逸”，荒淫放荡。

⑤阶之为祸：成为酿成祸患的阶梯。

⑥昣（zhěn）：克制。

【译文】

公子州吁是卫庄公宠妾的儿子，得到了庄公的宠爱。州吁喜欢军器，而庄公却不加禁止。庄姜很讨厌他。石碏规劝庄公道：“我听说一个人爱自己的儿子，一定要以正确的礼仪规范来教导他，这样才能使他不走上邪路。骄傲、奢侈、淫荡、逸乐，就是走向邪路的开始。这四种情况之所以产生，都是因为宠爱和赏赐太过的缘故。如果要立州吁做太子，就应该定下来；要是还没有，这样做就会引导他酿成祸乱。受宠爱而不骄傲，骄傲了而能受压制，受了压制而不怨恨，有怨恨而不为非作歹的人，是很少有的呀。再说卑贱的妨害高贵的，年少的欺负年长的，疏远的离间亲近的，新的挑拨旧的，地位低的压着地位高的，淫乱的破坏有礼义的，这是人们常说的六种悖逆的事。君主行事公正适宜，臣子服从命令，父亲慈爱儿子，儿子孝顺父亲，哥哥爱护弟弟，弟弟敬重哥哥，这是人们常说的六种顺礼的事。去掉顺礼的而效法悖逆的，就会招致祸害。作为君主，应该尽力除掉祸害，而现在却反而加速祸害的到来，这恐怕是不可以的吧！”

【解读】

不论是一个家庭，还是一个国家，如果想安定和平，就应该有一套正确的法度。在家庭当中，父母喜爱孩子，这是情感的自然发出。父母又是作为引导者和教育者的身份而存在。这也是作为父母的责任与义务。所谓“父为子纲”，并不是简单的作为儿子一切都要听父亲的。而是强调父亲作为儿子的纲领，言行是会直接影响到孩子。如果过于的宠溺，不以正确的礼仪规范教导孩子，这就是祸乱的开始。同时，作为父母也应该以正确的礼仪规范来要求自身，只有这样，才能真正起到纲领的作用。“君义，臣行，父慈，子孝，兄爱，弟敬。”这些关系从来都不是单向的，而是由君到臣，由父到子，由兄到弟，再返过来进行的一种相互的关系。

【原文】《左传·文公二年》

孝，礼之始也。

【译文】

孝道，是礼的开始。

【解读】

“孝”作为人的根本，它发之于情感，行之于外在。孝本指父子之间关系，由父子之间的关系，可以引申出更加繁复的家庭关系和社会关系。在处理自我情感与行为的时候，就需要一定的行为规范，这就是“礼”。礼作为一种礼仪规范，又不仅仅是一种外在的规范，也是一种情感的表达，二者是相互的。

所以礼不能缺少情的支撑，情也不能缺少礼的限制，要做到恰到好处。

【原文】《左传 · 文公十八年》

孝敬忠信为吉德，盗贼藏奸为凶德。

【译文】

孝敬、忠信是高尚的美德，盗贼、赃奸是违背仁德的恶行。

【解读】

“吉德”指的是高尚的美德。之所以会“吉”，正在于它顺民之心，导民以善，可以稳定家和国。“凶德”是指违背仁德的恶行，会带来家庭不和，国家混乱。本段认为“孝”作为吉德，是有助于家和国的。《孝经》云：“故不爱其亲而爱他人者，谓之悖德；不敬其亲而敬他人者，谓之悖礼。以顺则逆，民无则焉。不在于善，而皆在于凶德。”父母与子女的情感，是一种本然就存在的情感，但如果通过违背道德礼仪的方式行事，不在敬爱上下功夫，虽然能够得到一时之志，但终不会长久。只有行于正道，才能够真正的“吉”，所以说“祸福无门，唯人所召”。

【原文】《左传 · 文公十八年》

布五教于四方，父义、母慈、兄友、弟共、子孝，内平外成。

【译文】

在四方之国宣扬五种教化：父亲讲道义，母亲慈爱，哥哥友爱，弟弟恭敬，儿子孝顺，里里外外都平安无事。

【解读】

本段强调“五教”的作用及意义。“五教”为：父义、母慈、兄友、弟恭，子孝。舜向尧举荐“八元”，即高辛氏的八位子孙：伯奋、仲堪、叔献、季仲、伯虎、仲熊、叔豹、季狸。他们具有忠诚、恭敬、勤谨、端美、周密、慈祥、仁爱、宽和这八种品行。“元”在这里指的是“善之长”，“八元”就是八位善的模范。这里的所说的“内”，指的是华夏，“外”指的是夷狄。在看待华夷之辨的时候，我们不仅仅从地域角度来看，还要从文化层面来看。唐代孔颖达在《春秋左传正义》中说：“中国有礼仪之大，故称夏；有服章之美，谓之华。”拥有礼仪正是“华夏”的特征。舜推荐“八元”教民“五教”，使“五教”普遍地施于天下，那华夏与夷狄就都能和平安定了。

【原文】《左传·襄公二十三年》

季氏以公鉏①为马正②，愠而不出。闵子马见之，曰：“子无然。祸福无门，唯人所召。为人子者，患不孝，不患无所③。敬共父命，何常之有？若能孝敬，富倍季氏可也。奸回不轨④，祸倍下民可也。”公鉏然之。敬共朝夕，恪居官次。季孙喜，使饮己酒，而以具往，尽舍旃⑤。故公鉏氏富，又出为公左宰。

【注释】

①季氏：季武子，鲁国正卿。公鉏（chú）：即季武子之子公弥。

②马正：亦作“马政”，指我国历代政府对官用马匹的牧养、训练、使用和采购等的管理制度。

③ 所：地位。

④ 奸回不轨：奸回，奸邪。不轨，不合法度。

⑤ 舍旃：舍，放弃；旃（zhān），“之焉”的合声。

【译文】

季氏让公鉏担任马正，公鉏很怨恨，不肯担任。闵子马见到公鉏，说：“您不要这样，祸和福就像没有门的房子，在于人自己去寻找门路。做儿子的，只担心自己孝不孝，而不担心自己没有地位。恭敬地对待父亲的命令，难道他对你会没有变化吗？如果能够孝顺恭敬，您的财富可以比季氏多很多。但如果邪乱不合法度，那祸患可能会比老百姓多很多呀。”公鉏同意他的话，就每天恭敬地向父亲问安，谨慎地执行任务。季武子高兴了，让公鉏招待自己喝酒，并且带着饮宴的器具前往。结束后，季氏把器具全部留下给他，公鉏氏因此致富。后来又做了鲁襄公的左宰。

【解读】

“慈”与“孝”是一对相互的行为。作为父亲要做到慈爱，作为儿子要做到孝顺。我们不能够完全将一切行为寄托在对方身上，而要学会反躬自省，即在自己的位置上做好自己应该做的事情。作为儿子，要时刻担心自己对于父亲有没有做到孝。如果以敬慎的态度对待父母，父母也会因此感受到敬意而以慈爱对待子女。

【原文】《左传·昭公二十六年》

齐侯与晏子坐于路寝，公叹曰：“美哉室！其谁有此乎？”

晏子曰："敢问何谓也？"公曰："吾以为在德。"对曰："如君之言，其陈氏乎！陈氏虽无大德，而有施于民。豆区釜钟之数，其取之公也簿，其施之民也厚。公厚敛焉，陈氏厚施焉，民归之矣。《诗》曰：'虽无德与女，式歌且舞。'陈氏之施，民歌舞之矣。后世若少惰，陈氏而不亡，则国其国也已。"公曰："善哉！是可若何？"对曰："唯礼可以已之。在礼，家施不及国，民不迁，农不移，工贾不变，士不滥，官不滔，大夫不收公利。"公曰："善哉！我不能矣。吾今而后知礼之可以为国也。"对曰："礼之可以为国也久矣。与天地并。君令臣共，父慈子孝，兄爱弟敬，夫和妻柔，姑慈妇听，礼也。君令而不违，臣共而不贰，父慈而教，子孝而箴；兄爱而友，弟敬而顺；夫和而义，妻柔而正；姑慈而从，妇听而婉：礼之善物也。"公曰："善哉！寡人今而后闻此礼之上也。"对曰："先王所禀于天地，以为其民也，是以先王上之。"

【译文】

齐景公和晏子坐在正殿，齐景公叹气说："多么漂亮的房子啊！谁将有资格拥有它呢？"晏子说："敢问国君这是什么意思？"齐景公说："我认为它将转入有德行的人手中。"晏子说："如您所言，恐怕在于陈氏！陈氏虽然没有大的德行，然而对百姓有施舍。豆、区、釜、钟这几种量器，从公田征税时就用小的，向百姓施舍时就用大的。您征税多，陈氏施舍多，百姓倾向于他了。《诗》说：'虽然没有德行给予你，也应当且歌且舞。'因为陈氏的施舍，百姓已经为之歌舞了。您的后代如果稍稍怠惰，陈氏又如果不灭亡，他的封地就变成国家了。"齐景公说："对啊！这可怎么办？"晏子回答说："只有礼可以制止这个，如果符合礼，家族的施舍不能扩大到国内，百姓不迁移，农夫不变动，工人、商人不改行，士不失职，官吏不怠慢，大夫不占取公家的利益。"齐景公说："对呀！我没能做到啊！我从今以后开始知道礼能够用来治理国家了。"晏子回答说："礼可以治理国家，由来很久了，有天地时便有了礼。国君发令，臣下恭敬，父亲慈爱，儿子孝顺，哥哥仁爱，弟弟恭敬，丈夫和蔼，妻子温柔，婆婆慈爱，媳妇顺从，这是合于礼的。国君发令不违背礼，臣下恭敬没有二心，父亲慈爱教育儿子，儿子孝顺规劝父亲，哥哥仁爱友善，弟弟恭敬顺服，丈夫和蔼知义，妻子温柔正直，婆婆慈爱肯听从规劝，媳妇顺从能委婉陈辞，这又是礼中的好事情。"齐景公说："对呀！我从今以后应该崇尚所听到的礼了。"晏子回答说："先王从天地那里承袭了以礼治理百姓的方略，所以先王尊崇礼。"

【解读】

为了使国家长治久安，晏子为齐侯提出了以礼治国的方略。礼是调节社会关系的规范。礼用来规范父母、子女、兄弟、婆媳的角色，调节他们之间的相互关系。家中有长如国中有君，一切行为如果都在处在礼仪规范当中时，家庭的关系自然就和谐了。家庭治理好了，国家也就安定了。家国治理适用相通的孝道原则，所秉持的规范都是礼。

第九章　历代蒙学与孝文化

第一节　蒙学概说

蒙学，是对我国传统幼儿启蒙教育的统称。“蒙学”一词源于《周易》。“蒙”有幼稚、暗昧之意。《易·象》曰：“山下出泉，蒙；君子以果行育德。”意思是高山下流出了泉水，象征渐启蒙稚；君子要果断决定以自己的行动来培育美德。所以，蒙学就是启蒙破蒙之学。

中华民族自古以来就极重视启蒙教育，蒙学一直是我国古代教育的首要环节和重要组成部分。早在周朝就有了供孩童识字的字书。《汉书·艺文志》载：“《史籀篇》者，周时史官教学童书也。”从《礼记》中我们看到最早启蒙教育仅限贵族子弟。至春秋战国，礼坏乐崩，一些掌握着一定文化知识的官员流落到下层，“士”阶层兴起，孔子打破了“学在官府”的教育垄断，教育始走入民间。汉初《仓颉篇》已作为写字教材使用，后来司马相如的《凡将篇》、扬雄的《训纂篇》等也在民间作为蒙学教材。由魏晋到隋唐，不仅识字读本进一步发展，出现了如《千字文》这样的名著，还形成了读经读本的蒙书体系。宋代理学家朱熹进一步推广“小学”教育，至元、明、清三代，蒙学不断走向成熟。

我国流传下来的各类蒙书近 1400 种。民间经常传诵的蒙书也有百种。蒙书所涉内容非常广泛，大致可将其归为七类。一为识字类。这是儿童学习的基础和首要的内容。这类书一般重复字很少，且能押韵，便于朗读背诵。其中以南朝周兴嗣编的《千字文》最为典型。二为知识类。这类主要是关于日常生活基本知识的，内容包括天文地理、文艺医数等方面。宋代方逢辰所编著的《名物蒙求》是这类蒙书的主要代表。三为训诫类。这是告诉蒙童一些比较具体的规定，强调做人处世的道德原则和行为规范，这类代表有《弟子规》和《闺训千字》等。四为讲史类。从宋代开始就出现了专门讲历史的蒙书。其中影响较广的有元代陈栎编著的《历代蒙求》和明代李廷机编著的《五字鉴》等。五为思想类。这是向儿童灌输传统的理想人格和思维方式的启蒙作品，主要代表是《三字经》和《增广贤文》。六为典故类。它们记述了华夏民族的传统美德，展示了古代社会的生活多彩，是中华文化的璀璨珠玑。唐代李瀚编的《蒙求》和明代程登吉编的《幼学琼林》是其中代表。七为韵语类。它们以整齐的韵语或对偶句作为教学方法，这类蒙书也是学诗作词的入门书，代表作有《龙文鞭影》、《声律启蒙》等。据说幼年时期的毛泽东就能对《三字经》《千字文》等蒙书倒背如流。

在教育的目的上，蒙学讲究先成人后成才，首教以德；在教育的内容上，蒙学注重博文广志，以知启智。在教学方法上，蒙学将道术统一，避免舍本逐末；蒙学还强调环境氛围对孩童成长的重要性，如孔子言“里仁为美”。在蒙学教材选取上，其内容合乎以孝悌为本的道德规范。这种道德规范是儒家传统的主流价值。自汉代“罢黜百家，独尊儒术”后，儒学所提倡的秩序等级观念、仁爱理论和孝悌忠义价值观等都得到了国家的推崇。通过蒙学教育，儿童不仅获得认字和书写的能力，还能够习得良好的日常生活习惯，养成基本的道德伦理规范。所以，通过蒙书而使儿童得以社会化，对于维护国家与社会的秩序起到了至关重要的作用。当然，在肯定古代蒙学价值的同时，我们也不能忽视其中存在的糟粕，只有充分加以扬弃，才能让中华优秀文化遗产更好地为现代社会服务。

第二节　明孝义：《三字经》

【按语】

《三字经》是我国古代脍炙人口的启蒙经典，一般认为是南宋大儒王应麟所作。它同《百家姓》和《千字文》合称“三百千”。《三字经》仅千余字，却被称为“千古奇书”。全书大致可分为劝学、伦常、经典、历史等部分，涵盖了中国文化的基本常识。所谓“熟读《三字经》，可知千古事”。它的核心思想包括了“仁、义、诚、敬、孝”。其中，“孝”是《三字经》的思想主旨之一，论及之处颇多。《三字经》在教育史上对孝道的阐扬起了重要作用。

【原文】

人之初，性本善。性相近，习相远。苟不教，性乃迁。教之道，贵以专。昔孟母，择邻处，子不学，断机杼[①]；窦燕山，有义方，教五子，名俱扬。养不教，父之过。教不严，师之惰。子不学，非所宜。幼不学，老何为？玉不琢，不成器。人不学，不知义。

【注释】

① 机杼（zhù）：织布机。杼，织梭。

【译文】

人生下来的时候本性都是善良美好的，但由于后天的环境不一样，性情也就有了好与坏的差别。如果从小不好好教育，善良的本性就会遭到破坏。为了使人不变坏，最重要的方法就是要专心一致地去教育孩子。战国时，孟子的母亲曾三次搬家，就为了使孟子有个好的学习环境。一次孟子逃学，孟母就以割断织机上的布来教育他。五代时，燕山人窦禹钧教育儿子很有方法，他教育的五个儿子都很有成就，同时科举成名。仅仅是供养儿女吃穿，而不好好教育，是父亲的过错。只是教育，但不严格要求孩子，就是做老师的懒惰。孩子不好好学习，是很不应该的。倘若一个人小时候不好好学习，到老的时候既不懂做人的道理，又没有知识，能有什么用呢？玉不打磨雕刻，不会成为精美的玉器；人如果不学习，就不懂得礼仪，不能成才。

【解读】

孔子曾说过："性相近也，习相远也。"既然人性本善，则人性自有孝心在。"孟母三迁"、"燕山教子"等故事都体现了父母教育子女的良苦用心。子女少时努力学习，就是孝敬父母的重要的方式。只有努力学习才能不负父母的期盼与苦心，在学习上取得的优异成绩是一片孝心的表现。

【原文】

为人子，方少时，亲师友，习礼仪。香九龄，能温席。孝于亲，所当执。融四岁，能让梨。弟于长，宜先知。首孝弟①，次见闻。

【注释】

① 弟，通悌（tì），指敬爱兄长。

【译文】

做儿女的，从小时候就要亲近老师和朋友，才能从他们那里学习到为人处世的礼节和知识。东汉人黄香，九岁时就知道替父亲扇草席暖被窝来孝敬父亲，这是每个孝顺父母的人都应该效仿和坚持的。东汉人孔融四岁时，就知道把大的梨让给哥哥吃，这种尊敬和友爱兄长的道理，是每个人从小就应该知道的。一个人首先要学的是孝敬父母和友爱兄弟的道理，接下来是学习看到和听到的知识。

【解读】

孝敬父母、尊重兄长并不比学习知识次要。孔子说："弟子入则孝，出则弟。"孩童应该从小就培养对长辈的亲情。孩童通过了解古人孝行，可以在伦理最基本处端正孩童的思想。

【原文】

三纲者，君臣义，父子亲，夫妇顺。曰春夏，曰秋冬，此四时，运不穷。曰南北，曰西东，此四方，应乎中。曰水火，木金土，此五行，本乎数。曰仁义，礼智信，此五常，不容紊。

【译文】

什么是“三纲”呢？“三纲”是人与人的关系应该遵守的三个行为准则，即君王与臣子关系要合乎义理，父母子女关系要相亲相爱，夫妻关系要和顺相处。春、夏、秋、冬叫作四季，这四个季节不断变化，春去夏来，秋去冬来，如此循环往复，永不停止。东、南、西、北，叫作“四方”，是指各个方向的位置。这四个方位，必须有个中央位置对应，才能把各个方位定出来。说到“五行”，那就是金、木、水、火、土。这是中国古代用来指宇宙各种事物的抽象概念，是根据一、二、三、四、五这五个数字组合变化而产生的。如果所有的人都能以仁、义、礼、智、信这五种不变的法则作为处事做人的标准，社会就会永保祥和，所以每个人都应遵守，不可怠慢疏忽。

【解读】

三纲、四季、四方、五行、五常，《三字经》巧妙地把社会伦理贯穿在儿童识数教育过程之中，说明了伦常思想在古代教育中的主导性地位。

【原文】

高曾祖，父而身，身而子，子而孙。自子孙，至玄曾，乃九族，人之伦。父子恩，夫妇从。兄则友，弟则恭。长幼序，友与朋。君则敬，臣则忠。此十义，人所同。

【译文】

由高祖父生曾祖父，祖父生父亲，父亲生我本身，我生儿子，儿子再生孙子。由自己的儿子、孙子再接下去，就是玄孙和曾孙。从高祖父到曾孙称为“九族”。这“九族”代表着人的长幼尊卑秩序和家族血统的承续关系。父亲与儿子之间要注重相互的恩情，夫妻之间的感情要和顺，哥哥对弟弟要友爱，弟弟对哥哥则要尊敬。年长的和年幼的交往要注意长幼尊卑的次序，朋友相处应该互相讲信用。如果君主能尊重他的臣子，官吏们就会对他忠心耿耿了。前面提到的十义：父慈、子孝等，人人都应遵守，万万不能违背。

【解读】

这里介绍了“九族”与“十义”。社会的绵延延续传承，需要教育儿童知晓家族中的各种亲属关系，培养自己在家庭中的责任感与义务观。

第三节　学孝道:《增广贤文》

【按语】

《增广贤文》是一部极有影响力的蒙学读物，又名《昔时贤文》《古今贤文》，汇辑了流传广泛的民间俗语及古代诗文中深含寓意的流畅语句。该书编者不详，书名最早见于明代万历年间的戏曲《牡丹亭》，后经过明清两代文人增补，将格言排列在一起，三言四言五言交错而出，以有韵的谚语、格言、佳句呈现，读起来朗朗上口。其内容讨论了为人处世，强调读书、积德、行孝的可贵，体现了正统的儒家精神，对个人的修身立命具有借鉴价值。

【原文】

君子爱财，取之有道；贞妇爱色，纳之以礼。善有善报，恶有恶报；不是不报，日子未到。万恶淫为首，百行孝当先。

羊有跪乳之恩，鸦有反哺之义。孝顺还生孝顺子，忤逆还生忤逆儿，不信但看檐前水，点点滴滴旧窝池。隐恶扬善，执其两端。妻贤夫祸少，子孝父心宽。

【译文】

品德高尚的君子也喜欢钱财，但要用正当的手段去求取；女子都喜欢美丽，但要按照礼仪规范。做善事就一定有好报，做恶事应会有恶报；不是不报，只因时机未到。各种罪恶之中以淫乱为罪魁祸首，各种行为当中以孝顺最为重要。

羊羔有跪下接受母乳的感恩行为，小乌鸦有衔食反喂母鸦的情义。孝顺的人生的孩子也孝顺，忤逆不孝的人所生养的孩子也会是逆子，如果不相信，只要看看屋檐滴下的水，一点一滴都流进了旧坑里。不应该揭露别人的短处，应多宣扬别人的好处，尽力掌握好这两个问题。妻子如果贤惠，丈夫就少遭祸患；儿子如果孝顺，父亲就心情舒畅。

【解读】

羊跪乳，鸦反哺，动物尚知报答养育之恩，人岂能不为父母尽孝？孝道传承需要为人父母者言传身教，父母对待老人的言行会被自己的后代模仿。不孝之人得不孝之子。想要妻贤子孝，自己就要先做好榜样。

【原文】

莫把真心空计较，儿孙自有儿孙福。天下无不是的父母，世上最难得者兄弟。与人不和，劝人养鹅；与人不睦，劝人架屋。

架上碗儿轮流转，媳妇自有做婆时。人生一世，如驹过隙。良田万顷，日食三升；大厦千间，夜眠八尺。千经万典，孝悌为先。

为官须作相，及第早争先。苗从地发，树由枝分。父子亲而家不退，兄弟和而家不分。

【译文】

不要一门心思空打算，子孙自然会有他们自己的福分。天下没有不好的父母，人生最难得的是骨肉兄弟。如果与别人合不来，要想想古人养鹅不扰邻居的行为（古代养鹅有吉利之义，使人从鹅身上学到团结可贵的品质，能增进邻里感情）；如果与别人不和睦，要想想古人盖房子通力合作的精神。

厨架上的碗碟轮流转用，再年轻的媳妇也有当婆婆的时候。人活一辈子，就像白驹过隙般转瞬即逝。有万顷良田的人，每天也不过吃三升米；有大厦千间的人，每晚也不过睡八尺的地方。千万种经典讲的都是一个道理，孝顺父母、友爱兄弟应是最先做到的。

做官应努力做到宰相，考中科举也要越早越好。禾苗在土地里发芽，大树是由枝干上分杈。父子亲近，家道就不会衰退；兄弟和睦相处，家庭就不会分裂。

【解读】

从人之常情来看，父母总是无私地为了儿女的好；儿女要将心比心，体会到父母的大爱。就此而言“天下无不是的父母”。儒家的经典无非就是讲道理，最根本的道理就来自孝悌，所以说“千经万典，孝悌为先”。做好了孝悌之事，一些道理自然就会贯通。只有夫妻还不是一个真正的家庭，既有夫妻，又有父子才是一个基本的家庭。在夫妻与父子的双重关系中，孝道才是联结的枢纽。为人父母，为了儿孙将来计，要广积德，这不仅是为人父的要求，也是个人立身行世的基础。若不积德，那人生的道路将相当危险。

第四节　识孝理:《弟子规》

【按语】

《弟子规》为清代李毓秀编写的三言韵文。它以《论语·学而》篇“弟子入则孝，出则弟，谨而信，泛爱众，而亲仁，行有余力，则以学文”为中心，分为“总叙”“入则孝”“出则信”“谨”“信”“泛爱众”“亲仁”“余力学文”八个部分。全文共 360 句、1080 个字，核心思想是儒家的孝悌仁爱。

【原文】

父母呼，应勿缓。父母命，行勿懒。父母教，须敬听。父母责，须顺承。冬则温，夏则清。晨则省，昏则定。出必告，反必面。

居有常，业无变。事虽小，勿擅为；苟擅为，子道亏。物虽小，勿私藏；苟私藏，亲心伤。

【译文】

父母有事呼唤我们，我们应及时回答，不要慢吞吞的，半天不吱一声。父母有事吩咐我们去做，我们要立刻动身去做，不可借故拖延或推辞偷懒。父母教导我们为人处世的道理，我们应该恭恭敬敬地聆听。对父母的责备，不要有抵触情绪，要顺从地接受。侍奉父母得用心去侍奉，黄香是汉代的著名孝子，为了让父亲晚上睡得踏实，夏天睡前黄香会帮父亲把床铺扇凉，冬天睡前黄香会为父亲温暖被窝。早晨起床之后，应该先去探望父母，向父母请安问好。晚上要照顾父母睡好觉。外出办事时，应禀告父母，让父母知道自己的去向。回来后，要面告父母，以免父母为自己担忧。居住要有固定的处所，职业要稳定，不能经常变来变去。纵然事情不大，但也不能擅自做主，不向父母禀告就把事情给办了，这样做是不对的。倘若我们为人处世不谨慎，任性而为，就容易出差错，有损为人子女的本分，让父母替自己担心，是不孝之举。公物虽小，也不可以私自占为己有。倘若私自藏匿，父母知道了一定很伤心。

【解读】

《弟子规》在它的“总叙”中明确了“首孝悌”，即把孝作为最初之学。这一段是“入则孝”的前半部分，给学生讲了一些具体的孝行，文句通俗易懂。大致意思是父母招呼的时候，儿女应尽快应答，父母令做事时，儿女的行动要迅速，父母进行教导时，儿女要恭敬听从，父母责备时，儿女应顺从的接受等等。后面还举了黄香冬温夏凊的典故来加深学生的孝心培养。

【原文】

亲所好，力为具；亲所恶，谨为去。身有伤，贻①亲忧；德有伤，贻亲羞。亲爱我，孝何难。亲憎我，孝方贤。亲有过，谏使更，怡②吾色，柔吾声；谏不入，悦复谏，号泣随，挞无怨。亲有疾，药先尝，昼夜侍，不离床。丧三年，常悲咽，居处变，酒肉绝。丧尽礼，祭尽诚。事死者，如事生。

【注释】

① 贻（yí）：赠送，遗留。

② 怡（yí）：使……喜悦、快乐。

【译文】

凡是父母所喜爱的东西，我们一定要尽我们的努力为父母备办齐全。凡是父母所厌恶的东西，我们一定要小心谨慎地处理掉。倘若我们的身体受到伤害，难免会让父母担忧。倘若我们的德行有了污点，会让父母蒙羞受辱。父母爱我们，我们孝顺和恭敬父母，这并不是一件难事。倘若父母并不爱我们，而我们又能孝顺和恭敬父母，这才是真正的大孝。倘若父母有了过失，我们要好好劝勉父母改过。劝勉的时候一定要和颜悦色，声调柔和。倘若父母不接受子女的规劝，子女也不应着急，不妨等父母情绪好转的时候再予以规劝。倘若父母还是不听从我们的规劝，子女应哭泣着恳请他们改过，倘若父母生了气，动手打了子女，子女也要心甘情愿地接受，不能有怨言。父母生病时，煎好的汤药，做子女的一定要先尝一尝。照看生病的父母，要日夜轮换着在床前服侍，不离开一步。父母去世后，应守三年的孝，要常常哀伤痛苦，追思父母的抚育之恩。自己的生活起居必须做出调整和改变，不能贪图享乐，应该戒绝酒肉。办理父母亲的丧事应遵行礼仪，祭祀时要在态度上表达出极大的诚恳。对待去世多年的父母，要像父母还活着时一样恭敬。

【解读】

这一段主要是教导孝行的一些具体做法，从父母所好、所恶到祭祀父母的态度等方面都对儿女做了要求。当然，它也存在一些需要对传统孝道进行批判发展的地方。如“亲憎我，孝方贤”，就算父母对儿女不好，儿女也要办法尽心尽力孝敬父母。这其中即把孝的责任与义务完全抛到子女这一端而未全面考虑到父母与子女间的相互关系问题。

第五节 践孝行:《幼学琼林》

【按语】

《幼学琼林》原名《幼学须知》，又称《成语考》《故事寻源》，作者是明末的程允升。全书分四卷，共三十三节，总两万余字，是传统蒙书篇幅之最。全书以偶句写成，警句、格言俯拾皆是，容易诵读，便于记忆。它宣扬百善之首的孝道，强调良好的家庭关系建立。这方面的论述主要集中于卷二的“祖孙父子”部分。

【原文】

何谓五伦？君臣、父子、兄弟、夫妇、朋友；何谓九族？高、曾、祖、考、己身、子、孙、曾、玄。始祖曰鼻祖，远孙曰耳孙。父子创造，曰肯构肯堂；父子俱贤，曰是父是子。祖称王父，父曰严君。父母俱存，谓之椿萱①并茂；子孙发达，谓之兰桂腾芳。

【注释】

① 椿（chūn）萱（xuān）：父母的代称。古代称父为“椿庭”，母为“萱堂”。

【译文】

什么叫作五伦？就是君臣、父子、夫妇、兄弟、朋友。什么称为九族？就是高祖、曾祖、祖父、父亲、自己、儿子、孙子、曾孙、玄孙。始祖又称鼻祖，远代的孙子叫耳孙。父子创业有成，叫作“肯构肯堂（原意是儿子连房屋的地基都不肯做，哪里还谈得上肯盖房子。后反其意而用之，指修缮房屋，喻为子承父业，家族兴旺）”；父子都很贤能，就叫作“是父是子（意为有这样优秀的父亲就有这样优秀的儿子）”。祖父又称作王父，父亲也可称严君。父母都健在，称作“椿萱并茂（椿树和萱草都很茂盛。喻为父母健康长寿）”；子孙都发达，称作“兰桂腾芳（芝兰和丹桂是儿孙的美称。芝兰和丹桂一起散发芬芳。喻为子孙显贵发达）”。

【解读】

首明父子之大伦常，九族就是父子关系的一脉相承。父慈子孝是父子关系的良好表现，“是父是子”即对这一状态的肯定。“肯构肯堂”是孝道的要求之一。在古代父与君有统一性，孝父和忠君同等重要,所以“父曰严君”。最后的“椿萱并茂”、“兰桂腾芳”可以说就是一幅传统家庭的理想图景。

【原文】

生子当如孙仲谋，曹操羡孙权之语；生子须如李亚子，朱温叹存勖之词。菽水①承欢，贫士养亲之乐；义方是训，父亲教子之严。绍箕②裘，子承父业；恢先绪，子振家声。具庆下，父母俱存；重庆下，祖父俱在。燕翼贻谋，乃称裕后之祖；克绳祖武，是称象贤之孙。称人有令子，曰麟趾呈祥；称宦有贤郎，曰凤毛济美。弑父自立，隋杨广之天性何存；杀子媚君，齐易牙之人心奚在。分甘以娱目，王羲之弄孙自乐；问安惟点颔，郭子仪厥孙最多。

【注释】

① 菽（shū）水：豆和水，指普通饮食。

② 箕（jī）：畚（běn）箕，古代时用荆条或草绳或篾竹等编成的筐类盛器。

【译文】

生的儿子要像孙仲谋那样，这是曹操赞赏孙权的话；生的儿子应像李亚子一样，这是朱温赞叹李存勖的话。用豆子和水来博取双亲的欢喜，这是贫穷人家奉养父母的快乐；用家规进行教育，这是父亲教育儿子的严格。绍箕裘是说儿子继承父辈的事业，恢先绪是说儿子振兴家族声望。具庆下是指父母都健在，重庆下是指祖父母及父母都健在。燕翼诒谋，是指为子孙发展规划好的祖辈人；克绳祖武，是指能效法先人贤德的子孙。夸奖别人有好儿子，称为麟趾呈祥；赞扬官宦有好儿子，称为凤毛济美。杀了自己的父亲而登上皇位，隋朝杨广的天性何在？杀了儿子来取媚于国君，齐国易牙的人心何在？把甜美的水果分给子孙用以悦目，是说王羲之和子孙一起使自己开心；问安的时候只能点头，是说郭子仪的子孙多得不计其数。

【解读】

《孝经》中说："立身行道，扬名于后世，以显父母，孝之终也。"光耀父母是孝道应实现的目标，孙权和李存勖就是历史上令人羡慕的两个好儿子。"菽水承欢"说明物质上子女在力所能及的范围内供养父母即可，关键在精神上还要让父母愉悦才行。"燕翼贻谋"是赞美祖先为后代造福，"克绳祖武"是要求今人能效法先贤，子孙应学习家族中贤能的先辈。暴君隋炀帝杀害了他的亲生父亲，这是丧失人性、不可接受的，千年来只能遭受人们的唾骂。王羲之弄孙自乐，其乐融融，这才是家庭中应有的样子。

【原文】

和丸[①]教子，仲郢母之贤；戏彩[②]娱亲，老莱子之孝。毛义[③]捧檄，为亲之存；伯俞[③]泣杖，因母之老。慈母望子，倚门倚闾[5]；游子思亲，陟岵陟屺[6]。无差等，曰兄子如邻子；分有相同，曰吾翁即若翁。

【注释】

①和（huò）丸：《旧唐书·柳仲郢传》记载唐代柳仲郢（yǐng）的母亲用苦参、黄连和熊胆制成小丸，让他在夜间嚼食用来提神，以便努力学习。

②戏彩：《孝子传》记载古代孝子老莱子七十三岁时，为逗父母高兴，穿着五彩衣，学婴儿啼哭，还假装跌倒。

③毛义：《后汉书·刘平传序》记载汉代人毛义是个大孝子，他接受朝廷的檄（xí）书（古代用来征召的文书）做官是为了养活母亲。母亲死后，他就弃官回家了。

④伯俞：《说苑·建本》记载汉代人韩伯俞很孝顺。他有过错时，母亲拿棍子打他，他哭了起来，母亲问他以前为什么不哭，他回答说："以前打得很痛，知道母亲身体很健康，这次打得不痛，知道母亲没有力气，所以伤心。"

⑤闾（lǘ），古代巷子的门。

⑥陟（zhì）岵（hù）陟（zhì）屺（qǐ）：指游子思念双亲。《诗经·魏风·陟岵》说：登上岵（有草木的山）瞻望父亲，登上屺（无草木的山）瞻望母亲。

【译文】

用黄连、苦参和熊胆做成小丸教育儿子，这是说柳仲郢母亲的贤德。穿着彩色的衣服让父母开心，这是说老莱子守孝道。毛义接受诏书做官，为的是养活自己的母亲。韩伯俞受了杖责而哭泣，是因为母亲年老体衰。慈母盼望远行的儿子归来，要么靠着门而望，要么站在巷口而望；游子思念家中的双亲，登上高山眺望家乡的方向。对晚辈的关爱应该要没差别地对待，自己兄长的儿子和邻居的儿子要一样对待；对长辈的名分应当相同，所以刘邦对项羽（两人为结拜兄弟）说：我的父亲就是你的父亲。

【解读】

这一段作者列举了历史上许多著名的例子说明父母与子女间相亲相爱的关系。子远游，母盼归；远游子，思父母。这样的事情无不令人动容。家人之间的亲情一直都在滋润着我们，把家庭之中的这种情感往外扩充，使“老吾老，以及人之老；幼吾幼，以及人之幼”。“长男为主器，令子可克家。”在古代宗族中，同辈中长子承担着最重要的责任。《幼学》对女子之孝也有论及，如：“缇萦上书而救父，卢氏冒刃而卫姑，此女之孝者。”虽然古代有男尊女卑的倾向，但是孝道对男女的要求没有差别，女子力量稍显薄弱，尽孝之事也不能有懈怠。在“疾病死丧”节有“树欲静而风不息，子欲养而亲不在”的话，提醒人们孝敬父母之事是不能等待的，不然就是人生的大遗憾。

第十章　历代家训与孝文化

第一节　家训概说

家训，是某一家族中祖辈对晚辈所作的教诫与训示，其内容既有编者自己制定的，也有取材于祖上的遗言、族规和乡约。

我国传统家训发轫于先秦，《尚书》中的《无逸》是第一篇完全意义上的家训。汉代到三国两晋南北朝是家训的发展期。《后汉书》已出现了“家训”一词。这期间也产生了大量的家训作品，比较有代表性的有汉高祖刘邦的《手敕太子文》、刘向的《戒子歆书》、班昭的《女戒》、郑玄的《戒子益恩书》、诸葛亮的《诫子书》和《诫外甥书》、嵇康的《家诫》、夏侯湛的《昆弟诰》、陶渊明的《与子俨等疏》和《命子》等。不同于先秦时是由别人记录，这一时期的家训是作者自觉的著述。隋唐时期是家训的成熟期，成书于隋代的颜之推的《颜氏家训》是我国现存最早、影响最大的成熟性家训专著。陈振孙称其为“古今家训，以此为祖”。除了《颜氏家训》外，李世民的《帝范》、狄仁杰的《家范》和李商隐的《家范》等都是成熟的家训专著。到了宋元明清，我国的传统家训就全面进入了鼎盛期，这时的家训数量之多空前绝后，各种类型的家训都得到了充分的发展，社会上教家训子的风气也不断弥漫，这一时期的家训代表作有刘清之的《戒子通录》、司马光的《温公家范》、郑太和的《郑氏规范》、袁采的《袁氏世范》、明仁孝文皇后的《内训》和康熙帝的《庭训格言》等。

据《尚书》的记载，周公就已经开始以家训进行孝道教化。他在训诫康叔时不仅倡导孝道，甚至将“不孝不友”直接视为“无恶大憝”，规定绳之以法、“刑兹无赦”。清代学者孙奇逢在《孝友堂家训》中说：“父慈、子孝、兄友、弟恭，本之本也。”清代学者石成金在《后事十条》中嘱咐子弟：“凡出言行事，俱守我之仁厚勤俭，不堕家声，是即孝道矣。”可见，孝在家训中一直被视为立身之大本。尽管古代社会强调三纲五常，要求“父为子纲”，但在很多家训中都要求慈与孝相对应，特别是父辈应先以身立范。司马光在其《居家杂仪》中开篇即讲“凡为家长，必谨守礼法，以御群子弟及家众”。

家训充满了许多治家教子的名言警句，是治家良策、修身齐家的典范。家训的主旨推崇忠孝节义、教导礼义廉耻，兼有劝谕和约束的功能。它通过一系列的倡与禁，对个人的修身与齐家发挥着重要的作用，是家庭与家族兴旺发达的规范保障。我国的传统家训充当着家庭礼法的角色，用以保证家庭和家族的正常运转。古代中国社会的细胞是家庭，家庭扩展为家族，再向上扩展到国家。齐桓公曾问如何修明政务，管子的回答是：“公修公族，家修家族，使相连以事，相及以禄，则民相亲矣。”因此，家训对于维护国家与社会的秩序具有很重要的作用。当然，家训毕竟是封建社会的产物，以现代视角来看它难免会有不合时宜的内容存在，现在我们应该辩证看待，弃传统家训之糟粕，取传统家训之精华。

第二节　以孝齐家:《颜氏家训》

【按语】

《颜氏家训》是我国历史上第一部内容丰富而系统、体制宏大且完备的家训著作。作者颜之推，出身南朝士族，一生历经梁周齐隋四朝，饱经患难。独特的人生经历造就了这部经典的传世佳作。全书共20篇，主要内容大致可分为家庭伦理、品德智能、思想方法、养生处世、学术与杂艺知识教育五方面。其内容以儒家思想为正统，明修身齐家之理，为后世士大夫所推崇。沈揆在《颜氏家训》跋中说："此书虽辞质义直，然皆本之孝弟，推以事君上，处朋友乡党之间，其归要不悖六经"，说明孝道是书中的思想主旨。

【原文】《教子第二》

古者，圣王有胎教之法：怀子三月，出居别宫，目不邪视，耳不妄听，音声滋味，以礼节之。书之玉版，藏诸金匮[①]。生子孩提，师保[②]固明孝仁礼义，导习之矣。凡庶纵不能尔，当及婴稚，识人颜色，知人喜怒，便加教诲，使为则为，使止则止。比及数岁，可省笞罚。父母威严而有慈，则子女畏慎而生孝矣。

吾见世间，无教而有爱，每不能然；饮食运为，恣其所欲，宜诫翻奖，应呵反笑，至有识知，谓法当尔。骄慢已习，方复制之，捶挞至死而无威，忿怒日隆而增怨，逮于成长，终为败德。孔子云："少成若天性，习惯如自然"是也。俗谚曰："教妇初来，教儿婴孩。”诚哉斯语！

【注释】

①金匮：亦作“金柜”，以金属制成的藏书柜，泛指国家藏书之处。

②师保：古代负责教导皇室贵族子弟职责的官员。

【译文】

古时候，圣王有所谓“胎教”的方法：妃后怀孕三个月的时候，就要住到专门的宫殿，不看不该看的东西，不听不该听的声音，日常生活中的所听所食，都严格按照礼节去做。这种胎教的方法，都写在玉版上，藏在铜柜里。待孩子到了孩提之时，负责教导这些贵族子弟的师保开始对他进行孝、仁、礼、义的教育训练。普通人家的孩子纵然不能如此，也应当在孩子知道辨识大人的脸色，明白大人的喜怒时及时加以教诲，使他懂得该做的就及时去做，不该做的就绝不能做。等他长大几岁时，就可不必使用打竹板的方式来使其反省了。当父母的平时威严且慈爱，子女就会敬畏谨慎，从而产生孝心。

我看人世间，许多父母不知教育而只是溺爱子女，往往做不到这些。他们对子女的吃喝玩乐，任意放纵，本应告诫的，反而奖励，本应斥责的，反而面露笑容加以赞赏，等孩子懂事后，还以为道理本当如此。等到孩子骄横傲慢的习气已经养成，父母才去制止它，就是把子女鞭抽棍打至死也树立不起威信，父母火气一天天增加，招致子女的怨恨也日日积累，等到子女长大成人，终究会成为一个道德败坏的人。这就是孔子所说的“少成若天性，习惯如自然”的道理。俗话又说：“教媳妇趁新到，教儿子要赶早。”这话一点不假啊！

【解读】

《颜氏家训》特别重视对子女的孝伦理教育，君王的孩子生下来，会哭会笑了，就由师保即古代负责教导皇室贵族子弟职责的官员用仁孝礼仪来训导教育。普通百姓虽然没有这种条件，但也要在其开始懂得观察大人的脸色、知道大人喜怒时，就进行教育。这样等到孩子几岁以后，便会懂事而免遭皮肉之苦。对子女的教育必须趁早，若到习性养成时再纠正就很难了。在这里颜之推还强调对子女的教育既要慈爱又要严厉，作为父母，既有威严又有慈爱，那么子女便有所畏惧，言行谨慎，将来恭敬孝顺。

【原文】《养生第十五》

夫生不可不惜，不可苟惜。涉险畏之途，干祸难之事，贪欲以伤生，谗慝[①]而致死，此君子之所惜哉！行诚孝而见贼，履仁义而得罪，丧身以全家，泯躯而济国，君子不咎也。自乱离已来，吾见名臣贤士，临难求生，终为不救，徒取窘辱，令人愤懑。侯景之乱，王公将相，多被戮辱，妃主姬妾，略无全者。唯吴郡太守张嵊[②]，建义不捷，为贼所害，辞色不挠；及鄱阳王世子谢夫人，登屋诟怒，见射而毙。夫人，谢遵女也。何贤智操行若此之难？婢妾引决若此之易？悲夫！

【注释】

①慝（tè）：邪恶，恶念。

②张嵊（shèng）：字四山，南朝梁人，曾领兵讨伐侯景，兵败被杀。建义：发动义军讨伐侯景。

【译文】

生命不能不珍惜，但也不能毫无原则地吝惜。踏上危险可怕的道路，做下招灾蒙难的事情，追求欲望的满足而损伤身体，进谗言藏恶念而枉送性命，君子应该珍惜生命，不应该做这些事；如果是奉行忠孝而被杀害，施行仁义而获罪责，舍身以保全家，捐躯以拯救国家，君子是不会抱怨的。自从梁朝丧乱以来，我看见许多名臣贤士，临难求生，终未获救，白白地自找羞辱，真是令人愤懑啊。侯景之乱，王公将相，大都受辱被杀，妃主姬妾，几乎没有得以保全的。只有吴郡太守张嵊，兴师讨贼未能取胜，被叛贼杀害，临终之时，言辞神色毫无屈服；还有鄱阳王世子萧嗣之妻谢夫人，登上房屋怒骂群贼，被乱箭射死。谢夫人是谢遵的女儿，为什么贤德智慧的官绅们坚守操行是如此困难，婢女妻妾自杀成仁却是如此容易？真是可悲啊！

【解读】

《孝经》中说："身体发肤，受之父母，不敢毁伤，孝之始也。"在儒家看来，保护好自己的身体是尽孝的前提条件与开端。颜之推在《养生》篇中说一个人若想养生，首先必须考虑避免灾祸，保全身心性命，有了这个生命才能谈得上保养它，不至于突然保养那种不能生存下去的生命。单豹注重内心世界的修养，却被老虎却吞食了他的身体。张毅注重外在身体的保养，却被疾病侵扰了他的内心世界。嵇康虽然写过《养生论》，却因为傲慢得罪了权贵而被处死。石崇希望服药能使体魄强健，却因为贪于钱财女色而招致杀身之祸。生命不能不爱惜，但也不能苟且偷生。步入危险之路，从事招灾之事，贪图私欲而伤害性命，心存邪恶而招致死亡，这些都是使君子倍感惋惜的。为人忠孝却被杀害，身行仁义而获罪名，牺牲自己保全家庭，为国捐躯解救危难，对这种行为君子是不会加以责备的。忠与孝是联系在一起的，养生以维护家族利益和国家利益为至上原则。

【原文】《终制第二十》

孔子之葬亲也，云："古者墓而不坟，丘东西南北之人也，不可以弗识也。"于是封之崇四尺。然则君子应世行道，亦有不守坟墓之时，况为事际所逼也。吾今羁旅，身若浮云，竟未知何乡是吾葬地，唯当气绝便埋之耳。汝曹宜以传业扬名为务，不可顾恋朽壤，以取湮没也。

【译文】

孔子安葬亲人时说："古代的墓是没有土堆的。我孔丘是四处奔走、居无定所的人，不能不在墓地上留个标识。"于是在墓上造了个土堆，只有四尺高。这样看来君子处世行道，也有不能守着坟墓的时候，何况为时势所逼而无法守墓呢？我现在寄居在外，自身就如同浮云一样飘荡不定，连何处是我的葬身之地都不知道，在我断气以后，随地埋葬就行了。你们应以继承功业、弘扬美名为要事，不可顾恋朽骨坟土，以至于埋没了自己的前程。

【解读】

孟子曾说："养生者不足以当大事，惟送死可以当大事。"古代中国特别强调以礼安葬和祭祀父母。颜之推反对厚葬，他在《终制》篇中留下遗嘱，要求死后丧事从简，并对一些具体的事宜做了规定。他告诫子孙将来如果违背他的心愿，让葬礼规格超过他的母亲，就是要陷他于不孝。他一方面怕葬礼太过隆重超过母亲而招致不孝的骂名，一方面也是为子孙后代着想，使子孙有更多的精力放在现世人事上。在全书的最后，作者要求子孙们要以传承家业播扬名声为己任。因为佛教在当时流行，颜之推也相信佛教，他要求子孙把盂兰盆节也即中元节作为祭祀先祖的节日，通过祭祀来报答父母的恩情，一抒思念亲人的悲伤。此书中的孝道观符合传统社会主流的儒家思想，又有一定的权变，在中国文化史上对孝道的传播和发展都起到了一定的推动作用，其中的一些思想对促进现代社会主义家庭精神文明建设、良好家风的养成都有一定的积极意义。

第三节　儒训大成：《朱子家训》

【按语】

《朱子家训》，又名《朱子治家格言》，是训家教子的启蒙名篇。作者朱柏庐是明末清初著名理学家、教育家。全文仅500余字，词句通俗易懂，内容简明赅备，对仗工整，朗朗上口，问世以后，家喻户晓，被士人尊为"治家之经"。它精辟地阐明了修身治家之道，其中许多内容也很好地传承了中华优秀传统文化，在今天仍有极强的现实教育意义。

【原文】

黎明即起，洒扫庭除，要内外整洁；既昏便息，关锁门户，必亲自检点。一粥一饭，当思来处不易；半丝半缕，恒念物力维艰。宜未雨而绸缪，毋临渴而掘井。自奉必须俭约，宴客切勿流连。器具质而洁，瓦缶[①]胜金玉；饮食约而精，园蔬愈珍馐。勿营华屋，勿谋良田。三姑六婆，实淫盗之媒；婢美妾娇，非闺房之福。奴仆勿用俊美，妻妾切忌艳妆。祖宗虽远，祭祀不可不诚；子孙虽愚，经书不可不读。居身务期质朴，教子要有义方。勿贪意外之财，勿饮过量之酒。与肩挑贸易，毋占便宜；见贫苦亲邻，须加温恤。刻薄成家，理无久享；伦常乖舛[②]，立见消亡。兄弟叔侄，须分多润寡；长幼内外，宜法肃辞严。听妇言，乖骨肉，岂是丈夫？重资财，薄父母，不成人子。嫁女择佳婿，毋索重聘；娶媳求淑女，勿计厚奁[③]。见富贵而生谄容者，最可耻；遇贫穷而作骄态者，贱莫甚。居家戒争讼，讼则终凶；处世戒多言，言多必失。勿恃势力而凌逼孤寡，毋贪口腹而恣杀生禽。乖僻自是，悔误必多；颓惰自甘，家道难成。狎昵恶少[④]，久必受其累；屈志老成，急则可相依。轻听发言，安知非人之谮诉[⑤]？当忍耐三思；因事相争，焉知非我之不是？需平心暗想。施惠勿念，受恩莫忘。凡事当留馀地，得意不宜再往。人有喜庆，不可生妒忌心；人有祸患，不可生喜幸心。善欲人见，不是真善；恶恐人知，便是大恶。见色而起淫心，报在妻女；匿怨而用暗箭，祸延子孙。家门和顺，虽饔飧[⑥]不继，亦有馀欢；国课早完，即囊橐[⑦]无馀，自得至乐。读书志在圣贤，非徒科第；为官心存君国，岂计身家？守分安命，顺时听天；为人若此，庶乎近焉。

【注释】

①瓦缶（fǒu）：是一种瓦质容器，俗称瓦罐。

②伦常乖舛（chuǎn）：伦是指人伦，即君臣、父子、夫妇、兄弟、朋友。常是指五常，即仁、义、礼、智、信。伦常就是人类相处的伦理道德。乖舛，乖是冲突的意思，舛是错乱的意思。

③奁（lián）：嫁妆，旧时为嫁女而置备的衣物、用具。

④狎（xiá）昵（nì）：不拘礼节的亲近叫狎昵。恶少，即行为不良的少年。

⑤谮（zèn）诉：以虚伪的事实诬陷别人。

⑥饔（yōng）飧（sūn）：早餐叫饔，晚餐则叫飧。饔飧是一日三餐的意思。

⑦囊（náng）橐（tuó）：大袋叫囊，小袋叫橐。

【译文】

每天天刚刚亮就要起床，先洒水打湿庭堂内外的地面然后扫地，使庭堂内外整洁；天刚刚黑的时候就休息，并亲自查看一下要关锁的门户。对于每一顿饭，我们都要想到来之不易；对于衣服的半根丝或半条线，我们也要常常想着这些物资的产生是多么的艰难。凡事先要准备，在下雨前修补完善房子，不要等到口渴的时候才来掘井。自己生活上一定要勤俭节约，宴会宾客的时候一定不要沉迷不止。使用的器具质朴而干净，就算是用泥土做的瓦器，也比金玉制的好；食品节约而精美，虽是园里种的蔬菜，也胜于山珍海味。不要营造华丽的房屋，不要图买肥沃的田地。三姑六婆这类人做的事情都不正派，家养美丽的婢女和娇艳的姬妾，这不是家庭的幸福。家僮、奴仆，不可雇用英俊美貌的，妻妾切不可有艳丽的妆饰。祖宗虽然离我们年代久远了，但是祭祀时却仍要虔诚；子孙即使愚笨，教育也是不容怠慢的，一定让他们多读经典著作。自己生活节俭，以做人的正道来教育子孙。不要贪图不属于你的钱财，不要饮酒过量。和做小生意的挑贩们做买卖，不要占他们的便宜。看到穷苦的亲戚或邻居，要关心他们，并且要给他们以金钱或其它的援助。对人刻薄而发家的，绝对不会长久的享受。行事违背伦常的人，那么离毁灭的日子就不远了。兄弟叔侄之间要互相帮助，富有的要资助贫穷的；长幼辈分之下，礼法应该谨严，谈话应该庄重。听信妇人挑拨，而伤了骨肉之情，那里配做一个大丈夫呢？看重钱财，而薄待父母，不是为人子女的道理。嫁女儿，要为她选择贤良的夫婿，不要索取大量的贵重聘礼。娶媳妇，要求娶贤淑的女子，不要贪图丰厚的嫁妆。看到富贵的人，便做出巴结讨好的样子，是最可耻的。遇着贫穷的人，便作出骄傲的态度，是最鄙贱不过的。居家过日子要尽量避免争斗诉讼，不然就会有不好的结果。为人处世不可多说话，言多必失。不可用势力来欺凌压迫孤儿寡妇，不要贪口腹之欲而任意地宰杀牛羊鸡鸭等动物。性格古怪，自以为是的人，必会因常常做错事而懊悔。颓废懒惰，沉溺不悟，很难成家立业。亲近不良的少年，日子久了，必定会受牵累。恭敬自谦，虚心地与那些阅历多而善于处事的人交往，遇到急难的时候，就可以受到他的指导或帮助。轻易相信别人说的话，如何知道那不是诬蔑人的坏话呢？要再三思考。因事相争，要冷静反省自己，因为怎知道不是我的过错？对人施了恩惠，不要老是记在心里。接受了他人的恩惠，一定要常记在心，找机会报答。做任何事情当留有余地。得意以后，就要适可而止。他人有了喜庆的事情，不可有妒忌之心。他人有了祸患，不要幸灾乐祸。做了好事想要别人知道，就不是真正的善人。做了坏事唯恐被人知道，就是真的恶人。看到美色就起邪心的，将来就会报应在自己的妻女身上。怀怨在心而暗中伤害人的，将会替自己的子孙留下祸根。家里和睦，就算缺衣少食，也觉得快乐。尽快缴完赋税，即使口袋没有剩余也自得其乐。读圣贤书，目的在学圣贤的行为，不只是为了获取功名。做官要有忠君爱国的思想，怎么可以考虑自己和家人的享受？守住本分，顺应天命。做人能够这样，那就差不多接近最佳境界了。

【解读】

《朱子家训》关于孝道的论述主要在于祭祀宗祖、分明长幼、维伦常和正父母等问题。文中有言：“祖宗虽远，祭祀不可不诚”，对于祖先要怀着真诚、敬畏的心去祭拜，切不能随意。若对祖先不恭，那么对父母也会难免怠慢。“伦常乖舛，立见消亡”，五伦中父子是核心，孝悌是基础，由孝出发建立的人伦关系是不容紊乱的。“长幼内外，宜法肃辞严”，在儒家传统观念看来，长幼尊卑是人际交往过程中的一项重要原则，而这也是由孝道思想演化来的，对长辈要恭敬。在欧美西方国家提倡父子平等，父子可以是朋友关系，但在中国传统观念里，父慈子孝才是合理的相处之道。"重资财，薄父母，不成人子"，这句话告诫我们人生的物质追求不能没有限制，只有在敬养好父母的基础上才能再追求功名利禄，若把父母抛在脑后，那是大不孝。

第四节　仁孝致祥:《曾国藩家训》

【按语】

曾国藩（1811—1872），湖南湘乡人，中国晚清著名政治家，官至两江总督、直隶总督、武英殿大学士，封一等毅勇侯，谥曰文正。对曾国藩的评价，后世褒贬不一，但无人不佩服他在教育子弟方面所获得的巨大成功。他的治家理论与方法，既具体完备，又感人至深。他根据祖父曾玉屏的治家遗规，结合自己的见解，从读书做人、保养身心、谨守家风和政治军事等诸多方面对弟子侄们细心开导，培养出了曾国荃、曾纪泽、曾广均和曾约弄等众多优秀的人才。曾国藩的家庭教育观在中国近现代教育史上有重要的地位，对当时的士人学子都起了不小的影响。曾国藩是一代理学家，其家训也以儒家思想为主，他在家庭问题上尤为看重孝悌伦理。

【原文】道光二十九年四月十六日《致澄弟温弟沅弟季弟》

吾细思凡天下官宦之家，多只一代享用便尽。其子孙始而骄佚[①]，继而流荡，终而沟壑，能庆延一二代者鲜矣。商贾之家，勤俭者能延三四代；耕读之家，谨朴者能延五六代；孝友之家，则可以绵延十代八代。我今赖祖宗之积累，少年早达，深恐其以一身享用殆尽，故教诸弟及儿辈，但愿其为耕读孝友之家，不愿其为仕宦之家。诸弟读书不可不多，用功不可不勤，切不可时时为科第仕宦起见。若不能看透此层道理，则虽巍科显宦，终算不得祖父之贤肖，我家之功臣。若能看透此层道理，则我钦佩之至。

【注释】

① 佚（yì）：放肆。

【译文】

我仔细思索着这样一个问题，大凡天下做官的人家，其福禄大多只享用一代就没有了。他们的子孙起初骄横放肆，接着流落放荡，最终弃尸溪谷，能够庆幸绵延一到两代者不多见。做生意的人家，勤劳俭朴者能够绵延三到四代。既耕作又读书的人家，谨慎朴实者能够绵延五至六代。孝顺父母、友爱兄长的人家，则可以绵延十代八代。我现今依靠祖宗所积累下来的恩德，少年得志，深深忧虑我自己一个人会把这种恩德享用殆尽，所以告诫各位弟弟及儿辈们，但愿成为耕读孝友之家，不可成为做官的人家。各位弟弟读书不可不多，用功也不可不勤，千万不能时时存有读书为了做官的想法。如果不能看透这其中的道理，即使是科考中榜名列前茅、做了显赫之官，终究算不得祖父之贤能子孙，也算不得我们曾家之功臣。如果能看透这其中的道理，则是我所钦佩之至的人。

【解读】

曾国藩在这里教导他的弟弟们说大凡天下做官的人家，其福禄大多只享用一代就没有了，子孙最终会被人弃尸溪谷；而做生意的人家，勤劳俭朴者能够绵延三到四代；既耕作又读书的人家，谨慎朴实者能够绵延五至六代；孝顺父母、友爱兄长的人家，则可以绵延十代八代。读书不是只为了当官，更重要的在于知书达理，做一个好人，由修身而齐家，做到子孝而弟恭，只有这样家庭才会兴旺发达，延绵长久。曾国藩家教以孝悌为本，正是这种家风，造就了曾国藩家族一批忠臣孝子。

【原文】同治九年六月初四日《谕纪泽、纪洪》

孝友为家庭之祥瑞。凡所称因果报应，他事或不尽验，独孝友则立获吉庆，反是则立获殃祸，无不验者。我身殁之后，尔等事两叔如父，事叔母如母，视堂兄弟如手足。凡事皆从省啬，独待诸叔之家则处处从厚，待堂兄弟以德业相劝、过失相规，期于彼此有成，为第一要义。其次则亲之欲其贵，爱之欲其富，常常以吉祥善事代诸昆季默为祷祝，自当神人共钦。温甫、季洪两弟之死，余内省觉有惭德。澄侯、沅甫两弟渐老，余此生不审能否见。尔备若能从"孝友"二字切实讲求，亦足为我弥缝缺憾耳。

【译文】

孝顺父母、友爱兄弟为一个家庭的吉祥符瑞。凡是平时所称的因果报应，别的事或者有不完全灵验的，唯独孝友就可以立即得到吉庆，相反则立即会得到殃祸，没有不灵验的。我过世之后，你们兄弟一定要侍奉两位叔父如侍奉父亲一样，侍奉两位叔母如侍奉母亲一般，对待堂兄弟如亲兄弟。所有的事情都要考虑节省和悭吝，唯独对待诸叔之家就必须处处从厚，对待堂兄弟要在做人、学业方面互相劝诫，要在过失方面互相规劝，期待于彼此有成就，这是最重要的事。其次要和他们相亲相爱，希望他们既富且贵，常常替他们默默祷祝吉祥如意，自然会得到天人的共同敬仰。对于温甫、季洪两个弟弟的死，我经过内心反省觉得很惭愧。澄侯、沅甫两个弟弟也已渐渐老了，我不知道我这辈子还能不能再见到他们，你们如果能够从“孝友”二字上切实讲求，也足以为我弥补这方面的缺憾了。

【解读】

曾国藩毕生注重孝友二字，笃信“孝友为一门之祥瑞”，认为孝友是立家之根与齐家之要。他在信中殷切地期盼两个儿子能像对待自己的亲生父母和同胞兄弟一样对待叔父、叔母和堂兄弟，不能有半点悖逆和怠慢之意。

【原文】同治二年八月初四日《谕纪鸿》

余每见嫁女贪恋母家富贵而忘其翁姑者，其后必无好处。余家诸女当教之孝顺翁姑，敬事丈夫，慎无重母家而轻夫家，效浇俗小家之陋习也。

【译文】

我每次见到已出嫁的女儿贪恋娘家富贵而轻视公公婆婆的，后来必然没有好下场。我们家里的闺女们应当教育她们孝顺公公婆婆，尊敬和侍奉自己的丈夫，千万不要重母家而轻夫家，仿效那些浅薄陋俗的平民之家的陋习。

【解读】

曾国藩在这篇给儿子的家书中说应当教育家里的闺女们孝顺他们丈夫的父母亲，尊敬和侍奉自己的丈夫，千万不要因为母家富贵就轻视夫家。

【原文】咸丰十一年三月初四日《致澄弟温弟沅弟季弟》

自去冬至今，无日不在危机骇浪之中。所欲常常告诫诸弟与子侄者，惟星冈公之八字、三不信及余之八本、三致祥而已……三致详曰："孝致祥、勤致祥、恕致祥。"兹因军事日危，旦夕不测，又与诸弟重言以申明之。家中无论老少男妇，总以习勤劳为第一义，谦谨为第二义。劳则不佚，谦则不傲，万善皆从此生矣。

【译文】

从去年冬天到现在，没有一天不是处在危机四伏的惊涛骇浪之中。我所想要常常告诫诸弟与各位子侄的，只有祖父星冈公的八个字、三不信和我的八条根本、三致祥而已。……三致祥就是："孝顺使一家祥和，勤勉使一家祥和，宽容使一家祥和。"兹因军事局势日益危急，随时随地都可能遭遇不测，所以又对各位弟弟再讲一遍以申述明白。家中无论男女老少，都要把养成勤劳的习惯作为头等大事，把谦虚谨慎作为次等大事。勤勉劳苦就不会贪图安逸，谦虚谨慎就不会骄傲自满，有了这两条，所有的好处都跟着来了。

【解读】

孝勤恕可致家势祥和。这封家信是曾国藩在军事日危、旦夕不测的危殆局势中写下的。他着重申明了孝顺、勤勉和宽恕在治家中的重要性。曾国藩早年为宦京师，后来辗转军事，很少回家。但他认为一个人即使不能陪在父母身边，对父母的孝心永远都不能丢弃。孝勤恕三事可谓凝结了曾国藩一片心血，也是居家不易之论。不论是对曾氏家族这个小家还是清朝这个大家，曾国藩都尽忠尽孝，体现了中国士大夫家国一体的天下情怀与重孝悌仁义的高贵品格。

第十一章　历代孝诗孝文

第一节　孝诗孝文概说

文学通过审美性地运用语言符号来塑造艺术形象、反映社会现实、表达人类精神世界，给人以美的感受和思想的启迪，它是人类特有的精神现象，是一种审美的社会意识形态。作为精神现象，文学反映了人类的精神世界；作为社会意识形态，它又不可避免地带有某种导向性。“孝”的观念也渗透了文学作品的方方面面，由此创造的作品，我们称之为孝文学。孝道孝行是文学作品的创作源泉和主题，反过来孝文学又推动了孝道与孝行的发扬，促成了中华孝文化的形成与发展。

品读历代文学作品中的孝道意识，不仅有助于我们了解孝道在古人生活中的践行，更能通过文学的感染，影响我们生活中的一言一行。我国古代文学体裁可以分为诗、赋、词、曲、散文、戏剧及小说，为方便通识读本阅读，按现代通行的文体划分法，此处将诗、词、曲统归为诗歌，将赋这一兼具诗歌与散文特色的文体归入散文范畴，分为诗歌、散文、小说和戏曲。历代孝文学作品的主题可以概括为以下三类。

第一，通过父母对与子女的关怀与爱护的叙述唤醒子女心中对于父母的孺慕之情与感恩之心。《小雅·蓼莪》写到了“父兮生我，母兮鞠我。拊我畜我，长我育我，顾我复我，出入腹我。欲报之德，昊天罔极”，它表达了在孩子成长过程中父母的用心与辛勤以及子女欲报父母恩情的愿望。汉代刘安在《劝孝歌》写道：“一尺三寸婴，十又八载功。”唐朝孟郊在《游子吟》写道：“临行密密缝，意恐迟迟归。”唐代李商隐更是在其作品《送母回乡》中直言“母爱无所报，人生更何求！”这些诗文通过描写父母亲对孩子的爱，点明了回报父母恩情在人生中的重要意义，引发出读者关于父母亲情的共鸣。

第二，通过描写儿女对待父母长辈的不同态度，以及这些态度所带来的不同后果对世人进行劝诫。如替父从军的花木兰、劈山救母的二郎神，这些耳熟能详的传说经过文学一再加工，其人物形象日益饱满。明清时期孝文化经过戏曲得到了更广泛的传播。戏曲通过十分艺术化的手段、特殊的夸张情节来展现孝道，如《寻亲记》《万里圆》《黄孝子》等。许多戏曲都流传至今还在上演。

第三，通过抒发子女对父母长辈的思念或缅怀之情来劝人尽孝。汉代韩婴《韩诗外传》写道：“树欲静而风不止，子欲养而亲不待也。”唐代张籍在《江陵孝女》中写道“江头闻哭处，寂寂楚花春”。唐代白居易在《慈乌夜啼》写道：“慈乌失其母，哑哑吐哀音。昼夜不飞去，经年守故林。”明代归有光《项脊轩志》中对于母亲在世时生活场景的回忆。这些诗文都生动地描写了子女对远方父母的思念或父母亲去世之后子女对于父母亲的怀念。

孝文化作为中华传统文化的重要精神早已内化于每一个中国人的心中。孝悌不仅仅是人应有之本性，也是社会道德认定的基本标准，还是社会稳定的重要因素。由于经济浪潮的发展与冲击、世界文化的交流与交锋，人们思想与观念发生变化，或者说部分优良的传统精神被某些东西所暂时掩盖，而文学作为人类希望的展示者，具有引导人们找寻失落的自己的功能。我们应当对传统孝道孝行加以提炼、筛选、消化和吸收，采纳其精华，抛弃其糟粕。在此基础上，以高度的文化自觉性，对优秀孝文学作品加以分析辨别和继承，以达到“古为今用”的目的，使之成为现代精神文明建设的宝库。

第二节　诗歌中的孝文

【原文】《诗经·大雅·下武》

下武①维周，世有哲王②。三后③在天，王配于京④。
王配于京，世德作求⑤。永言⑥配命，成王之孚⑦。
成王之孚，下土之式⑧。永言孝思，孝思维则。
媚⑨兹一人，应侯顺德。永言孝思，昭哉嗣服⑩。
昭兹来许，绳其祖武。於万斯年，受天之祜⑪。
受天之祜，四方来贺。於万斯年，不遐有佐⑫。

【注释】

①下武：在后继承。下，后；武，继承。
②哲王：贤德的明君。
③三后：指周的三位先王太王、王季、文王。后，君王。
④王配于京：王，此处指武王；配，应天命。
⑤求：通“逑”，匹配。

⑥ 言：语助词，无实意。

⑦ 孚（fú）：使人信服。下土之式：下土，下土地界，即人间；式，范式，榜样。

⑧ 下土之式：下土，下土地界，即人间；式，范式，榜样。

⑨ 媚：爱戴。

⑩ 嗣服：后进，指成王。（后文“来许”同意）

⑪ 祜（hù）：福。

⑫ 不遐有佐：不怕无人辅佐。遐，远。

【解读】

《大雅·下武》主要赞颂了武王继承先王之德，以昭后嗣。诗句提出了周王朝强盛的两个重要原因，一个为德，二为孝。周革商命，在于君王德行之高。君王用美好的德行来教化民众，使四方臣民愉悦地臣服。而君王之德的传承，就是对先祖的孝。《中庸》曾言：“夫孝者，善继人之志，善述人之事者也。”后世子孙如果都能够以孝继承先祖的遗志——德，就能做到“四方来贺”“不遐有佐”。

【原文】《木兰诗》南北朝·佚名

唧唧复唧唧，木兰当户[①]织。不闻机杼声，唯闻女叹息。

问女何所思，问女何所忆。女亦无所思，女亦无所忆。昨夜见军帖，可汗大点兵，军书十二卷，卷卷有爷名。阿爷无大儿，木兰无长兄，愿为市鞍马，从此替爷征。

东市买骏马，西市买鞍鞯，南市买辔头，北市买长鞭。旦辞爷娘去，暮宿黄河边，不闻爷娘唤女声，但闻黄河流水鸣溅溅。旦辞黄河去，暮至黑山头，不闻爷娘唤女声，但闻燕山胡骑鸣啾啾。

万里赴戎机，关山度若飞。朔气传金柝，寒光照铁衣。将军百战死，壮士十年归。

归来见天子，天子坐明堂。策勋十二转[②]，赏赐百千强。可汗问所欲，木兰不用尚书郎，愿驰千里足，送儿还故乡。

爷娘闻女来，出郭相扶将[③]；阿姊闻妹来，当户理红妆；小弟闻姊来，磨刀霍霍向猪羊。开我东阁门，坐我西阁床，脱我战时袍，著我旧时裳。当窗理云鬓，对镜帖花黄。出门看火伴，火伴皆惊忙：同行十二年，不知木兰是女郎。

雄兔脚扑朔，雌兔眼迷离；双兔傍地走，安能辨我是雄雌？

【注释】

①当（dāng）户（hù）：对着门。

②策勋十二转：记很大的功。策勋，记功。转，勋级每升一级叫一转，十二转为最高的勋级。十二转：不是确数，形容功劳极高

③出郭相扶将：互相搀扶着出城。郭，外城；将，助词，不译。

【解读】

《木兰诗》是北朝民歌，收在宋朝郭茂倩所编《乐府诗集》的《横吹曲辞·梁鼓角横吹曲》中，后被改编为戏曲、小说、影视剧等多种形式，为人们所熟知。该诗描述了花木兰因父亲年老体弱，不忍其老病参军，出于孝道褪下红妆替父从军，立

下赫赫战功后辞官还乡的故事。诗歌最后着重描述了木兰回乡后亲人团聚的感人场面，塑造了一个忠孝两全的女性形象。

【原文】《慈乌夜啼》唐·白居易

慈乌失其母，哑哑吐哀音。
昼夜不飞去，经年守故林。
夜夜夜半啼，闻者为沾襟。
声中如告诉，未尽反哺心。
百鸟岂无母，尔独哀怨深。
应是母慈重，使尔悲不任。
昔有吴起①者，母殁丧不临。
嗟哉斯徒辈，其心不如禽。
慈乌复慈乌，鸟中之曾参。

【注释】

①吴起：吴起为春秋时期著名的军事家，少年时常惹是生非，与母亲争吵时立誓：不为卿相绝不归家，母亲去世时也未回家奔丧。

【解读】

《慈乌夜啼》拟化了慈乌这一意象。借慈乌失去母亲后发出的哀鸣和常年守在故林行为的描述，引发对吴起母丧不奔的批判、对曾子孝母的赞美，表达了自己未能尽心反哺的愧疚和遗憾之情。

【原文】《谁何哭》宋·徐积

谁何哭，哀且危。白头母，朱颜儿。儿忽舍母去，母何用生为。架上有儿书，箧[1]中有儿衣。儿声不复闻，儿貌不复窥。

谁何哭，哀复哀。肠未绝，心先摧。母恃[2]儿为命，儿去不复来。朝看他人儿，暮看他人子。一日一夜間，十生九复死。君不见昨夜人静黄昏时，含辛抱痛无人知。其时忽不记儿死，倚门引颈望儿归。

【注释】

① 箧（qiè）：储物的小箱子。

② 恃（shì）：依赖，凭借。

【解读】

徐积，字仲车，北宋聋人教官，以孝行闻名于世，著有《节孝集》二十卷，去世后赐谥节孝处士，家乡人为其建“徐节孝祠”。徐积三岁时丧父，因父名石，终身不用石器，行走时遇到石头也会避开，不去踩踏石头。他对母亲也十分孝顺，母亲去世之后在庐墓中守孝三年，哭不绝音。

《谁何哭》是宋代劝孝诗的名篇，记一位白发老母的丧子之痛。“谁何哭”？是一位白发苍苍的母亲在哭她红颜年少的儿子。“哀且危”，儿子的转瞬即逝，让母亲哭得死去活来，泣不成声。“母恃儿为命，儿去不复来”，再次强化了母亲爱子如命的情感与丧子之痛的悲凉。这首诗也是在劝诫子女爱惜自己的身体。孝经有云：“身体发肤，受之父母，不敢毁伤，孝之始也。”孝敬父母的最基础的事情便是要照料自己的身体，不令父母担忧，同时也珍惜与父母相处的时间，莫要等时光逝去之后空留遗憾。

【原文】《风树吟》宋·唐庚

树欲静兮风不止，子欲养兮亲不待。
归飞反哺八九子，我曾不如毕逋尾[①]。
树欲静兮风不休，子欲养兮亲不留。
旦自梅兮暮至棘，当年饲我如鸤鸠[②]。

【注释】

① 毕（bì）逋（bū）：鸟尾摆动的样子。唐朝诗人顾况《乌夜啼》中曾写道："毕逋发刺月衔城，八九雏飞其母惊。"

② 鸤（shī）鸠（jiū）：即布谷，亦作尸鸠。取自诗经《曹风·鸤鸠》。

【解读】

唐庚，字子西，眉州丹棱唐河乡（今属四川省眉山市丹棱县）人，北宋著名诗人、文学家。其父唐淹，著名经学大师，授业数百人，号鲁国先生。该诗乃作者有感于《孔子家语·卷二·致思第八》"树欲静而风不止，子欲养而亲不待"而作。诗人自言"予三复而悲之，故作《风树吟》以终其意"。诗歌使用毕逋和鸤鸠两个慈母的意象，感叹母爱之深沉。

第三节　散文中的孝文

【原文】《陈情表》西晋·李密

臣密言：臣以险衅，夙遭闵凶。生孩六月，慈父见背[①]；行年四岁，舅夺母志。祖母刘愍臣孤弱，躬亲抚养。臣少多疾病，九岁不行[②]，零丁孤苦，至于成立[③]。既无伯叔，终鲜兄弟，门衰祚薄，晚有儿息[④]。外无期功强近之亲[⑤]，内无应门五尺之僮，茕茕孑立，形影相吊。而刘夙婴疾病，常在床蓐，臣侍汤药，未曾废离。

逮奉圣朝，沐浴清化[⑥]。前太守臣逵察臣孝廉[⑦]，后刺史臣荣举臣秀才[⑧]。臣以供养无主，辞不赴命。诏书特下，拜臣郎中，寻蒙国恩，除臣洗马[⑨]。猥以微贱，当侍东宫，非臣陨首所能上报。臣具以表闻，辞不就职。诏书切峻，责臣逋慢。郡县逼迫，催臣上道；州司临门，急于星火。臣欲奉诏奔驰，则刘病日笃；欲苟顺私情，则告诉不许：臣之进退，实为狼狈。

伏惟圣朝以孝治天下，凡在故老，犹蒙矜育[⑩]，况臣孤苦，特为尤甚。且臣少仕伪朝，历职郎署，本图宦达，不矜名节。今臣亡国贱俘，至微至陋，过蒙拔擢，宠命优渥，岂敢盘桓，有所希冀。但以刘日薄西山，气息奄奄，人命危浅，朝不虑夕。臣无祖母，无以至今日；祖母无臣，无以终余年。母、孙二人，更相为命，是以区区不能废远。

臣密今年四十有四，祖母今年九十有六，是臣尽节于陛下之日长，报养刘之日短也。乌鸟私情[⑪]，愿乞终养。臣之辛苦，非独蜀之人士及二州牧伯所见明知，皇天后土，实所共鉴。愿陛下矜悯愚诚，听臣微志，庶刘侥幸，保卒余年。臣生当陨首，死当结草[12]。臣不胜犬马怖惧之情，谨拜表以闻。

【注释】

①见背：父母或长辈去世。

②不行：不会走路。

③成立：长大成人。

④儿息：也可说“子息”，子嗣。

⑤期功强近之亲：指比较亲近的亲戚。古代丧礼制度以亲属关系的亲疏规定服丧时间的长短，服丧一年称“期”，九月称“大功”，五月称“小功”。

⑥沐浴清化：受到了清明的政治教化。

⑦孝廉：汉代以来举荐人才的一种科目，举孝顺父母、品行方正的人。汉武帝开始令郡国每年推举孝廉各一名，晋时仍保留此制，但办法和名额不尽相同。“孝”指孝顺父母，“廉”指品行廉洁。

⑧秀才：当时地方推举优秀人才的一种科目，与后代科举的“秀才”含义不同。

⑨洗（xiǎn）马：古代官名，即太子冼马，太子属官，在宫中服役，掌管图书。

⑩矜育：怜惜抚育。矜，怜悯，爱惜。

⑪乌鸟私情：相传乌鸦能反哺，所以常用来比喻子女对父母的孝养之情。

⑫结草：见于《左传·宣公十五年》，春秋晋大夫魏武子

临死命其子魏颗以妾殉葬。颗不从命而嫁妾。后颗与秦力士杜回战，见一老人结草使回仆地，遂获之。颗夜梦老人曰："余，而所嫁妇人之父也。"事见《左传·宣公十五年》。后因以"结草"为报答恩人心愿的表示。

【解读】

李密自幼丧父，由祖母抚养长大，孝敬甚笃，博学多才，名扬乡里。蜀汉灭亡后，被晋朝招为太子洗马，李密以奉养祖母为由推辞官职。《晋书·李密传》："密奉事以孝谨闻。刘氏有疾，则涕泣侧息，未尝解衣，饮膳汤药必先尝后进。"可见李密之孝心。《陈情表》是李密写给晋武帝的奏章。文中从自己幼年失去父母的不幸遭遇与祖母刘氏对自己的细心抚养写起，叙述祖母抚养自己的大恩，表明自己孝敬祖母、回报恩情的决心。文章明白晓畅、言辞恳切、感人至深，是中国文学史上的抒情代表作之一。

【原文】《泷冈阡表》[①]北宋·欧阳修

呜呼！惟我皇考[②]崇公，卜吉[③]于泷冈之六十年，其子修始克表于其阡。非敢缓也，盖有待也。

修不幸，生四岁而孤。太夫人守节自誓，居穷，自力于衣食，以长以教，俾至于成人。太夫人告之曰："汝父为吏，廉而好施与，喜宾客，其俸禄虽薄，常不使有余，曰：'毋以是为我累。'故其亡也，无一瓦之覆、一垅[④]之植以庇而为生，吾何恃而能自守耶？吾于汝父，知其一二，以有待于汝也。自吾为汝家妇，不及事吾姑[⑤]，然知汝父之能养也。汝孤而幼，吾不能知汝之必有立，然知汝父之必将有后也。吾之始归[6]也，汝父免于母丧[7]方逾年，岁时祭祀，则必涕泣，曰：‘祭而丰，不如养之薄也。’间御酒食，则又涕泣，曰：‘昔常不足，而今有余，其何及也！’吾始一二见之，以为新免于丧适然耳。既而其后常然，至其终身未尝不然。吾虽不及事姑，而以此知汝父之能养也。汝父为吏，尝夜烛治官书[8]，屡废而叹。吾问之，则曰：‘此死狱也，我求其生不得尔。’吾曰：‘生可求乎？’曰：‘求其生而不得，则死者与我皆无恨也。矧求而有得耶？以其有得，则知不求而死者有恨也。夫常求其生，犹失之死，而世常求其死也。’回顾乳者抱汝而立于旁，因指而叹，曰：‘术者谓我岁行在戌将死，使其言然，吾不及见儿之立也，后当以我语告之。’其平居教他子弟，常用此语。吾耳熟焉，故能详也。其施于外事，吾不能知；其居于家，无所矜饰，而所为如此，是真发于中者耶！呜呼！其心厚于仁者耶！此吾知汝父之必将有后也。汝其勉之。夫养不必丰，要于孝；利虽不得博于物，要其心之厚于仁。吾不能教汝，此汝父之志也。”修泣而志之，不敢忘。

先公少孤力学，咸平三年进士及第，为道州判官，泗、绵二州推官，又为泰州判官。享年五十有九，葬沙溪之泷冈。太夫人姓郑氏，考讳德仪[9]，世为江南名族。太夫人恭俭仁爱而有礼，初封福昌县太君，进封乐安、安康、彭城三郡太君。自其家少微时，治其家以俭约，其后常不使过之，曰：“吾儿不能苟合于世，俭薄所以居患难也。”其后修贬夷陵，太夫人言笑自若，曰：“汝家故贫贱也，吾处之有素矣。汝能安之，吾亦安矣。”

自先公之亡二十年，修始得禄而养。又十有二年，列官于朝，始得赠封其亲。又十年，修为龙图阁直学士、尚书吏部郎中，留守南京，太夫人以疾终于官舍，享年七十有二。又八年，修以非才入副枢密，遂参政事，又七年而罢。自登二府，天子推恩，褒其三世，盖自嘉佑以来，逢国大庆，必加宠锡。皇曾祖府君累赠金紫光禄大夫、太师、中书令；曾祖妣累封楚国太夫人。皇祖府君累赠金紫光禄大夫、太师、中书令兼尚书令；祖妣累封吴国太夫人。皇考崇公累赠金紫光禄大夫、太师、中书令兼尚书令；皇妣累封越国太夫人。今上初郊，皇考赐爵为崇国公，太夫人进号魏国。

于是小子修泣而言曰："呜呼！为善无不报，而迟速有时，此理之常也。惟我祖考，积善成德，宜享其隆，虽不克有于其躬，而赐爵受封，显荣褒大，实有三朝之锡命，是足以表见于后世，而庇赖其子孙矣。"乃列其世谱，具刻于碑，既又载我皇考崇公之遗训，太夫人之所以教而有待于修者，并揭于阡。俾知夫小子修之德薄能鲜，遭时窃位，而幸全大节，不辱其先者，其来有自。

熙宁三年，岁次庚戌，四月辛酉朔，十有五日乙亥，男推诚、保德、崇仁、翊戴功臣，观文殿学士，特进，行兵部尚书，知青州军州事，兼管内劝农使，充京东路安抚使，上柱国，乐安郡开国公，食邑四千三百户，食实封一千二百户，修表。

【注释】

①泷（shuāng）冈阡表：泷冈，在江西省永丰县沙溪南凤凰山上。阡表，即墓碑。

②皇考崇公：先父崇国公。皇考，指亡父。崇公，欧阳修

的父亲，名观，字仲宾，追封崇国公。

③卜吉：指风水先生找到一块好坟地。

④垅（lǒng）："垄"的异体字，田地分界高起的埂子，此处指田地。

⑤姑：古称丈夫的母亲为姑，指欧阳修的祖母。

⑥始归：刚嫁过来的时候。古时女子出嫁称归。

⑦免于母丧：母亲死后，守丧期满。旧时父母或祖父死，儿子与长房长孙须谢绝人事，做官的解除职务，在家守孝二十七上月（概称三年），也称守制。免，指期满。

⑧官书：官府的文书。这里指刑狱案件。

⑨考讳德仪：欧阳修母亲之父名叫德仪。

【解读】

欧阳修字永叔，号醉翁，晚号六一居士，出生于四川绵州，是北宋政治家、文学家，为"唐宋八大家"之一，官至翰林学士、参知政事，领导北宋诗文革新运动，继承并发展了韩愈的古文理论。其文章文道并重，内容充实、形式多样，代表作有《醉翁亭记》《秋声赋》《泷冈阡表》等。

《泷冈阡表》是中国古代三大祭文之一，近代文学家林纾就曾评："文为表其父阡，实则表其母节，此不待言而知。那知通篇主意，注重即在一'待'字，佐以无数'知'字，公虽不见其父，而自贤母口中述之，则崇公之仁心惠政，栩栩如生。"欧阳修一文双表，既写母亲之贤惠，又通过母亲的话语写了父亲之厚德，又在后文写道"不辱其先者，其来有自"，以示自己之行为坚守了父母德行。《论语·学而》篇记载孔子之言："父在，观其志；父没，观其行；三年无改于父之道，可谓孝矣。”欧阳修对于父母德行内化于心，外化于行，便是孝道最好的彰显。

【原文】《项脊轩志》明·归有光

项脊轩，旧南阁子也。室仅方丈，可容一人居。百年老屋，尘泥渗漉，雨泽下注，每移案，顾视无可置者。又北向，不能得日，日过午已昏。余稍为修葺，使不上漏。前辟四窗，垣墙周庭，以当南日，日影反照，室始洞然[①]。又杂植兰桂竹木于庭，旧时栏楯亦遂增胜。积书满架，偃仰啸歌，冥然兀坐，万籁有声。而庭阶寂寂，小鸟时来啄食，人至不去。三五之夜[②]，明月半墙，桂影斑驳，风移影动，珊珊可爱。

然余居于此，多可喜，亦多可悲。先是，庭中通南北为一。迨诸父异爨[③]，内外多置小门，墙往往而是。东犬西吠，客逾庖而宴，鸡栖于厅。庭中始为篱，已为墙，凡再变矣。家有老妪，尝居于此。妪，先大母婢也，乳二世，先妣抚之甚厚。室西连于中闺，先妣尝一至。妪每谓余曰：“某所，而母立于兹。”妪又曰：“汝姊在吾怀，呱呱而泣；娘以指叩门扉曰：‘儿寒乎？欲食乎？’吾从板外相为应答。”语未毕，余泣，妪亦泣。余自束发[④]读书轩中，一日，大母过余曰：“吾儿，久不见若影，何竟日[⑤]默默在此，大类女郎也？”比去，以手阖门，自语曰：“吾家读书久不效，儿之成，则可待乎？”顷之，持一象笏至，曰：“此吾祖太常公宣德间执此以朝，他日汝当用之。”瞻顾遗迹，如在昨日，令人长号不自禁。

轩东，故尝为厨，人往，从轩前过。余扃牖[⑥]而居，久之，能以足音辨人。轩凡四遭火，得不焚，殆有神护者。

项脊生曰：蜀清守丹穴，利甲天下，其后秦皇帝筑女怀清台。刘玄德与曹操争天下，诸葛孔明起陇中。方二人之昧昧于一隅也，世何足以知之？余区区处败屋中，方扬眉瞬目，谓有奇景。人知之者，其谓与坎井之蛙何异！

余既为此志，后五年，吾妻来归，时至轩中，从余问古事，或凭几学书⑦。吾妻归宁，述诸小妹语曰："闻姊家有阁子，且何谓阁子也？"其后六年，吾妻死，室坏不修。其后二年，余久卧病无聊，乃使人复葺南阁子，其制稍异于前。然自后余多在外，不常居。

庭有枇杷树，吾妻死之年所手植也，今已亭亭如盖矣。

【注释】

①洞然：明亮、敞亮。

②三五之夜：农历每月十五的夜晚。

③迨（dài）诸父异爨（cuàn）：迨，等到。诸父，伯父、叔父的统称。异爨，分灶做饭。

④束发：古代男孩成年时束发为髻，十五岁前指儿童时代。

⑤竟日：一天到晚。竟，从头到尾。

⑥扃（jiōng）牖（yǒu）：关着窗户。扃，(从内）关闭。牖，窗户。

⑦凭几学书：倚在几案上学写字。凭，倚靠。几，小或矮的桌子。书，写字。

【解读】

归有光，字熙甫，又字开甫，别号震川，又号项脊生，世称“震川先生”，苏州府昆山县人，是明朝中期散文家、官员，归有光均崇尚唐宋古文，其散文风格朴实，感情真挚，后人称赞其散文为“明文第一”。

《项脊轩志》是归有光所作的回忆性散文，营造了作者记忆中温馨的家庭氛围。通过对家庭变迁的回忆，表达了对故去祖母、母亲及妻子的深切怀念。本节选取的部分主要是归有光祖母对他温馨关怀与殷切希望。作者还借乳母之口，回忆亡母在世时细碎而又动人的往事。也正是祖母与母亲给予的力量和出于孝道的自觉，使得作者能在家庭变故、家道中落之后，能够奋发向上，重振家族辉煌。

第四节　小说中的孝文

【原文】《搜神记·第一卷·汉董永》东晋·干宝

汉，董永，千乘人。少偏孤[①]，与父居肆，力田亩，鹿车[②]载自随。父亡，无以葬，乃自卖为奴，以供丧事。主人知其贤，与钱一万，遣之。永行，三年丧毕，欲还主人，供其奴职。道逢一妇人曰：“愿为子妻。”遂与之俱。主人谓永曰：“以钱与君矣。”永曰：“蒙君之惠，父丧收藏[③]，永虽小人，必欲服勤致力，以报厚德。”主曰：“妇人何能？”永曰：“能织。”主曰：“必尔者，但令君妇为我织缣[④]百匹。”于是永妻为主人家织，十日而毕。女出门，谓永曰："我，天之织女也。缘君至孝，天帝令我助君偿债耳。"语毕，凌空而去，不知所在。

【注释】

①偏孤：年少时母亲去世。

②鹿车：古代的一种小车。

③收藏：收葬。

④缣（jiān）：双丝的细绢。

【解读】

干宝，字令升，东晋时期大臣，文学家、史学家，被誉为中国志怪小说鼻祖。《搜神记》为干宝所著的志怪小说集，主角多为神魔鬼怪的灵异之事。写作于以孝治天下标榜的魏晋时代，无可避免地带有浓重的孝文化色彩，包含了如王祐、曾子、王祥、董永等许多孝子践行孝行孝道的故事。这些关于孝道的故事多以"孝感"为主题，将主人公置于恶劣艰苦的条件之下，仍不移孝心，感动上天而得恩赏，即"孝感动天，从而得到上天的布施"。

本篇选自《搜神记》卷一，描述了董永卖身葬父后得上天派织女助其还债的故事。文中董永与织女的故事表现了古人情感世界的四个维度，依次是对父母的孝、对主人的忠诚、对妻子的情爱，而这些情感都交织于"报"之中。在《搜神记》中，董永与织女的情爱并不是故事的主题。上天来对孝行进行表彰和奖赏，为孝子董永化解危机，才是故事的主题。织女下凡是董永孝道孝行的"报"，最终织女也在报还之后离董永而去。

董永行孝的动人故事后来又被编入很多戏曲中，如明代传奇剧《织锦记》，而黄梅戏《天仙配》则开始将董永与七仙女（织女）情爱突出为主题。

【原文】《聊斋志异·侠女》（节选）清·蒲松龄

顾生，金陵人，博于材艺，而家綦[①]贫。又以母老不忍离膝下。惟日为人书画，受贽[②]以自给。行年二十有五，伉俪犹虚。对户旧有空第，一老妪及少女税居[③]其中，以其家无男子，故未问其谁何。一日偶自外入，见女郎自母房中出，年约十八九，秀曼都雅，世罕其匹，见生不甚避，而意凛如也。生入问母。母曰："是对户女郎，就吾乞刀尺，适言其家亦止一母。此女不似贫家产。问其何为不字，则以母老为辞。明日当往拜其母，便风以意，倘所望不著，儿可代养其老。"明日造其室，其母一聋媪耳。视其室并无隔宿粮，问所业则仰女十指。徐以同食之谋试之，媪意似纳，而转商其女；女默然，意殊不乐。母乃归。详其状而疑之曰："女子得非嫌吾贫乎？为人不言亦不笑，艳如桃李，而冷如霜雪，奇人也！"母子猜叹而罢。

【注释】

①綦（qí）：极，文言副词。

②受贽：接受作为教师的聘金，即做教师。贽，指送给教师的聘金。

③税居：租房居住。

【解读】

蒲松龄，字留仙，一字剑臣，别号柳泉居士，清末著名短篇小说家，世称聊斋先生，自称异史氏。蒲松龄大半生都在科举中挣扎，由于未考取功名，一直辗转于当地缙绅之家做老师和誊抄代写等工作，直到七十岁才按例取得岁贡生的功名（明清时期规定廪生如果考到七十岁还没考上举人，就可以直接变为贡生，这叫作“岁贡”。蒲松龄是经过岁考和科考两试成绩优秀者，政府每月给予膳食的廪生）。

《聊斋志异》为蒲松龄所作志怪短篇小说集，对封建礼教表现了强烈的批判精神，部分作品中作者塑造了许多勇敢追求自由爱情的人物形象，作者也盛赞孝道，撰写了许多宣扬孝道伦理的故事，如赡养父母、安葬父母等，对传统孝道十分重视。侠女报答顾生照顾她老母的恩情，为他生下一个儿子，使得“福薄无寿”的顾生“可光门闾”。除了报顾生之恩，侠女既要照顾自己的老母，更还要为父报仇。在手刃仇人之后，侠女选择了“一闪如电，瞥尔间遂不复见”。她的孝与奇，不似一般的侠女。

第五节　戏曲中的孝文

【原文】《琵琶记之一门旌奖》[①]（节选）元·高明

【前腔】

[合]心慌步又紧，想皇恩已到寒门。披袍秉笏[②]更垂绅，冠和带，一番新。[合前。外]圣旨已到，跪听宣读。皇帝诏曰：“朕惟风俗为教化之基，孝弟为风俗之本。去圣逾远，淳风日漓。

彝伦攸斁[③]，朕甚悯焉。其有克尽孝义，敦尚风化者，可不奖劝，以勉四海？议郎蔡邕，笃于孝行。富贵不足以解忧，甘旨常关于想念。虽违素志，竟遂佳名。委职居丧，厥声尤著。其妻赵氏，独奉舅姑。服劳尽瘁，克终养生送死之情，允备贞洁韦柔之德。糟糠之妇，今始见之。牛氏善谏其父，克相其夫。罔怀嫉妒之心，实有逊让之美。曰孝曰义，可谓兼全。斯三人者，朕甚嘉之。使四海亿兆，皆当仪刑斯人，垂范将来。风移俗易，教美化行。唐虞三代，诚可追配。是用宠锡，以彰孝义。蔡邕授中郎将，妻赵氏封陈留郡夫人，牛氏封河南郡夫人，限日赴京；父崇简赠十六勋，母秦氏赠天水郡夫人。於戏！风木之情何深，式彰风化之表；霜露之思既极，宜沾雨露之恩。服此休嘉，慰汝悼念。谢恩！"[生、旦、贴谢恩介。外拜坟介。生、旦、贴拜谢介。生]荷蒙岳丈保奏，愚婿何以克当。[贴]自别尊颜，且喜无恙。[外]孩儿，且喜各保安康，再得相见。[丑、末相见介。外]此二位是谁？[丑]下官是陈留县知县。[末]老汉是蔡相公邻人张广才。[生]卑人父母，多多得他周济。[外]原来就是张太公啊，俺朝里也闻他仗义高名。贤婿，你今起服回朝，未得展报深恩。我有黄金一笏送与，聊表报答之意。[生]太公请收下。[末]救灾恤邻，万古之道。又况你二亲不保，实有愧颜，何敢受令岳之赐？[生]太公且暂收下，卑人尚当申奏朝廷，还有区区犬马报效。[末]说那里话？此金断然不敢受。[外]贤婿，张公高义的人，不可再强。老夫回京，当奏请官职俸禄，以酬大恩便了。

【注释】

①旌（jīn）奖：表彰奖赏。

②披袍秉笏（hù）：身披朝服，手秉笏板，比喻做官。笏，古代大臣上朝时所持手板，狭长状，多用玉、象牙与竹片制成。

③彝（yí）伦（lún）攸（yōu）斁（dù）：出自《尚书·洪范》，伦常败坏之意。

【解读】

高明，字则诚，号菜根道人，元代戏曲家，出生书香门第，为官清廉。高明所著《琵琶记》共有四十二出，此处选取皇帝表彰孝行的大轴唱段。曲段大意是，汉代书生蔡伯喈上京赶考后被丞相强召为女婿，无法归家孝敬父母、与妻子赵五娘相见；在丞相女儿的帮助下蔡伯喈重见发妻，得知发妻对父母的尽心侍奉及父母已经去世的消息后，辞官还家庐墓守孝。《琵琶记》由长期流传的民间戏文《赵贞女蔡二郎》改编而来，把谴责蔡伯喈背亲弃妇的情节改为蔡伯喈忠孝两全。通过对蔡伯喈和赵五娘忠孝行的赞扬及其受嘉奖一事的描述，来对“孝”行进行肯定，以期达到教化目的。

【原文】《节孝记》（节选）元·无名氏

【引】走遍天涯三十年，未知何日见慈颜？昨遇异人来指教，说在汝州春店得团圆。

只为着寻亲走山谷，踪迹历遍遭荼毒。看看白了少年头，咳！何日得见亲骨肉！小生黄觉经为寻母亲来此梁县地方。方才看过多少碑匾多不是，如今叫我到那里去寻？阿呀！亲娘吓！那边又有碑匾在那里，不知是也不是。汝州春店。汝州春店。阿呀！亲娘吓！汝州春店虽在，不知我母亲可在里头？［老旦］黄娘子，这两日好大雪吓。［旦］正是。［生］里面有两位娘娘坐在那里，肚中饥饿，进去求讨一碗饭来充饥。吓！娘娘！［旦］敢是浆褔的么？［生］不是。［旦］莫非补缀的？［生］也不是。［旦］既非浆褔，又非补缀，到此怎么？［生］只为贪趱[1]路途，腹中饥饿，求讨一碗饭来充饥。［旦］日已过午，没有了。［生］这位娘娘方便一声。［老旦］黄娘子，进去随便撮罗些与他罢。［旦］是。宣父已遭陈蔡厄，邓通尝饿野人家，［下］［老旦］汉子，看你不是这里人？［生］我是江西人。［老旦］你是江西人？方才进去这位娘娘也是江西人。［生］吓，吓，吓！方才进去的也是江西人？［旦上］漂母哀韩信，曾将一饭施。汉子，你早来便好；如今只有半碗在此，胡乱吃些罢。［生］彀[1]了。［老旦］吓！黄娘子，这汉子是江西人。［旦］吓！江西？待我去问他。汉子，你是那里人？［生］我是江西人。［旦］那一府？［生］建昌府。［旦］那一县？［生］南城县清绥峯人氏。［旦］汉子，我也是建昌府南城县清绥峯人氏。［生］吓！娘娘也是江西建昌府南城县清绥峯人氏？［旦］正是。［生］

…………

【换头】母子相逢如再生，提起艰辛儿怎禁？赖天恩，释放我娘亲；赖天恩，释放我娘亲。没家乡，有谁投奔？感宜人，怜念深；感宜人，怜念深！［旦］

【哭相思】觑着孩儿形举止，与先夫容貌逡巡[2]。［生］可怜严父丧幽冥，音容无见！别痛咽，泪沾襟。

［老旦］母子相离四十冬，岂知相见在崆峒？［生，旦］今

宵朦把银釭照，犹恐相逢似梦中。

【注释】

①趱（zǎn）：赶路，疾行

②逡（qūn）巡（xún）：恭顺的样子。

【解读】

《节孝记》选自钱德苍的戏曲剧本选集《缀白裘》，又名《黄孝子传奇》《黄孝子寻亲记》。它讲述了黄孝子千里寻亲，黄孝子母亲拒绝逼婚再嫁守节的故事。此处选戏曲中母子相见的感人场面。明清戏曲常有“奇节之孝”。就是把那些在艰苦环境中依然坚守孝道的行为，通过艺术手法的表现，常用割股、卖儿、千里寻亲等稍显夸张、超乎常情的苦情节，来树立榜样，进行教化。

下篇

中国历代孝人孝行

第十二章 《二十四孝》译介

第一节 《二十四孝》概要

《孝经》开宗明义，“夫孝，德之本也，教之所由生也”。就是说孝是一切德行的根本，一切教化都是从它这儿生发出来的。历代崇尚以孝治天下，希望以孝道孝行来教化百姓，维系社会秩序。为了推广孝道，指引人心，导人行孝，历代都积极树立孝子、孝行的榜样。

《二十四孝》就是典型的孝子孝行榜样合集，集中表现了中国古代的孝子如何行孝。《二十四孝》包括帝王行孝（舜、汉文帝）、孔子门生行孝（曾参、仲由、闵损）、历代孝子行孝（十九位）。它的成型受到了历代政治与社会发展变迁的影响。“二十四孝”的形象与故事萌发于汉魏墓葬。汉朝推行“举孝廉”，将“孝”与人才选拔相联系。汉盛行的“天人感应”与谶纬思想，逐渐增加了“孝感”的色彩。隋唐时期佛教在中国兴盛，使得外来文化与中国孝行故事逐渐融合，推动了“二十四孝”的演绎。宋元战火则促成了“二十四孝”的流行。宋元明清时期各地孝文化同时发展合流，文化传播方式灵活多样，各类孝行故事逐渐深入人心。最终，元代郭居敬将二十四位孝人孝行辑录为简洁的故事，再配上王克孝绘成的《二十四孝图》，图文并茂，成书流传。“二十四孝”叠加了图画、正史、笔记、经变俗讲、戏曲、宣讲小说等形式，得到了广泛传播。

第二节 《二十四孝》选译

【原文】居则致其敬·其一·孝感动天

虞舜，瞽瞍之子。性至孝。父顽，母嚚，弟象傲。舜耕于历山，有象为之耕，鸟为之耘。其孝感如此。帝尧闻之，事以九男，妻以二女，遂以天下让焉。

【译文】

舜，是瞽瞍的儿子，性情极其孝顺。他的父亲性格顽固，继母嚚张凶悍，弟弟象性格傲慢。舜在历山耕作，有大象为他耕田，小鸟为他除草。是因为他的孝感动天才能这样啊。尧听闻此事，便让自己的九个儿子拜舜为师，将两个女儿娥皇和女英嫁给舜，然后又将天下禅让给舜。

【原文】居则致其敬·其二·单衣顺母

周闵损，字子骞，早丧母。父娶后母，生二子，衣以棉絮；妒损，衣以芦花。父令损御车，体寒，失纼（zhèn）。父查知故，欲出后母。损曰："母在一子寒，母去三子单。"母闻，悔改。

【译文】

闵损，字子骞（孔子的弟子，以德孝著称），春秋时期鲁国人，幼年时母亲就去世了。父亲娶了后妻，后母又生了两个儿子。在寒冷的冬天，两个弟弟穿着用棉花做的冬衣，继母因为厌弃闵损，给他穿用芦花做的“棉衣”。一天，父亲出门让闵损驾御马车，闵损因身体寒冷发抖，将缰绳坠落地上（父亲鞭打时，打破了闵损的棉衣发现里面是芦花填充的）。父亲得知闵损受到虐待后，要休掉后妻。子骞却跪求父亲饶恕继母，说：“留下母亲只是我一个人受冷，赶走母亲三个孩子都要挨冻。”父亲被子骞的孝心和兄弟之情动容，就依了他。继母听到子骞的规劝，对他的包容和善良心生感激，并对自己之前所为悔恨知错，从此改过。

【原文】居则致其敬·其三·扇枕温衾

后汉黄香，年九岁，失母，思慕惟切，乡人称其孝。躬执勤苦，事父尽孝。夏天暑热，扇凉其枕簟；冬天寒冷，以身暖其被席。太守刘护表而异之。

【译文】

黄香，字文强，东汉江夏安陆人。九岁时，母亲去世，之后终日深切思念母亲，乡里邻居都夸他孝顺。后把所有的孝心都用在侍奉父亲上，事父极孝。酷夏时为父亲扇凉枕席、驱蚊散闷；寒冬时用身体为父亲温暖被褥。黄香为父暖被扇席的事情很快传遍大街小巷，人们纷纷夸赞其孝行并为其感动，后当地太守把他作为江夏的孝行楷模上报朝廷，极力赞其孝行并以之为江夏所有子女的榜样。黄香在朝为官时，历任多职，任内都做到勤于政事、一心为公，军政调度有方，深受帝王的赏识和百姓的爱戴。太守刘护特意表彰了他并大为赞叹。

【原文】居则致其敬·其四·行佣供母

后汉江革，少失父，独与母居。遭乱，负母逃难。数遇贼，或欲劫将去，革辄泣告有老母在，贼不忍杀。转客下邳，贫穷裸跣，行佣供母。母便身之物，莫不毕给。

【译文】

东汉齐国临淄人江革，年少时父亲去世了，独自与母亲住在一起（侍奉母亲极为孝顺）。时逢战乱，为免遭祸乱，江革带着母亲逃难。一路多次遇到匪盗，有的贼人想劫持他入伙，江革就哭着哀告说有老母年迈（无人奉养），贼人见他孝顺就不忍杀他。后来，他迁居江苏下邳（pī），穷困的连鞋子都没有，便做雇工挣钱供养母亲。母亲所需衣服等，没有一样缺乏的。

【原文】养则致其乐·其一·戏彩娱亲

周老莱子，至孝，奉二亲，极其甘脆，行年七十，言不称老。常着五色斑斓之衣，为婴儿戏于亲侧。又尝取水上堂，诈跌卧地，作婴儿啼，以娱亲意。

【译文】

老莱子，春秋时期楚国隐士，为躲避世乱，自耕于蒙山南麓。老莱子七十多岁时，父母双亲仍然健在。他对父母未有半分懈怠，尽拣美味供奉双亲，照顾周至，事必躬亲。老莱子虽已至古稀之年，但从不说自己老。常穿着五色彩衣，手持拨浪鼓如小孩子般戏耍，以博父母开怀。一次为双亲送水，进屋时装作跌了一跤，然后躺在地上学小孩子哭，逗得二老仰面大笑。

【原文】养则致其乐·其二·涌泉跃鲤

汉姜诗，事母至孝；妻庞氏，奉姑尤谨。母性好饮江水，去舍六七里，妻出汲以奉之，母更嗜鱼脍，夫妇常作；又不能独食，召邻母共食。舍侧忽有涌泉，味如江水。日跃双鲤，取以供。

【译文】

姜诗，东汉四川广汉人，娶庞氏为妻。姜家距江边六七里之遥，庞氏常到江边取婆婆喜喝的长江水。有人劝庞氏说："你从附近的井里打些水来，让你婆婆凑合着喝呗。"庞氏笑了笑说："父母所爱，亦爱之。我从江里挑水回来虽然辛苦，但看到婆婆高兴，我也就高兴了。"婆婆爱吃鱼，夫妻俩就常做鱼给她吃。婆婆跟邻居的关系很好，不愿意自己独吃，夫妻俩就请来邻居一起吃。有人说起风凉话："伺候婆婆一个人就够辛苦的了，何苦还为哄她高兴去照顾周围的人。"姜诗说："父母之所敬，亦敬之。只要老人家高兴，我们再辛苦一些也是值得的。"(一次因风大，庞氏取水晚归，姜诗怀疑她怠慢母亲，将她逐出家门。庞氏寄居在邻居家中，昼夜辛勤纺纱织布，将所得的积蓄托邻居送回家中孝敬婆婆。婆婆知道了庞氏被逐之事，令姜诗请回。)庞氏回家这天，院中忽然喷涌出泉水，口味与长江水相同，每天还有两条鲤鱼跃出，庞氏便用这些供奉婆婆。

【原文】病则致其忧·其一·鹿乳奉亲

周郯子，性至孝。父母年老，俱患双眼，思食鹿乳。郯子乃衣鹿皮，去深山，入鹿群之中，取鹿乳供亲。猎者见而欲射之。郯子具以情告，乃免。

【译文】

郯子，春秋洛南人，品性非常孝顺。郯子的父母年事已高，两个人的眼睛都患有眼疾。郯子听人说，鹿乳对治疗这种眼疾有奇效。但鹿乳，集市并无所售，时常人不所见。郯子忧心父母病情，便只身披鹿皮进入深山，想方设法混入鹿群之中，挤取鹿乳。一次取乳时，猎人看见他，以为是一只麂鹿，便想射猎他，郯子急忙掀起鹿皮现身走出，将鹿乳奉亲的实情告知猎人，才幸免于难。

【原文】病则致其忧·其二·亲尝汤药

汉文帝，名恒，高祖第三子，初封代王。生母薄太后，帝奉养无怠。母常病，三年，帝目不交睫，衣不解带，汤药非口亲尝弗进。仁孝闻天下。

【译文】

汉文帝刘恒，汉高祖的第三个儿子，为薄姬所生。他以仁孝之名，闻于天下，侍奉母亲从不懈怠。母亲身染重病，一病就是三年。母亲卧病三年的时间里，刘恒亲自侍奉在母亲身侧，亲力亲为，凡母亲有所需无不满足，为照顾母亲，他常常目不交睫，衣不解带。母亲所服的汤药，他亲口尝过后才放心让母亲服用。刘恒的这一孝行赢得了文武百官和百姓们的一致拥戴和赞赏。他重德治，兴礼仪，以仁孝之名，闻于天下。

【原文】病则致其忧·其三·尝粪心忧

南齐庾黔娄，为孱陵令。到县未旬日，忽心惊汗流，即弃官归。时父疾始二日，医曰："欲知瘥剧，但尝粪苦则佳。"黔娄尝之甜，心甚忧之。至夕，稽颡北辰求以身代父死。

【译文】

庾黔娄，南齐高士，任孱陵县令。黔娄前去赴任不满十天，忽觉心惊胆战，预感家中有事，当即辞官返乡。回到家中，知父亲已病重两日。大夫诊断后说："你父亲脉搏微弱，不便再确诊了，想要知道病情吉凶，只要尝一尝病人粪便的味道，味苦就还能医治，若略带甜，就很难医治了。"黔娄毫不犹豫地尝了父亲的粪便，发现味甜，内心十分忧虑，夜里跪拜北斗星，乞求以身代父去死。

【原文】病则致其忧·其四·哭竹生笋

晋孟宗，字恭武，少丧父。母老病笃，冬日思笋煮羹食。宗无计可得，乃往竹林中，抱竹而泣。孝感天地，须臾，地裂，出笋数茎，持归作羹奉母。食毕，病愈。

【译文】

孟宗，字恭武，晋代江夏人，少年时父亲去世，母亲积劳成疾，偶遇风寒后病情反复。孟宗心忧母病，四处求医问药，医生嘱用鲜竹笋做汤。适值严冬，没有鲜笋，孟宗独自一人一路小跑直奔南山竹林，仔细搜寻竹笋却一无所获，无奈之下，仰天长叹，扶竹痛哭。少顷，他忽然听到地裂声，只见地上长出数茎嫩笋。孟宗大喜，采回做汤，母亲喝了后果然病愈。

【原文】丧则致其哀·其一·卖身葬父

汉董永家贫，父死，卖身贷钱而葬。及去偿工，途遇一妇，求为永妻。俱至主家。令织缣（jiān）三百匹，乃回。一月完成，归至槐阴会所，遂辞永而去。葬父贷孔兄，仙姬陌上逢。织缣偿债主，孝感动苍穹。

【译文】

传说东汉千乘（今山东高青县）的董永，家中非常穷，他父亲死后，董永卖身富家为奴换钱安葬父亲。在去上工路上，偶遇一女子，女子自言无家可归，请求嫁给董永为妻子。于是二人一起到了富人家中，富家命他们织成三百匹锦缎才能抵债赎身回家。女子以一个月时间织成三百匹锦缎，为董永抵债赎身。在返家途中，来到了他们初会的槐荫处，女子告诉董永：自己是天帝之女，天帝被董永的孝行感动，令自己下凡帮助董永还债，说完凌空而去。为纪念董永卖身葬父的孝行，槐荫改名为孝感。

【原文】丧则致其哀·其二·闻雷泣墓

魏王裒，事亲至孝。母存日，性怕雷，既卒，殡葬于山林。每遇风雨，闻阿香响震之声，即奔至墓所，拜跪泣告曰：“裒在此，母亲勿惧。”

【译文】

王裒（póu），字伟元，魏晋时期营陵人，侍候母亲极其孝敬。

他的母亲在世的时候，畏惧打雷，每当雷雨快来临时，他就要做好陪在母亲身边的准备。母亲去世后，安葬在山林中。每当遇到风雨天气，听到空中传来雷声，王裒就放下手中的活，立即跑到母亲墓碑处，跪拜安慰母亲说：“伟元在这里陪您，母亲不要害怕啊。”

【原文】祭则致其严·其一·刻木事亲

汉丁兰，幼丧父母，未得奉养，而思念劬劳之因，刻木为像，事之如生。其妻久而不敬，以针戏刺其指，血出。木像见兰，眼中垂泪。兰问得其情，遂将妻弃之。

【译文】

丁兰，相传为东汉时期河内人。幼年时父母双亡，他没有机会奉养行孝，因而经常思念父母的养育之恩，于是用木头刻成双亲的木像，对待木像如同活人一样。凡事均和木像商议，每日三餐敬过双亲后自己方才食用，出门前一定禀告，回家后一定面见，从不懈怠。她的妻子因日久生烦，对待木像便心生不恭敬之意。有一次，她趁着丁兰外出，竟好奇地用针刺木像的手指，令人不可思议的是，木像的手指居然有血流出。丁兰回到家后，一如既往地去面见木像，却见木像眼中垂泪，问知实情，遂将妻子休弃。

第十三章　历代孝义传译介

第一节　《孝义传》概要

作为儒家伦理的核心，孝道经过朝廷大力提倡，进入社会的主流意识形态，逐渐推行于士庶阶层，践行孝道被视为士庶的一种行为规范。社会思想的变化在历代正史中留下了显著的印记。《史记》《汉书》为不是王侯将相的人物所作的是《游侠传》，用以彰显侠义精神。《后汉书》卷三十九《刘赵淳于江刘周赵列传》虽没有用“孝子传”命篇，但其内容已是专门记载孝子的篇章。《魏略》（曹魏郎中鱼豢私撰）辟《勇侠传》之后，正史再未专门设置游侠、勇侠之人物专门体例。从南朝史书开始，《宋书》首次设立《孝义传》。《孝义传》主要是对孝义行为的旌表。此后，正史皆列有“孝子传”，或命名为“孝义传”“孝友传”“孝行传”“孝感传”。由从游侠转化为孝义人物，反映着国家正统主动摒弃游侠“重然诺尚气节”的社会思想，竭力推崇儒家伦理核心的“忠孝节义”之“孝义”，从而将“侠”之“私义”转变为国家倡导并可资引导士庶践行的“公义”。

二十四史展示了黄帝以来中国古代社会的发展历程和数十个王朝的兴衰轨迹，反映了各个时期的正统观念与时代精神，它是研究中国古代文化的资料宝库。本章从二十四史处着手，列举了《晋书·孝友传》《宋书·孝义传》《南齐书·孝义传》

《梁书·孝行传》《陈书·孝行传》《魏书·孝感传》《周书·孝义传》《隋书·孝义传》《旧唐书·孝友传》《新唐书·孝友传》《宋史·孝义传》《明史·孝义传》《清史稿·孝义传》中如李密、刘殷、崔怀慎、陈集原、哑孝子等三十四人的孝义事迹。

第二节　历代《孝义传》选译

一、《晋书·孝友传》

【原文】《列传第五十八·李密》

李密，字令伯，犍为武阳人也，一名虔。父早亡，母何氏醮。密时年数岁，感恋弥至，烝烝之性，遂以成疾。祖母刘氏，躬自抚养。密奉事以孝谨闻，刘氏有疾，则涕泣侧息，未尝解衣，饮膳汤药必先尝后进。有暇则讲学忘疲，而师事谯周，周门人方之游夏。少仕蜀，为郎。数使吴，有才辩，吴人称之。蜀平，泰始初，诏征为太子洗马。密以祖母年高，无人奉养，遂不应命。乃上疏曰："臣以险衅……臣生当陨身，死当结草。"帝览之曰："士之有名，不虚然哉！"乃停召。后刘终，服阕，复以洗马征至洛。司空张华问之曰："安乐公何如？"密曰："可次齐桓。"华问其故，对曰："齐桓得管仲而霸，用竖刁而虫流。安乐公得诸葛亮而抗魏，任黄皓而丧国，是知成败一也。"次问："孔明言教何碎？"密曰："昔舜、禹、皋陶相与语，故得简雅；《大诰》与凡人言，宜碎。孔明与言者无己敌，言教是以碎耳。"华善之。

出为温令，而憎疾从事，尝与人书曰："庆父不死，鲁难未已。"从事白其书司隶，司隶以密在县清慎，弗之劾也。密有才能，常望内转，而朝廷无援，乃迁汉中太守，自以失分怀怨。及赐饯东堂，诏密令赋诗，末章曰："人亦有言，有因有缘。官无中人，不如归田。明明在上，斯语岂然！"武帝忿之，于是都官从事奏免密官。后卒于家。

【译文】

李密，字令伯，犍为武阳（今四川彭山）人，别名虔。幼年丧父，母何氏改嫁。这时李密只有几岁，他性情淳厚，非常思恋母亲，以至生了病。祖母刘氏亲自抚养他。李密侍奉祖母以孝顺和恭敬闻名当时。祖母刘氏一有病，他就哭泣，侍候祖母，夜里未曾脱衣。祖母的饭菜、汤药，他总要尝过之后才让祖母用。李密有时间就去学习，忘记了疲劳。他师事谯周，谯周的门人把他比作子游和子夏（意思是说他博览五经，精通《春秋左氏传》，以文学见长）。他年轻时在蜀汉做郎官，多次出使吴国，颇有辩才，吴人称赞他。蜀国被平定后，泰始初年，晋武帝下诏委任他为太子洗马。他因为祖母年迈，没有人侍奉赡养，就没有接受官职。他上书武帝说："臣下因命运不好……我活着应当杀身报效朝廷，死了也要结草衔环来报答陛下的恩情。皇帝看了李密的表章说："李密出名，一点也不假啊。"于是就不再征召李密。后来，李密的祖母去世了。等到李密的丧期结束后，皇帝又征召李密到洛阳任洗马。司空张华问他："您觉得安乐公刘禅怎么样？"李密说："可以和齐桓公相提并论。"张华问他为什么这样说，李密答道："齐桓公得管仲而称霸天下，用了竖刁而死于非命；安乐公得到诸葛亮而能与魏国抗衡，任用黄皓而亡了国。因此知道他们的成败是一样的原因。”张华又问：“孔明的言教为什么这样琐碎？”李密答道：“过去舜、禹、皋陶交谈，所以简洁雅致，《大诰》与平常人说，适宜琐碎。没有和孔明旗鼓相当的谈论者，他的言教就琐碎啊。”张华点头称是。后来李密做到温令一职，而厌恶从事，经常给别人写“庆父不死，鲁难未已”的字句。从事拿着他的这些字向司隶告状。司隶认为李密在县里清廉谨慎，驳回了从事对李密的弹劾。李密很有才能，常常希望得到升迁。而朝廷里没有为他说话的人，只能升任汉中太守一职。自己认为朝廷没有重用他，很有怨言。等到皇上在东堂给大臣赐食蜜饯的时候，让李密作诗。他在诗的最后写道：“人们这样说，有因就有果。朝中没后台，不如把乡还。明君坐朝上，俗语怎成真？武帝为此很生气，于是，都官从事奏请皇帝罢免了李密的官职。后来，他在家中辞世。”

【原文】《列传第五十八·庾衮》

庾（yǔ）衮（gǔn），字叔褒，事亲以孝友闻。咸宁中大疫，长兄已亡，次兄毗（pí）复殆（dài），疠气方炽，父母诸弟皆出次于外。衮独留不去，遂亲自扶持，昼夜不眠，其间复扶柩哀临不辍。如此十又余旬，疫势既歇，家人乃反，毗病得差，衮亦无恙。父老咸曰：“异哉此子！守人所不能守，行人所不能行。”始疑疫疠之不相染也。

抚诸孤以慈，奉诸寡以仁，事加于厚而见之义方，幼者忘其孤。以旧宅与其长兄子赓（gēng）、翕（xī）。及翕卒，衮哀其早孤，痛其成人而未娶，乃扶柩长号，哀感行路，闻者莫不垂泣。岁大饥，藜羹不糁（shēn），门人欲进其饭者，而衮每曰已食，莫敢为设。又与邑人入山捃（jùn）橡，分夷险，序长幼，推易居难。初，衮诸父并贵盛，惟父独守贫约。衮躬亲稼穑，以给供养，而执事勤恪，与弟子树篱，跪以授条。或曰："今在隐屏，先生何恭之过？"衮曰："幽显易节，非君子之志也。"

尝与诸兄过邑人陈准兄弟，诸兄友之，皆拜其母，衮独不拜。准弟徽曰："子不拜吾亲何？"衮曰："未知所以拜也。夫拜人之亲者，将自同于人之子也，其义至重，衮敢轻之乎？"遂不拜。准、徽叹曰："君亮直之士！君若当朝，则社稷之臣欤（yú）！方今征聘，君实宜之。"于是乡党荐之，察孝廉，举秀才、清白异行，皆不降志，世遂号之为异行。元康末，颍川太守召为功曹，饰车而迎，衮逡巡辞退，请徒行入郡，将命者遂逼扶升车，纳于功曹舍。既而衮自取己车而寝处焉，形虽恭而神有不可动之色。太守知其不屈，厚为之礼而遣焉。

【译文】

庾衮，字叔褒，以侍奉父母孝敬友爱亲人而受人称许。咸宁年间发生大疫，他的两个兄长都死于疫病，二哥庾毗又病危，疠气正严重的时候，庾衮的父母和几个弟弟都离开家，暂时住在外地，唯独庾衮留下来不离开。于是亲自服侍照顾二哥，昼夜不休息，在这中间又抚着两位亡兄的灵柩，致哀不止。像这样十多旬后，疫病流行的情势已经停止，他的家人才返回家中，庾毗病也好了，庾衮也没有什么毛病。乡亲们都说："这人真是不同寻常，能够坚守他人不能坚守的岗位，能做他人所不能做的事情。"开始怀疑瘟疫是否传染。

庾衮以慈爱之心抚育兄长的遗孤，以仁爱之心侍奉寡嫂们，对他们凡事多加优待，并教给他们做人的正道，让年幼的人忘记自己的孤独。把家里的老宅给了他大哥的儿子庾赓、庾翕。在庾翕死的时候，庾衮哀怜他早早就没有父亲的孤苦，伤痛他虽成人却未娶妻的不幸，就抚柩大哭，那种悲伤之情连过路的行人都为之感动，听到他哭声的人没有不落泪的。碰上荒年，他家的野菜汤中一点米粒都没有，他的门人要给他送饭来，他总是说已经吃过了，也就没人敢送来。又与乡人一起进山采拾橡子，按道路艰险、平坦分开，按长幼排出序列，把容易去的地方让给别人，自己选择难处。当初，庾衮的伯父叔父们都显贵有势，只有他的父亲独自过着清贫的生活。庾衮亲自种庄稼，来获取供养亲人的东西，他做事勤勉认真，和弟子们一起树篱笆，跪在地上接受篱笆条。有人说："现在隐退在家，先生为什么要这样过分的恭敬？"庾衮说："因隐退和显达的变化而改变志节，这不是君子的志向。"

庾衮曾经和兄长们拜访同乡陈准兄弟，兄长们把陈氏兄弟当作朋友，都对他们的母亲行拜礼，唯独庾衮不拜。陈准的弟弟陈徽说："你为什么不拜见我母亲呢？"庾衮说："我不知道行拜的缘由啊。对人家的父母行拜礼，就将自己等同于人家的孩子，那种义是很重的，我哪敢小看这件事呢？"最终没有行拜礼。陈准、陈徽感叹道："你是明达耿直的人，你如果掌管国事，一定会是国家的栋梁！朝廷现在正在征聘贤人，你实在应当前往。"于是乡里推荐他，察举他做孝廉、秀才，他操行纯洁，没有污点，始终都不改变自己的志节，世人就称他为"异行"。元康末年，颍川太守征召他做功曹，将（官家）的车子装饰一新来迎接他，庾衮婉谢辞退公车，请求自己徒步进入郡里，奉命而来的差役就强拉着他上了车，送到功曹居住的地方。不久庾衮又自己叫车找地方住了下来，外表虽然恭敬但神情上却有不可动摇（不为官）的神色。太守知道不可以让他改变，就给予庾衮丰厚的礼物，然后遣他回去了。

【原文】《列传第五十八·刘殷》

刘殷，字长盛，新兴人也。高祖陵，汉光禄大夫。殷七岁丧父，哀毁过礼，服丧三年，未曾见齿。时人嘉其至性，竞以谷帛遗（wèi）之。殷受而不谢，直云待后贵当相酬耳。

弱冠，博通经史，综核群言，文章诗赋靡不该览，性倜傥，有济世之志，俭而不陋，清而不介，望之颓然而不可侵也。乡党亲族莫不称之。郡命主簿，州辟从事，皆以供养无主，辞不赴命。司空、齐王攸（yōu）辟（bì）为掾（yuàn），征南将军羊祜（hù）召参军事，皆以疾辞。同郡张宣子，识达之士也，劝殷就征。殷曰："当今二公，有晋之栋楹也。吾方希达如榱（cuī）椽耳，不凭之，岂能立乎！吾今王母在堂，既应他命，无容不竭尽臣礼，使不得就养。"宣子曰："如子所言，岂庸人所识哉！而今而后，吾子当为吾师矣。"遂以女妻之。宣子者，并州豪族也，家富于财，其妻怒曰："我女年始十四。姿识如此，何虑不得为公侯妃，而遽（jù）以妻刘殷乎！"宣子曰："非尔所及也。"诫其女曰："刘殷至孝，兼才识超世，此人终当远达，为世名公，汝其谨事之。"张氏性亦婉顺事王母以孝闻奉殷如君父焉及王氏卒殷夫妇毁瘠几至灭性。

太傅杨骏辅政，备礼聘殷，殷以母老固辞。骏于是表之，优诏遂其高志，听终养，敕（chì）所在供其衣食，蠲（juān）其徭赋，赐帛二百匹，谷五百斛（hú）。赵王伦篡位，孙秀重殷名，以散骑常侍征之，殷逃奔雁门。及齐王冏辅政，辟为大司马军谘祭酒。既至，谓殷曰："先王虚心召君，君不至。今孤辟君，君何能屈也？"殷曰："今殿下以神武睿姿，除残反政，故不敢不至也。"冏奇之，转拜新兴太守，明刑旌善，甚有政能。

属永嘉之乱，没于刘聪。聪奇其才而擢（zhuó）任之，累至侍中、太保、录尚书事。竟以寿终。

【译文】

刘殷，字长盛，新兴人。高祖刘陵，是汉光禄大夫。刘殷七岁丧父，居丧悲哀超于礼制，服丧三年，从不露齿而笑。当时的人赞赏他天性孝顺，竞相赠给他谷米丝帛。刘殷都接受而不推辞，只是说等以后富贵了报答他们。刚成年，就博学精通经史，综合归纳考查各家的学说，文章诗赋无不备览。性情洒脱，有济世的志向，节俭而不鄙陋，清约而不孤高，看上去恭顺而不可侵犯。乡人亲族无不称赞他。郡中任命他为主簿，州中征召他为从事，都以家中无人供养为由，推辞不就任。司空、齐王司马攸征召刘殷担任掾，征南将军羊祜征召他任参军事，都称病推辞。同郡张宣子，是个有见识、能洞达事理之人，劝刘殷接受征召就任。刘殷说："当今这二公，是晋的栋梁。我正希望成为架屋承瓦的椽椽，不依靠他们，哪能成事呢！现在我家有曾祖母王氏在堂，一旦接受了别的使命，不由我不竭尽为臣之礼，就不能再亲自供养。"张宣子说："您所说的话，哪里是庸人所能懂得的呢！从今以后，您将成为我的老师。"于是把女儿嫁给他。张宣子是并州的豪门大姓，家中富有财产。他妻子生气说："我女儿年方十四，姿色见识如此，还担心不能做公侯的妃子吗？你却怎么急着把她嫁给刘殷呢？"张宣子说："这不是你能考虑得到的事。"告诫他女儿说："刘殷极尽孝道，再加上才识超世，这人终将大大地发达，成为当世名公，你应当好好地伺候他。"张氏性情也很婉顺，侍奉婆母王氏以孝顺闻名，伺候刘殷如君父一般。到王氏去世时，刘殷夫妇悲痛万分，几乎丧命。

太傅杨骏辅政时，备礼聘请刘殷，刘殷因为母亲年纪大了坚决推辞。杨骏于是上表，皇帝下褒奖嘉美的诏书成全他的高志，允许他完成奉养母亲的孝道。敕令地方上供给他衣食，免除他的赋役，赐帛二百匹，谷五百斛。赵王司马伦篡位，孙秀向来看重刘殷的名望，以散骑常侍之职征召他，刘殷逃奔到雁门。到齐王司马冏辅政时，征入任大司马军谘（zī）祭酒。到任后，对刘殷说："先王虚心地召君，君不来。现在孤征召君，君何故能屈就呢？"刘殷说："现在殿下凭着神武聪慧，除暴复帝位，所以不敢不来。"司马冏认为他很奇特，改任他为新兴太守，刑罚明察表彰善美，很有政绩。

适逢永嘉之乱，落到刘聪手中。刘聪欣赏他的才能因而提拔他，历任侍中、太保、录尚书事。最后高寿而终。

二、《宋书·孝义传》

【原文】《列传第五十一·何子平》

何子平世居会（kuài）稽（jī），少有志行，见称于乡曲。

事母至孝。扬州辟从事史，月俸得白米，辄（zhé）货市粟麦。人或问曰："所利无几，何足为烦？"子平曰："尊老在东，不办常得生米，何心独飨（xiǎng）白粲（càn）。"每有赠鲜肴者，若不可寄至其家，则不肯受。母本侧庶，籍注失实，年未及养，而籍年已满，便去职归家。时镇军将军顾觊（jì）之为州上纲，谓曰："尊上年实未八十，亲故所知。州中差有微禄，当启相留。"子平曰："公家正取信黄籍，籍年既至，便应扶侍私庭，何容以实年未满，苟冒荣利。且归养之愿，又切微情。"觊之又劝令以母老求县，子平曰："实未及养，何假以希禄？"觊之益重之。既归家，竭身运力，以给供养。末除吴郡海虞令，县禄唯以养母一身，而妻子不犯一毫。人或疑其俭薄，子平曰："希禄本在养亲，不在为己。"问者惭而退。母丧丢官，哀毁逾礼，每至哭踊（yǒng），顿绝方苏。

【译文】

何子平世代居住在会稽，很小的时候就有理想，被乡里称赞，事奉母亲非常孝顺。在扬州被征召从事史，每月的俸禄给的是白米，他总是卖出白米买入粟麦。别人问他说："获利不多，为什么那么麻烦呢？"子平说："我的母亲在东边，不买卖难得到白米，我怎么忍心独自吃白米饭。"每当有人赠送鲜鱼时，如果不能送到母亲家，就不肯接受。母亲原本是妾，户籍注册不符合实际情况，没到供养的年龄，而户籍上的年龄已经到了供养的年龄，便离开职务回到家里，当时镇军将军顾觊之是州上的长官，对他说："你母亲的年龄实际上未满八十，你原来就知道。在州中任职略有少许俸禄，我将禀告上司挽留你。"

子平说："官家从户口登记取得凭证，户籍年龄已经到了，我就应该在家俸养母亲，为何要以实际年龄未到冒取荣誉利益而宽容自己呢？况且归去奉养母亲，又符合我个人的情感。"觊之又劝他以母亲年老要求县令照顾，子平说："实际尚未到奉养之年，哪能借此以求得俸禄？"觊之更加看重他。已经回到家，竭尽全力而使供养充足。后来授予官职为吴郡海虞县令，县里给的俸禄只用来养母亲一个人，而他的妻子、孩子丝毫不允许用俸禄。有人疑心他太俭朴，子平说："俸禄本来是用来养母亲，不为自己。"问的人惭愧而退出去了。母亲死后不再担任官职，丧事情况超过一般礼节，每到了哭恸时，困顿晕倒许久方才苏醒。

三、《南齐书·孝义传》

【原文】《列传第三十六·崔怀慎》

崔怀慎，清河东武城人也。父邪利，鲁郡太守，宋元嘉中没虏（lǔ）。怀慎与妻房氏笃（dǔ）爱，闻父陷没，即日遣妻，布衣蔬食，如居丧礼。邪利后仕虏中书，戒怀慎不许如此，怀慎得书更号泣。怀填从叔模为荥（xíng）阳太守，亦同没虏，模子虽居处改节，而不废婚宦。大明中，怀慎宗人冀州刺史元孙北使，虏问之曰："崔邪利、模并力屈归命，二家子侄，出处不同，义将安在？"元孙曰："王尊驱骥，王阳回车，欲令忠孝并弘，臣子两节。"

泰始初，淮北陷没，界上流奔者多有去就，怀慎因此入北。至桑乾，邪利时已卒，怀慎绝而后苏。载丧还青州，徒跣（xiǎn）

冰雪，土气寒酷，而手足不伤，时人以为孝感。丧毕，以弟在南，建元初又逃归，而弟亦已亡。怀慎孤贫独立，宗党哀之，日斂给其升米。永明中卒。

【译文】

崔怀慎是清河东武城人。父亲崔邪利为鲁郡太守，宋元嘉年间，陷落于敌虏手中。崔怀慎与妻子房氏笃爱情深，听说父亲陷没于敌虏，当天便把妻子遣送回家，自己穿着粗布麻衣，吃粗茶淡饭，好像处在丧礼中一样。崔邪利后来在胡虏中书省为官，告诫怀慎不许他这样做，怀慎得到父亲来信更是号哭连天。怀慎的堂叔崔模为荥阳太守，也一同陷没于胡虏之中，崔模的儿子虽然居住处事有所改变，但没有放弃婚姻和做官。刘宋大明年间，崔怀慎同族人冀州刺史元孙出使北廷，魏人问他说："崔邪利、崔模都因为力量弱小而屈从归顺，但两家子侄行事处世却不相同，道理何在？"元孙回答说："益州道险，王尊驱马直进，王阳返车回转，是欲使忠与孝都得到弘扬，臣节和子义都能够保全。"

刘宋泰始初年，淮北陷落，边界上流亡逃难的人，大多都已离开，崔怀慎由此而进入北国到达桑干时，父亲邪利已经死去，怀慎悲伤万分，昏厥过去，随后苏醒了。他运载父亲的灵柩回转青州，赤脚行走在冰雪上。那时气候酷寒，但他的手脚都没有被冻坏，当时的人们认为这是孝心感动了天地的缘故。待丧事办完以后，因为弟弟仍留在南国，所以在建元初年，怀慎又逃回南方，但这时他的弟弟也已经亡故。崔怀慎孤独一人贫困无依，同族的人都怜悯他，每天都捐助给他一些粮食。崔怀慎在南齐永明年间逝世。

【原文】《列传第三十六·公孙僧远》

公孙僧远，会稽剡（shàn）人也。治父丧至孝，事母及伯父甚谨。年谷饥贵，僧远省餐减食以供母及伯。弟亡，无以葬，身贩贴与邻里，供敛送之费。躬负土，手种松柏。兄姊（zǐ）未婚嫁，乃自卖为之成礼。名闻郡县。太祖即位，遣兼散骑常侍虞炎等十二部使行天下，建元三年，表列僧远等二十三人，诏并表门闾（lǘ），蠲（juān）租税。

【译文】

公孙僧远是会稽剡县人。治办父亲丧事极尽孝道，侍奉母亲及伯父尤其恭敬。遇荒年谷米昂贵，僧远便减少吃饭的餐次和数量，以便供养母亲和伯父。弟弟亡故，无钱埋葬，公孙僧远就亲自依附邻里乡亲出卖劳力，用以提供装殓送葬所需的费用。并且亲自背土上坟，亲手栽种松柏。他的哥哥姐姐因无钱不能娶亲嫁人，公孙僧远便卖身替哥姐按礼成婚。因此孝名闻于郡县。齐太祖即位，派遣兼散骑常侍虞炎等十二部巡行天下。并于建元三年（前138年），表彰公孙僧远等二十三人，还同时表彰他们的家族乡里，免除他们的租税。

【原文】《列传第三十六·韩系伯》

韩系伯，襄阳人也。事父母谨孝。襄阳土俗，邻居种桑树于界上为志，系伯以桑枝荫妨他地，迁界上开数尺，邻畔随复侵之，系伯辄（zhé）更改种。久之，邻人惭愧，还所侵地，躬往谢之。建元三年，蠲（juān）租税，表门闾（lǘ）。以寿终。

【译文】

韩系伯是襄阳人。侍奉父母谨慎孝顺。襄阳地方风俗，邻居们都在地界上栽种桑树作为标志。韩系伯认为桑树的枝叶会遮盖妨碍别人地里的农作物生长，因此把自己的地界内移数尺，但邻居却马上把地界外移，侵占了他所移开的地方。韩系伯便又再次变更地界，向内移植桑树。久而久之，邻居感到惭愧，于是就归还了以往所侵占的上地，并亲自到韩系伯家道歉谢过。建元三年，官府免除了韩家的租税，并表彰他的家族。最后韩系伯寿终正寝。

四、《梁书·孝行传》

【原文】《列传第四十一·庾黔娄》

庾（yǔ）黔娄，少好学，多讲诵《孝经》，未尝失色于人，南阳高士刘虬（qiú）、宗测并叹异之。

齐永元初，除孱（chán）陵令，到县未旬，其父庾易在家遘（gòu）疾，黔娄忽然心惊，举身流汗，即日弃官归家，家人悉惊其忽至。时易疾始二日，医云："欲知瘥（cuó）剧，但尝粪甜苦。"易泄痢，黔娄辄取尝之，味转甜滑，心逾忧苦。至夕，每稽颡（sǎng）北辰，求以身代。俄闻空中有声曰征君寿命尽不复可延汝诚祷既至止得申至月末及晦而易亡黔娄居丧过礼。

和帝即位，将起之，镇军萧颖胄（zhòu）手书敦譬，黔娄固辞。服阕（què），除西台尚书仪曹郎。梁台建，邓元起为益州刺史，表黔娄为府长史、巴西、梓潼（tóng）二郡太守。及成都平，城中珍宝山积，元起悉分与僚佐，惟黔娄一无所取。元起恶其异众，厉声曰："长史何独尔为！"黔娄示不违之，请书数箧（qiè）。

【译文】

庾黔娄从小好学，常与人一起论述、吟诵《孝经》，未曾在人前因对答不上而羞愧脸红，南阳高士刘虬、宗测认为他是奇才而大加赞叹。

齐永元初年，庾黔娄被任命为孱陵县令，到县不满十天，他的父亲庾易在家患病，庾黔娄忽然感到心惊，全身流汗，他当天就弃官回家，家里人对他突然回来都感到吃惊。当时庾易患病才两天，医生说："想要知道病人的病情是好转还是加剧，只要尝尝粪便是苦还是甜。"庾易泻痢，庾黔娄就取他的粪便来尝，粪味变得甜滑，他的内心就更加忧愁痛苦。到晚上，庾黔娄常常向着北极星叩头祷请，请求代父亲去死。不久听到空中有声音说："庾征君寿命已尽，不能再延长，你的诚心祈祷已让天神知道，只能把庾征君的生命延长到月底。"到月底庾易病故，庾黔娄居丧期间，哀痛万分。

和帝登上帝位，将要起用正在服丧的庾黔娄，镇军萧颖胄亲笔写信规劝开导他，庾黔娄坚决拒绝。服丧期满，庾黔娄被委任为西台尚书仪曹郎。梁王萧衍的台府建立后，邓元起任益州刺史，他上表启奏让庾黔娄任刺史府长史、巴西、梓潼二郡太守。等到成都平定以后，城中珍宝堆得像山那样高，邓元起把珍宝全都分给自己的僚属部下，只有庾黔娄一无所取。邓元起对他不合群的行为感到不舒服，就严厉地说："庾长史为什么独自这样做？”庾黔娄为了表示不违逆邓元起的命令，就请求分给自己几箱书。

五、《陈书·孝行传》

【原文】《列传第二十六·殷不害》

殷不害，字长卿，陈郡长平人也。祖任，齐豫章王行参军。父高明，梁尚书中兵郎。不害性至孝，居父忧过礼，由是少知名。家世俭约，居甚贫窭（jù），有弟五人，皆幼弱，不害事老母，养小弟，勤剧无所不至，士大夫以笃行称之。年十七仕梁廷尉平不害长于政事兼饰以儒术名法有轻重不便者辄上书言之多见纳用大同五年，迁镇西府记室参军，寻以本官兼东宫通事舍人。

是时朝廷政事多委东宫，不害与舍人庾肩吾直日奏事，梁武帝尝谓肩吾曰：“卿是文学之士，吏事非卿所长，何不使殷不害来邪？”其见知如此。简文又以不害善事亲，赐其母蔡氏锦裙襦（rú）、毡席、被褥，单复毕备。七年，除东宫步兵校尉。太清初，迁平北府谘（zī）议参军。侯景之乱，不害从简文入台。及台城陷，简文在中书省，景带甲将兵入朝陛见，过谒简文。景兵士皆羌胡杂种，冲突左右，甚不逊，侍卫者莫不惊恐辟易，唯不害与中庶了徐摛侍侧不动。及简文为景所幽，遣人请不害与居处，景许之，不害供侍益谨。

简文夜梦吞一块土，意甚不悦，以告不害，不害曰：“昔晋文公出奔，野人遗之块，卒反晋国，陛下此梦，事符是乎？”简文曰：“若天有征，冀斯言不妄。”梁元帝立，以不害为中书郎，兼廷尉卿，因将家属西上。江陵之陷也，不害先于别所督战，失母所在。于时甚寒，冰雪交下，老弱冻死者填满沟堑。不害行哭道路，远近寻求，无所不至，遇见死人沟水中，即投身而下，扶捧阅视，举体冻湿，水浆不入口，号泣不辍声，如是者七日，始得母尸。不害凭尸而哭，每举音则气绝，行路无不为之流涕。即于江陵权殡，自是蔬食布衣，枯槁骨立，见者莫不哀之。

【译文】

殷不害字长卿，陈郡长平县人。祖父殷任，齐朝豫章王行参军。父亲殷高明，梁朝尚书中兵郎。殷不害性情特别孝顺，父丧期间忧伤超过礼节，因此年少时就知名。持家勤俭节约，住所特别贫寒，有五个弟弟，都年小体弱，不害既要侍奉老母，又要抚养小弟，勤劳之至，当时士大夫因他行为敦厚持重而称道他。十七岁那年，做了廷尉属官。殷不害善于处理政事，兼治儒家学术，名分和法治有轻重不便利之处，就上书指出，很多都被皇上采用。大同五年，殷不害调任镇西府记室参军，不久又以原职兼任东宫通事舍人。

当时朝廷政事多委托东宫办理，殷不害和舍人庾肩吾值日上奏政事，梁武帝曾对庾肩吾说："你是文学之士，政事不是你的长处，为什么不让殷不害来呢？"可见殷不害被赏识之一斑。简文帝又因殷不害孝敬父母，赐给他的母亲蔡氏织锦裙襦、毡席、被褥，单夹衣等一应俱全。大同七年，殷不害担任东宫步兵校尉。太清初年，调任平北府谘议参军。侯景叛乱，殷不害跟随简文帝入宫。台城陷落时，简文帝在中书省，侯景带领披甲将士入朝晋见皇帝，只是顺路拜见简文帝而已。侯景的士兵都是羌、胡异族，常与身边人发生冲突，很不谦恭，侍从护卫都害怕而避开他们，只有殷不害和中庶子徐摛侍立一旁不动。简文帝被侯景幽禁后，他要求派人请殷不害来与他同住，侯景应允，殷不害来后侍奉简文帝更加恭敬。

当时简文帝夜里做梦吞了一块土，很不高兴，于是把梦告诉殷不害，殷不害说："过去晋文公出逃，农夫给他一块土，最后晋文公返回了晋国，陛下此梦，莫非与此事相符？"简文帝说："假若上天有命，希望这话不是荒诞之语。"梁元帝继位后，任殷不害为中书郎，兼廷尉卿，于是殷不害举家西上江陵。江陵被围困时，殷不害首先在别宅督战，他的母亲在那儿失踪。当时天气很寒冷，冰雪交落，被冻死的尸体填满沟壑。殷不害边走边哭，到处寻找，凡是看见沟水中的尸首，都跳下去捧扶细看，以致全身湿透冻僵了，他滴水未进，嚎哭不止，这样过了七天，才找到他母亲的尸首。殷不害靠着尸体哭泣，声断气绝，过路的人无不为之流泪。他就在江陵暂停灵柩葬了母亲，从此殷不害粗食布衣，形容憔悴消瘦，看见的人没有不为他伤心的。

【原文】《列传第二十六·谢贞》

谢贞，字元正，陈郡阳夏人，晋太傅安九世孙也。父蔺（lìn），正员外郎，兼散骑常侍。贞幼聪敏，有至性。祖母阮（ruǎn）氏先苦风眩，每发便一二日不能饮食，贞时年七岁，祖母不食，贞亦不食，亲族莫不奇之。母王氏，授贞《论语》《孝经》，读讫便诵。八岁，尝为《春日闲居》五言诗，从舅尚书王筠奇其有佳致，谓所亲曰："此儿方可大成，至如'风定花犹落'，乃追步惠连矣。"年十三，略通《五经》大旨。尤善《左氏传》，工草隶虫篆。十四，丁父艰，号顿于地，绝而复苏者数矣。父蔺居母阮氏忧不食泣血而卒家人宾客惧贞复然从父洽族兄暠（hào）乃共往华严寺请长爪禅师为贞说法。仍谓贞曰："孝子既无兄弟，极须自爱，若忧毁灭性，谁养母邪？"自后少进饘（zhān）粥。

太清之乱，亲属散亡，贞于江陵陷没，暠逃难番禺（yú），贞母出家于宣明寺。及高祖受禅，暠还乡里，供养贞母，将二十年。太建五年，贞乃还朝。及始兴王叔陵为扬州刺史，引祠部侍郎阮卓为记室，辟贞为主簿。贞度叔陵将有异志，因与卓自疏于叔陵，每有宴游，辄辞以疾，未尝参预，叔陵雅钦重之，弗之罪也。俄而高宗崩，叔陵肆逆，府僚多相连逮，唯贞与卓独不坐。

后主乃诏贞入掌中宫管记，迁南平王友。府长史汝南周确新除都官尚书，请贞为让表，后主览而奇之。尝因宴席问确曰："卿表自制邪？"确对曰："臣表谢贞所作。"后主因敕舍人施文庆曰："谢贞在王处，未有禄秩，可赐米百石。"

至德三年，以母忧去职。顷之，敕起还府。贞累启固辞，敕报曰："虽知哀茕（qióng）在疚，而官俟得才，可便力疾还府也。"贞哀毁羸瘠，终不能之官舍。时尚书右丞徐祚、尚书左丞沈客卿俱来候贞，见其形体骨立，祚等怆然叹息。吏部尚书姚察与贞友善，及贞病笃，察往省之，问以后事。贞曰："弱儿年甫六岁，情累所不能忘，敢以为托耳。"是夜卒。后主问察曰："谢贞有何亲属？"察因启曰："贞有一子年六岁。"即有敕长给衣粮。

【译文】

谢贞，字元正，陈郡阳夏人，晋太傅谢安的九世孙。父亲谢蔺，正员外郎，兼散骑常侍。谢贞自幼聪敏，有卓绝的品性。他的祖母阮氏生前苦于风眩病折磨，每次发病就一两天不能吃饭。谢贞当时七岁，祖母不吃饭，他也不吃饭，常常是这样，亲戚都对此感到惊奇的。母亲王氏，教谢贞学《论语》和《孝经》，谢贞读完就能背诵。八岁时，谢贞曾经写作了《春日闲居》一诗，堂舅尚书王筠惊奇他有高雅的情趣，对亲戚说："这个孩子将来会成大器。"十三岁时，谢贞大致通晓了《五经》的要义。尤其擅长《左氏传》，工于草隶虫篆。十四岁时，遭逢父亲去世，谢贞号哭跌倒在地上，多次昏倒而后又苏醒。当初，父亲谢蔺因母亲阮氏去世，不吃饭哭泣到眼中出血而死。家人宾客害怕谢贞也会这样，叔父前往华严寺，请禅师来为谢贞说法，禅师于是对谢贞说："孝子既然没有兄弟，就极须爱护自己，如果哀伤过度损害身体，谁来赡养你的母亲呢？"从这以后谢贞才稍微吃一点稠粥。

在太清年间的动乱中，亲属散亡，谢贞在江陵落入敌手。暠逃难，贞母出家在宣明寺。及高祖即位，暠还乡里，供养贞母将近二十年，太建五年，谢贞才回朝。等到始兴王叔陵担任扬州刺史时，征召谢贞做主簿。谢贞猜测叔陵将会有叛逆之心，于是就自动疏远他，每当有宴会交游，总是以患病为借口推辞，不曾参与，叔陵向来钦佩看重他，没有怪罪他。不久高宗驾崩，叔陵叛逆作乱，叔陵府中的属官先后受到牵连而被拘捕，唯独谢贞没有获罪。

陈后主于是下诏让谢贞入宫担任中宫管记一职。府长史周确刚被任命为都官尚书，请求谢贞为他撰写辞让的奏章，后主看过后认为奏章写得很不寻常。后主曾经趁着宴席的机会问周确：“你的奏章是你自己写的吗？”周确回答说：“我的奏章是谢贞写的。”后主就赐给谢贞一百石米。

至德三年，谢贞因母亲去世而离职。不久，朝廷下诏让他回来任原职。谢贞多次上奏坚决推辞，朝廷答复说：“查看了奏章，详情俱悉，虽然知道你内心哀痛，但官府急等用人，守丧的礼节有理由改变，你可以立即回官府任职。”谢贞哀伤过度身体瘦弱，最终也没能到官府任职。当时尚书右丞徐祚、尚书左丞沈客卿一同来看望谢贞，见到他瘦骨伶仃，两人泪流不能自抑，哀怜着默默而出。吏部尚书姚察与谢贞友善，及贞病重，前去探望，询问以后事。谢贞曰：“弱儿年甫六岁，情累所不能忘，敢以为托耳。”这夜死了。后主问察曰：“谢贞有何亲属？”察因启曰：“贞有一子年六岁。”即有敕长给衣粮。

六、《魏书·孝感传》

【原文】《列传第七十四·长孙虑》

长孙虑，代人也。母因饮酒，其父真呵叱之，误以杖击，便即致死。真为县囚执,处以重坐。虑列辞尚书云：“父母忿争，本无余恶。直以谬误，一朝横祸。今母丧未殡，父命旦夕。虑兄弟五人，并各幼稚。虑身居长，今年十五，有一女弟，始向四岁，更相鞠（jū）养，不能保全。父若就刑，交坠沟壑，乞以身代老父命，使婴弱众孤得蒙存立。”尚书奏云：“虑于父为孝子，于弟为仁兄。寻究情状，特可矜感。”高祖诏特恕其父死罪，以从远流。

【译文】

长孙虑，北魏代人也。其母好酒，一次在饮酒时，其父长孙真欲制止之，用木杖去打，不料下手过重，竟将其母打死。长孙真被县吏逮入狱中，判处死刑。长孙虑来到朝廷尚书省上诉，诉状称：“父亲母亲吵架发生争执本来没有恶意，只是误伤，就招来横祸。如今母亲过世还未出殡，父亲生命又危在旦夕，考虑到自己五个兄弟都还小。想到自己年龄最大，今年刚十五岁，妹妹才四岁，不能相互抚养。父亲如果被判刑，弟弟妹妹们只能接连跳落到沟壑里死掉。因此我请求用自己的生命代替父亲去死，让家里的小孩子们可以存活下来。”尚书启奏孝文帝说：“长孙虑对于他父亲来说不失为孝子，对其弟妹来说不失为仁兄。探究寻找其中的缘由，可以体谅。”孝文帝下令特殊原谅他父亲的死罪，流放到远处。

【原文】《列传第七十四·赵琰》

赵琰（yǎn），字叔起，天水人。父温为杨难当司马。初，苻氏乱，琰为乳母携奔寿春，年十四乃归。孝心色养，饪（rèn）熟之节，必亲调之。皇兴中，京师俭，婢简粟粜（tiào）之，琰遇见切责，敕留轻秕。尝送子应冀州娉室，从者于路偶得一羊，行三十里而琰知之，令送于本处。又过路傍，主人设羊羹，琰访知盗杀，卒辞不食。遣人买耜（sì）刃，得剩六耜，即令送还刃主。刃主高之，义而不受，琰命委之而去。初为兖（yǎn）

州司马，转团城镇副将。还京，为淮南王他府长史。时禁制甚严，不听越关葬于旧兆。琰积三十余年，不得葬二亲。及蒸尝拜献，未曾不婴慕卒事。每于时节，不受子孙庆贺。年余耳顺，而孝思弥笃。慨岁月推移，迁窆无期，乃绝盐粟，断诸滋味，食麦而已。年八十卒。迁都洛阳，子应等乃还乡葬焉。

【译文】

赵琰，字叔起，天水人。父温为杨难当司马。当初，苻氏叛乱，赵琰被乳母带着奔逃到寿春，长到十四岁才回到老家。精心奉养父母，茶水饭食，必亲自调弄。皇兴年间，京城缺粮，奴婢碾压谷子（去壳成米）筛出瘪谷去售卖，赵琰看见狠狠把她教训了一顿，责令她留下轻秕。曾送儿子赵应到冀州订亲，随从的人在路上偶然得到一只羊，走了三十里后，赵琰知道了，责令仆人送还原处。又在经过的路边，路边的人准备了羊肉汤，赵琰查知这是偷杀的羊，始终不愿就餐。派人购买耜刀，发现多了六把，立即让人送还主人。刀主为他所感动，坚决不收，赵琰命人把刀放下就走。开始赵琰任兖州司马，转任团城镇的副将。归还京城，任淮南王元他幕府长史。当时禁制很严，不让大臣越关葬于故乡。赵琰不能归葬双亲达三十年之久。到祭祀拜献的时候，总是不能不想归葬双亲的事。每每逢年过节，总不接受子孙的庆贺。随着年纪渐高，孝顺之情越来越深厚。他感叹岁月推移，而迁坟无期，于是不吃盐粟，断除众味，只吃麦食。八十多岁时去世。后魏迁都洛阳，儿子赵应等还乡葬祖与赵琰。

【原文】《列传第七十四·王崇》

王崇，字乾邕，阳夏雍丘人也。兄弟并以孝称。身勤稼穑（sè），以养二亲。仕梁州镇南府主簿。母亡，杖而后起，鬓发坠落。未及葬，权殡宅西。崇庐于殡所，昼夜哭泣，鸠鸽群至。有一小鸟，素质墨眸，形大如雀，栖于崇庐，朝夕不去，母丧始阕，复丁父忧，哀毁过礼。是年，阳夏风雹，所过之处，禽兽暴死，草木摧折。至崇田畔，风雹便止，禾麦十顷，竟无损落，及过崇地，风雹如初。咸称至行所感。崇虽除服，仍居墓侧。于其室前生草一根，茎叶甚茂，人莫能识。至冬中，复有鸟巢于崇屋，乳养三子，毛羽成长，驯而不惊。守令闻之，亲自临视。州以闻奏，标其门闾（lǘ）。

【译文】

王崇，字乾邕，阳夏雍丘人。兄弟两人都以孝顺著称于世。勤于耕种，以奉养双亲。任梁州镇南府主簿。母亲去世，他哀伤过度，倚杖才能起身，毛发也脱落了。未及下葬，权且停柩房舍西面。王崇在停柩的地方结庐而住，昼夜啼哭，引得鸠与鸽成群飞来。有一只小鸟，白色羽毛，乌黑的眼睛，形如麻雀大小，栖息在王崇房上，早晚不飞走，与他为伴。母亲丧期刚满，又遭父丧，哀伤悲痛过于礼仪规定。这一年，阳夏遭风雹袭击，风雹所经过的地方，禽兽都横遭死亡，草木摧坏折断。但风雹到了王崇田边，便停止了，十顷禾麦，竟完好无损，过了崇地，风雹跟原来一样。人们都说这是他的孝行感动了天地。王崇虽然脱去丧服，但仍住在父母墓旁。在他房前长出一根草，草干草叶都很茂盛，人们叫不出它的名字。到了冬天，又有鸟在王崇房内做窝，喂养三只小鸟，小鸟羽毛渐丰，性情温驯，从不惊飞。守令等地方官听说，亲自前往观看。于是州里上奏朝廷，以孝标其门庭。

七、《周书·孝义传》

【原文】《列传第三十八·张元》

张元，字孝始，河北芮（ruì）城人也。祖成，假平阳郡守。父延俊，仕州郡，累为功曹、主簿。并以纯至，为乡里所推。元性谦谨，有孝行。微涉经史，然精修释典。年六岁，其祖以夏中热甚，欲将元就井浴。元固不肯从。祖谓其贪戏，乃以杖击其头曰："汝何为不肯洗浴？"元对曰："衣以盖形，为覆其亵。元不能亵露其体于白日之下。"祖异而舍之。南邻有二杏树，杏熟，多落元园中。诸小儿竞取而食之；元所得者，送还其主。村陌有狗子为人所弃者，元见，即收而养之。其叔父怒曰："何用此为？"将欲更弃之。元对曰："有生之类，莫不重其性命。若天生天杀，自然之理。今为人所弃而死，非其道也。若见而不收养，无仁心也。是以收而养之。"叔父感其言，遂许焉。未几，乃有狗母衔一死兔，置元前而去。

及元年十六，其祖丧明三年，元恒忧泣，昼夜读佛经，礼拜以祈福祐。后读《药师经》，见盲者得视之言，遂请七僧，然七灯，七日七夜，转《药师经》行道。每言："天人师乎！元为孙不孝，使祖丧明。今以灯光普施法界，愿祖目见明，元求代暗。"如此经七日。其夜，梦见一老公，以金治其祖目。谓元曰："勿忧悲也，三日之后，汝祖目必差。"元于梦中喜跃，遂即惊觉，乃遍告家人。居三日，祖果目明。

其后祖卧疾再周，元恒随祖所食多少，衣冠不解，旦夕扶侍。及祖殁（mò），号踊，绝而复苏。复丧其父，水浆不入口三日。乡里咸叹异之。县博杨轨等二百余人上其状，有诏表其门闾。

【译文】

张元，字孝始，是河北芮城人。祖父叫成，做过平阳郡守。父亲叫延俊，在州郡当官，曾经做过功曹主簿。并且因为至纯被乡里人所推荐。本性谦虚谨慎，孝顺父母，刚刚涉猎经史，可是文化精深才能解释典籍。在六岁的时候，他的祖父因为夏季很热，要他在井旁用冷水洗浴。张元就是不肯顺从，说他贪玩，就拿手杖击他的头部说："你为什么不肯洗浴？"张元回答说："衣服是用来遮盖形体的，要去盖其不干净的地方。我不能在白日下露出身体来羞辱自己。"他的祖父感到他很惊异。张元家南边的邻居家种了两棵杏树，杏子熟透时大多掉落在张元家的院子里。大多数小孩争着去捡着吃。但是张元捡到杏子，却把它送还给杏树的主人。在森林小道里有小狗被人丢弃，张元看见就把小狗抱回家养着。他的叔父骂他："你这样做有什么用？"想把小狗重新丢掉。张元反驳叔父说："有生命的东西，应该重视它的生命。如果是符合实际，出生老死，这是自然的道理，没办法阻止。但现在它是被人所遗弃，将导致它的死亡，这可以阻止。倘若看见它将死而不收养的话，就没有仁慈之心了。所以要把它收养了。"张元的叔父被他的话感动了，所以就允许张元养小狗了。过了不多久，小狗的妈妈衔着一只死了的兔子放到张元面前，然后走掉了。张元到了十六岁，他的祖父已经失明了三年。张元一直担忧哭泣，不分昼夜地读佛经，拜佛以祈求保佑。后来，他读到一本《药师经》，见到其中有“让盲人获得视力”的章节。就请了七位和尚，点燃七盏灯，七天七夜使《药师经》做法事，每次法事就说道：“佛祖！张元作为孙子不孝，祖父失明不能治愈。现在我用灯光施法，请佛祖让我祖父眼睛回复视力，张元愿意自己失去视力。”这样过了七天，张元做梦梦见一个老人，用金镵（chán）治疗祖父的眼睛，于是梦中高兴得跳起来，接着就惊醒了。告诉了所有的家人。三日后，张元的祖父果然恢复了视力。然而，祖父再次倒在病床上，张元随着祖父，衣服也不脱，早晚服侍。一直到祖父去世，张元嚎哭着昏厥。跟着他的父亲，三天不吃饭不喝水。乡人感叹张元的与众不同。县里的博士杨轨等二百多人向上报告此事，于是有诏表彰张元的家族。

八、《旧唐书·孝友传》

【原文】《列传第一百三十八·张志宽》

张志宽，蒲州安邑人。居父丧而毁，州里称之。王君廓兵略地，不暴其闾，倚全者百许姓。后为里正，忽诣县称母疾求急，令问状，对曰：“母有疾，志宽辄病，是以知之。”令谓其妄，系於狱，驰验如言，乃慰遣之。母终，负土成坟，手莳（shì）松柏。高祖遣使者就吊，拜员外散骑常侍，赐物四十段，表其闾（lǘ）。

【译文】

张志宽，蒲州安邑人。为父守丧而使身体瘦弱，州中和乡里都称赞他。王君廓的军队攻打到安邑，没有侵犯他的里巷，一百多家百姓倚仗他而保全性命。后来做了里正，忽然到县里说母亲有病请急假回家，县令询问缘由，他回答说："母亲一有病，志宽就跟着生病，因此知道母亲病了。"县令认为他胡说，把他关押到狱中，派人骑马疾驰去查证，果然如他所言，就抚慰并放他回去了。母亲去世后，他背土筑坟，亲手种植松柏。唐高祖李渊派使者前去吊唁，拜授他为员外散骑常侍，赐物四十段，朝廷旌表他的里门。

【原文】《列传第一百七·陈集原》

陈集原，泷州开阳人也。代为岭表酋长。父龙树，钦州刺史。集原幼有孝行，父才有疾，即终日不食。永徽中，丧父，呕血数升，枕服苫庐，悲感行路。资财田宅及僮（tóng）仆三十余人，并以让兄弟。则天时，官至左豹韬（tāo）卫将军。

【译文】

陈集原，泷州开阳（今广东云浮罗定市）人。世代做岭表酋长。父亲叫陈龙树，担任钦州刺史。陈集原小时候就有孝顺的行为，父亲患病，陈集原于是就整天没有胃口进食。永徽年间父亲去世时，他吐血数升，在墓旁建茅屋守丧，把土地和家财全部让给兄弟，里人都敬仰他。武则天时期，做了右豹韬卫大将军。

【原文】《列传第一百三十八·元让》

元让，雍州武功人也。弱冠明经擢（zhuó）第。以母疾，遂不求仕。躬亲药膳，承侍致养，不出闾里者数十余年。及母终，庐于墓侧，蓬发不栉（zhì）沐，菜食饮水而已。

咸亨中，孝敬监国，下令表其门闾。永淳元年，巡察使奏让孝悌殊异，擢拜太子右内率府长史。后以岁满还乡里。乡人有所争讼，不诣州县，皆就让决焉。圣历中，中宗居春宫，召拜太子司议郎。及谒（yè）见，则天谓曰："卿既能孝于家，必能忠于国。今授此职,须知朕意。宜以孝道辅弼（bì）我儿。"寻卒。

【译文】

元元让，雍州武功（今陕西咸阳武功县）人。二十岁时，考中明经，因母亲生病不肯调任。亲自给母亲喂药喂饭，贴身地侍奉母亲饮食起居，数十年不出家门。母亲去世后，在墓旁建茅屋守丧，不洗脸不梳头，只吃素菜喝白水。

咸亨年间，太子监国，下令在他门口树阙旌表。永淳元年，巡察使上奏说元让孝悌的行为非常突出，升任太子右内率府长史。一年后返回乡里，人们打官司都到元让那里请他裁断。唐中宗李显在东宫当太子时，召入拜授司议郎，入朝拜见时，武则天看着他说："卿在家中孝顺，定能对国忠诚，应当用治理之道辅佐我的儿子。"他不久就去世了。

【原文】《列传第一百三十八·李日知》

李日知，郑州荥阳人也。举进士。天授中，累迁司刑丞。

时用法严急，日知独宽平，无冤滥。尝免一死囚，少卿胡元礼请断杀之，与日知往复至于数四。元礼怒，曰：“元礼不离刑曹，此囚终无生理。”答曰：“日知不离刑曹，此囚终无死法。”因以两状列上，日知果直。

神龙初，为给事中。日知事母至孝。时母老，尝疾病，日知取急，调侍数日而鬓发变白。寻加朝散大夫。其母未受命妇邑号而卒，将葬发引，吏人赍（jī）告身而至，日知于路上即时殒（yǔn）绝，久之乃苏。左右皆哀恸，莫能仰视。巡察使、卫州司马路敬潜将闻其孝悌之迹，使求其状，日知辞让不报。服阕，累迁黄门侍郎。

【译文】

李日知，郑州荥阳人。考中进士。天授年间，多次迁升为司刑丞。当时使用法律严厉躁急，唯独李日知宽缓公平，没有使冤案泛滥。

曾经赦免一个死囚，少卿胡元礼请求判处死刑，和李日知来回争辩到了四次。胡元礼大怒，说：“只要我胡元礼不离开刑曹，这个囚犯终究不会有活着的道理。”李日知回答说：“只要我李日知不离开刑曹，这个囚终犯终究不会有处死的法令。”因此把两个状子呈列上报，李日知果真有理。

神龙初年，出任给事中。李日知侍奉母亲非常孝顺。当时母亲年老，曾经生病，李日知请假，调理侍奉了几天而鬓角的头发都变白了。不久加朝散大夫的爵位。他的母亲没有受到命妇邑号就去世了，即将安葬出殡，吏人带着通知而到，李日知在路上当时昏厥，很久才苏醒。身边跟随的人都悲哀痛苦，不能抬头观看。巡察使、卫州司马路敬潜听说他其孝悌的事迹，使人求问他具体情况，李日知推辞谦让不让上报。守丧期满终了，逐步迁升为黄门侍郎。

九、《隋书·孝义传》

【原文】《列传第三十七·华秋》

华秋，汲郡临河人也。幼丧父，事母以孝闻。家贫，佣赁为养。其母遇患，秋容貌毁悴，须鬓顿改，州里咸嗟（jiē）异之。及母终之后，遂绝栉（zhì）沐，发尽秃落。庐于墓侧，负土成坟，有人欲助之者，秋辄拜而止之。大业初，调狐皮，郡县大猎。有一兔，人逐之，奔入秋庐中，匿秋膝下。猎人至庐所，异而免之。自尔此兔常宿庐中，驯其左右。郡县嘉其孝感，具以状闻。炀帝降使劳问，表其门闾（lǘ）。后群盗起，常往来庐之左右，咸相诫曰：勿犯孝子。乡人赖秋而全者甚众。

【译文】

华秋是汲郡临河人。小时候父亲死了，服侍母亲以孝闻名。家里很贫穷，用做佣人租赁来养母亲。他的母亲患了很严重的病，华秋的容貌因过度哀伤而憔悴，头发和鬓发立刻变了颜色，州中的邻里都互相感叹认为这件事很奇怪。直到母亲死了之后，不再吃美味，不再沐浴，头发都落下了，头也秃了。他在坟墓旁边建造了一个草庐，亲自把土覆盖在坟上，有的人想要帮助他，华秋立刻跪拜使他停止帮助。大业初年，需要狐皮，郡县大肆狩猎。有一只兔，人们在追赶它，兔子奔到华秋的草庐中，躲藏在华秋的膝下。猎人来到草庐所在的地方，感到很奇怪从而放过了兔子。从此以后这只兔子常常来到草庐中睡觉，华秋驯服兔子，让它常伴左右。郡县嘉奖华秋的孝顺和善良，发布了公告让大家学习。隋炀帝派了使臣来慰问和表扬，帮他修葺（qì）了草庐门面。后来盗贼层出不穷，常常来到草庐的四周，都相互告诫说："不要去冒犯孝子。"各位乡亲依赖华秋而没有被偷盗很多。

十、《新唐书·孝友传》

【原文】《列传第一百二十·王少玄》

王少玄，博州聊城人。父隋末死乱兵，遗腹生少玄。甫十岁，问父所在，母以告，即哀泣求尸。时野中白骨覆压，或曰："以子血渍而渗者，父胔（zì）也。"少玄鑱（chán）肤，阅旬而获，遂以葬。创甚，弥年乃兴。贞观中，州言状，拜徐王府参军。

【译文】

王少玄，博州聊城（今山东聊城）人，父亲在隋朝末年死于兵荒马乱之中，少玄是遗腹子。刚刚十岁时，询问父亲在哪里，母亲告诉了他，他马上痛哭着要去寻找父亲的尸体。当时荒野中白骨堆积，有人告诉他说："将你的血滴到白骨上，血渗进哪副尸骨，哪副尸骨就是你的父亲。"王少玄刺破皮肤，找了十天便找到父亲的尸骨，于是埋葬了父亲。自己受了很重的伤，过了一年后才康复。贞观年间，州里上奏了他的孝行，拜授他为徐王府参军。

【原文】《列传第一百二十·任敬臣》

任敬臣，字希古，棣州人。五岁丧母，哀毁天至。七岁，问父英曰："若何可以报母？"英曰："扬名显亲可也。"乃刻志从学。汝南任处权见其文，惊曰："孔子称颜回之贤，以为弗如也。吾非古人，然见此儿，信不可及。"十六，刺史崔枢欲举秀才，自以学未广，遁去。又三年卒业，举孝廉，授著作局正字。父亡，数殒绝，继母曰："而不胜丧，谓孝可乎？"敬臣更进饘粥。服除，迁秘书郎。休沐，阖门诵书。监虞世南器其人，岁终，书上考，固辞。召为弘文馆学士，俄授越王府西阁祭酒。当代，王再表留，进朝请郎。举制科，擢（zhuó）许王文学。复为弘文馆学士，终太子舍人。

【译文】

任敬臣，字希古，棣州（今山东阳信南）人。五岁时死了母亲，痛极伤身，完全出自天性。七岁时，问父亲任英说："怎样做才可以报答母亲之恩？"任英说："扬名使父母显贵就行了。"于是他专心致志地学习。汝南人任处权见到他的文章，吃惊地说："孔子称赞颜回的贤德，认为自己不如他。我虽然不是古人，但见到这个小儿，确信自己比不上他。"十六岁时，刺史崔枢想推荐他应试秀才科，他自认为学业不够广博，就避开了。又过了三年完成学习，考中孝廉，授任著作局正字。父亲去世，他昏倒了好几次，继母说："你悲伤过度不能守完丧期，能说是孝顺吗？"任敬臣便改喝粥食了。守丧期满，迁任秘书郎。休假时，闭门读书。秘书监虞世南器重他的人品，年终考核给他定为上考，他坚持辞谢不受。召入任弘文馆学士，不久授任越王府西阁祭酒。等到替换时，越王两次上表请求挽留，晋升朝请郎。考中制科，升任许王文学。又担任弘文馆学士，官职终于太子舍人。

【原文】《列传第一百二十·程袁师》

程袁师，宋州人。母病，十旬不褫（chǐ）带，药不尝不进。代弟戍洛州。母终，闻讣（fù），日走二百里，因负土筑坟，号癯（qú），人不复识。改葬曾门以来，阅二十年乃毕。常有白狼、黄蛇驯墓左，每哭，群鸟鸣翔。永徽中，刺史状诸朝，诏吏敦驾。既至，不愿仕，授儒林郎，还之。

【译文】

程袁师，宋州（今河南商丘）人。母亲病了一百天，他衣不解带地侍奉，药没有亲口尝过就不进献给母亲。代替弟弟戍守洛州，母亲去世，他听到凶信后，一天走了两百里赶回奔丧，因为背土筑坟，伤心痛哭身体消瘦，人们都认不出他来。为曾祖父以下的先人改葬，历经二十年才完成。经常有白狼、黄蛇驯服地待在坟墓旁，每当他哭泣时，都有群鸟鸣叫飞翔。永徽年间，刺史向朝廷上奏他的孝行，诏令官吏督促他动身进京，来到京城以后，不愿做官，朝廷给他儒林郎的官职，让他回去了。

【原文】《列传第一百二十·梁文贞》

梁文贞，虢州闅（wén）乡人。少从军守边，逮（dài）还，亲已亡。自伤不得养，即穿圹（kuàng）为门，晨夕汛扫，庐墓左，喑（yīn）默三十年，家人有所问，画文以对。会官改新道，出文贞庐前，行旅见之，皆为流涕。有甘露降茔（yíng）

木，白兔驯扰，县令刊石纪之。开元中，刺史许景先表文贞孝绝伦类，诏付史官。

【译文】

梁文贞，虢州阌乡（今河南灵宝市）人。年轻时从军守卫边塞，等到回家时，父母已经去世。自恨没能侍养父母，就打通墓穴做门，早晚打扫，在墓旁建茅屋守丧，三十年不讲话，家人向他询问，就写字来回答。适逢官府改修新路，经过梁文贞父母墓前，行人见到他，都为他落泪。有甘露降落到墓旁的树上，白兔也被驯服，县令崔孝友刻石记录此事。开元年间，刺史许景先上表称赞梁文贞孝顺超群，诏令把他的事迹交付史官。

【原文】《列传第一百二十·林攒》

林攒，泉州莆田人。贞元初，仕为福唐尉。母羸（léi）老，未及迎而病。攒闻，弃官还。及母亡，水浆不入口五日。自埏（shān）甓（pì）作冢，庐其右，有白乌来，甘露降。观察使李若初遣官属验实，会露晞，里人失色，攒哭曰："天所降露，祸我邪"？俄而露复集，乌亦回翔。诏作二阙于母墓前，又表其闾，蠲（juān）徭役，时号"阙下林家"。

【译文】

林攒，泉州莆田（今福建莆田）人。贞元初年任福唐县尉。母亲瘦弱年迈，没有来得及迎接就病了。林攒听说后，弃官而回。当母亲去世后，他五天水浆没有入口。自己制砖建墓，在墓右筑茅屋守丧，有白鸟飞来，甘露降临。观察使李若初派属官去检验是否属实，适逢甘露干了，同里的人都惊慌失色，林攒哭着说：“上天所降临的露水是要害我吗？”不就甘露又重新凝聚了，白乌也飞回来了。朝廷诏令在他母亲墓前修建两个石阙，又旌表他的里门，免除他家的徭役，当时号称“阙下林家”。

十一、《宋史·孝义传》

【原文】《列传第二百一十五·朱寿昌》

朱寿昌字康叔，扬州天长人。知广德军。寿昌母刘氏，巽（xùn）妾也。巽守京兆，刘氏方娠（shēn）而出。寿昌生数岁始归父家，母子不相闻五十年。行四方求之不置，饮食罕御酒肉，言辄流涕。用浮屠法灼背烧顶，刺血书佛经，力所可致，无不为者。熙宁初，与家人辞诀，弃官入秦，曰：“不见母，吾不反矣。”遂得之于同州。刘时年七十余矣，嫁党氏有数子，悉迎以归。京兆钱明逸以其事闻，诏还就官，由是以孝闻天下。自王安石、苏颂、苏轼以下，士大夫争为诗美之。寿昌以养母故，求通判河中府。数岁母卒，寿昌居丧几丧明。既葬，有白乌集墓上。拊同母弟妹益笃。

又知鄂州，提举崇禧观，累官司农少卿，易朝议大夫，迁中散大夫，卒，年七十。寿昌勇于义，周人之急无所爱，嫁兄弟两孤女，葬其不能葬者十余丧，天性如此。

【译文】

朱寿昌字康叔，扬州天长县人。知广德军。朱寿昌的母亲刘氏，是朱巽的妾。朱巽守京兆时，刘氏刚怀孕却离家出走。

朱寿昌出生几年后才回到父亲家里，母子有五十年没有相见。他走遍四方寻找他的母亲没有找到，饮食很少喝酒吃肉，一说起就流泪。用浮屠的方法灼背烧顶，刺血写佛经，只要力所能及的，他没有不做的。神宗熙宁初年，他和家里人告别，丢掉官职进入秦地，说："不见到母亲，我就不回来了。"于是在同州找到了他的母亲。刘氏时年已经七十多岁了，嫁给党氏生有几个孩子，他全都把他们迎回来。京兆钱明逸把他的事情报告上去，皇上下诏让他回来担任原来的官职。从此他以孝闻名天下。从王安石、苏颂、苏轼以下，士大夫都争着写诗赞美他。朱寿昌因为要供养母亲的缘故，请求做河中府通判。几年后母亲去世，朱寿昌守丧几乎双目失明。埋葬了母亲之后，有白乌聚在墓上。抚养同母的弟妹更加深厚。

又任职鄂州知府，提举崇禧观，积功升官至司农少卿，改为朝议大夫，迁为中散大夫，去世，时年七十岁。朱寿昌见义勇为，解救别人的危急没有什么吝惜的，把兄弟的两个孤女嫁出去，帮助没有能力埋葬死人的人埋葬死人十多次，他的天性就是这样。

【原文】《列传第二百一十五·侯可》

侯可，字无可，华州华阴人。少倜傥不羁，以气节自许。既壮，尽易前好，笃志为学。随计入京，里中醵（jù）金赆（jìn）行。比还，悉散其余与同举者，曰："此金，乡里所以资应诏者也，不可以为他利。"且行，闻乡人病，念曰："吾归，则彼死矣！"遂留不去。病者愈，辍己马载之，徒步而归。

孙沔（miǎn）征侬，请参军事，奏功得官，知巴州化城县。

巴俗尚鬼而废医，唯巫言是用。娶妇必责财，贫人女至老不得嫁。可为约束，立制度，违者有罪，几变其习。再调华原主簿。富人有不占田籍而质人田券至万亩，岁责其租。可晨驰至富家，发椟出券归其主。郡吏赵至诚贪狡凶横，持守以下短长，前后莫能去。可暴其罪，荷校置狱，言于大府诛之，闻者快服。

签书仪州判官。西夏寇边，使者使可按视，即以数十骑涉夏境，猝与之遇，亟分其骑为三四，令之曰："建尔旗帜，旋山徐行。"夏人循环间见，疑以为诱骑不敢击。韩琦镇长安，荐知泾阳县。说渭源羌酋输地八千顷，因城熟羊以抚之。琦上其功。又议复郑白渠，得召对，旋以微罪罢。官至殿中丞，卒于家，年七十二。

可轻财乐义，急人之急，忧人之忧。与田颜为友。颜病重，千里求医，未归而颜死，目不瞑。人曰："其待侯君乎？"且敛而可至，拊之乃瞑。颜无子，不克葬，可辛勤百营，鬻（yù）衣相役，卒葬之。方天寒，单衣以居，有馈白金者，顾颜之妹处室，举以佐其奁（lián）具。一日自远归，家以窭（jù）告，适友人郭行扣门曰："吾父病，医邀钱百千，卖吾庐而不售。"可恻然，计橐（tuó）中装略当其数，尽与之。关中称其贤。

【译文】

侯可字无可，是华州华阴人。年轻时风流倜傥放荡不羁，拿讲义气自许。成年后，全都改变以前的爱好，专心致志的学习。他随计吏来到京城，怀里揣着筹来的用于赠别的银子就出发了。等到科举回来，都散给了别的一同考科举的人，说："这些钱，是乡里用来资助应诏的人的，不能用来谋取别的利益。"

将要动身了，听说一个同乡的人病了，心里想："我要是回去的话，那么他就死定了！"于是留下来没有离开。得病的人痊愈了，侯可舍弃自己的马给他骑，他徒步回家了。

孙沔征讨侬徭，请侯可参与军事，建立功绩后得到官，作了巴州化城县知县。巴地的风俗迷信鬼神而不信医道，只听信巫师的话，娶媳妇必要女人家的财物，以至于穷人家的女孩子到老不能出嫁。侯可制定规章，订立法度，违反的人有罪，这样差不多改变了当地的风气。后来又调任华原主簿。有个富人不但占有田地的簿册却抵押人家的田券到一万亩，每年索取地租。侯可一早骑马直奔富人家，打开木匣拿出田契归还给它的主人。当地的衙役赵至诚贪婪狡诈凶蛮专横，掌握太守以下很多人的把柄，前前后后没有谁能除去他。侯可揭露他的罪行，让他戴上重枷，投入大狱。报告给上一级官府杀了他，听到这个消息的人都很高兴。

他又签任书仪州判官。西夏人入犯边境，使者派侯可巡视，他就带领数十骑兵来到西夏边境，突然与西夏人遭遇，立刻把它的人马分为三四伙，命令他们说："竖起你们的旗帜，围绕着山慢慢地走。"西夏人来回走动隔一段时间就看到他们，很怀疑地把他们当作诱敌的骑兵不敢攻击他们。韩琦镇守长安，推荐侯可作了泾阳知县。说服渭源羌地酋长献纳土地八千顷，用熟羊城来抚慰他。韩琦上报他的功劳。

侯可轻视财物，讲义气，急人之所急，忧人之所忧。他与田颜结为好友。田颜病重，侯可千里去求医，他还没回来而田颜就死了，田颜死后眼睛都不闭上。人都说："难道不是在等侯可吗？"将要入殓的时侯可到了，用手抚他眼睛才闭上。田颜没有儿子，不能送葬，侯可不辞辛苦想尽各种办法，卖掉自己的衣物为他雇人入葬，终于把他埋葬了。天正冷，他穿单衣生活，有赠送他白金的人，（但是他没有留给自己），因为他看到田颜的妹妹房里什么都没有，就全都拿出来帮她置办了嫁妆。有一天从远处回来，家里人把相当穷困的情况告诉了他，正赶上友人郭行来扣他家的门说："我的父亲病了，医生要了很多钱，卖我家的房子却卖不出去。"侯可显出怜悯同情的样子，计算自己的财物大致和那数目相当，全给了他。关中的人都称赞他是好人。

十二、《明史·孝义传》

【原文】《列传第一百八十五·夏子孝》

夏子孝，六岁失母，哀哭如成人。九岁父得危疾，祷天刲（kuī）股六寸许，调羹进父，食之顿愈。翌日子孝病创，父诘（jié）其故，始知之。里老闻于官。知府胡麟先，梦王祥来谒，诘旦县牒至，诧曰，孺子其祥后身耶。召见，易名恩。言之督学，令为诸生，月廪之。后事王畿（jī），耿定向等，闻圣贤之学。定向将疏于朝，固辞乃止。

【译文】

夏子孝六岁时就失去了母亲，他悲伤哭泣，就像成年人一样。九岁时父亲得重病，他向上天祈祷，割大腿上肉六寸多，做成羹进献给父亲，父亲吃下去顿时就痊愈了。第二天，子孝的伤口痛得很厉害，父亲询问原因，才知道是怎么回事。乡里父老把这桩事上报官府。知府胡麟先夜里梦见孝子王祥来拜见他，第二天清晨，县里的文书就送来了。胡麟先诧异地说："这孩子难道是王祥的后身吗？"胡麟先召见他，将他先前的名字"恩"更名为"子孝"，并告诉提督学政，让他成为生员，每月领取粮米。后来，夏子孝拜王畿、耿定向等人为师，研读圣贤之学。耿定向准备向朝廷上疏举荐他，被他坚决地辞谢了。

【原文】《列传第一百八十五·阿寄》

阿寄者，徐氏仆也。徐氏析产，伯得一马，仲得一牛。季寡妇，得阿寄，年五十余矣。寡妇泣曰，马则乘，牛则耕，老仆何益。寄曰，主谓我不若牛马耶。乃画策营生。寡妇脱簪珥，得白金十二两，畀（bì）寄贩漆。期年而三倍其息。历二十年，积资巨万。为寡妇嫁三女，婚二子，赍（jī）聘皆千金。又延师教二子，为太学生。财雄一邑。及寄病且死，谓寡妇曰，老奴牛马之报尽矣。出二籍，则家资巨细，悉均分之。曰，以此遗两郎君，可世守也。既殁（mò），或疑其有私，启其箧，无一金蓄。所遗一妪一儿，仅敝缊掩体而已。

【译文】

阿寄是徐家的仆人。徐家分家，长子分得一匹马，次子分得一头牛。第三子家是寡妇，分得阿寄，阿寄已经五十多岁了。寡妇哭着说："马可以骑，牛可以耕田，老仆能有什么用呢？"阿寄说："主人认为我不如牛马啊？"于是为主人筹划做生意。寡妇摘下簪珥首饰，换得白银十二两，交给阿寄去贩漆。一年就得到了三倍的利润。经过二十年，积攒了巨万资产。他为寡妇嫁出三个女儿，娶进两房媳妇，所送的嫁妆和聘金都价值千金。又延请老师来教授寡妇的两个儿子，使他们都成了太学里读书的生员。可谓是富甲一方。后来阿寄病得快要死了，对寡妇说："老奴牛马之报已经尽到了。"拿出两本账册，原来他把家资巨细，都已均匀分配好，说："把这两本账册留给两位郎君，让他们世代守住家业。"阿寄去世后，有人怀疑他有私藏，打开他的箱子，没有一分钱积蓄。他的老伴和一个儿子，仅穿着破衣服勉强遮体而已。

【原文】《列传第一百八十五·赵重华》

赵重华，七岁时，父廷瑞游江湖不返。重华长，榜其背曰，万里寻亲。别书父年貌邑里数千纸，所历州县遍张之。祷武当山，经太子岩，岩阴有字曰，赵廷瑞，朝山至此。遂书其后曰，赵廷瑞之子重华，寻父至此。久之，无所遇。过丹阳，遇一老僧，呼问故。笑曰，汝父客无锡南禅寺中。语讫（qì）忽不见。重华急趋至寺，果得父，相与恸哭，迎还云南。

【译文】

赵重华七岁时，父亲赵廷瑞行走江湖，一直没有回来。重华长大后，在自己的后背上写着"万里寻亲"几个字，又把父亲的年龄、相貌、籍贯、住址写在几千张纸上，在他所经过的州县四处张贴。他向武当山神祷告，路过太子岩时，见到岩石的阴面有字写道："赵廷瑞，朝山至此。"他便紧随其后写道："赵廷瑞之子重华，寻父至此。"过了很久，也没有得到任何消息。后来路过丹阳时，遇见一位老僧，他向老僧请教。老僧笑说："你父亲寄居在无锡南禅寺中呢。"说完就忽然不见了。重华急忙赶往南禅寺，果然找到了父亲，两人相抱大哭。他终于把父亲迎回了云南老家。

十三、《清史稿·孝义传》

【原文】《列传一百六十二·白镕》

白镕，字小山，顺天通州人。嘉庆四年进士，选庶吉士，授编修，典福建乡试。十八年，大考二等，擢赞善。督安徽学政，诏密询地方利弊，疏言："安徽钱粮，惟凤阳、泗州遭湖、河之害，积逋较巨。遇丰稔之年，循例带征旧额。在小民以一年而输数年之赋，虽乐岁不免拮据；而官吏惧谴，规避多方，积重难返。与其存征之名，致小民日受追呼，国计依然无补，何如核征之实，使官吏从容措理，旧额尚可渐清。请嗣后二属钱粮，每年只带征一年，倘遇歉收，再行递缓，民力渐纾，催科者自顾考成，行之必有效。"诏允行。青阳有孝子曰徐守仁，幼孤，事母孝。母没，庐墓三年。镕造庐赠赙，题请旌表。访求明臣左光斗遗裔，取列县庠。按试所至，集士人讲学，以正人心厚风俗为本。累迁少詹事。道光元年，督广东学政。历詹事、内阁学士。七年，擢工部侍郎，调吏部。九年，偕尚书松筠赴直隶按白勤被诬冤毙狱，护理总督屠之申以下降黜有差。督江苏学政。寻偕侍郎宝兴勘视南河垛料，举实以闻。十一年，擢左都御史，召还京，未至，命查勘江南灾赈。时尚书穆彰阿、朱士彦亦奉命勘湖、河泛溢状，穆彰阿先回京，镕遂偕士彦履勘沿河闸坝工程，与总督陶澍定议以工代赈。赴安徽，周历太平、宁国、池州、安庆、庐州各郡，先后疏刻劾饰灾侵赈诸弊。次年，回京，署翰林院掌院学士，典顺天乡试。十三年擢工部尚书典武会试故事武闱双好不足额始取单好是科双好不尽取中坐降大理寺卿十九年，乞病归，卒于家，年七十四。镕孝悌，宣宗尝嘉其家法之善，以勉朝臣云。

【译文】

白镕，字小山，是顺天府通州人氏。嘉庆四年考中进士，被推选作庶吉士，授予翰林院编修职务，主持福建省乡试。嘉庆十八年，在升级考试中考中二等，被提拔为赞善。担任安徽学政，皇帝下诏秘密访查地方政事利弊，白镕上疏说："安徽地区的税收，只有凤阳和泗州遭受洪涝灾害，积累拖欠的钱粮较多。遇到丰收年景，按照惯例附带征收前几年拖欠的额度。平民百姓在一年的时间里往往要缴纳几年的赋税，即使是丰收年景也免不了经济困难；而地方官员又害怕受到责难，总是想方设法催征，以至于积重难返。与其用征收赋税的名义，导致百姓一天天地被呼来撵去，对国家大计无益，不如详细核查实际能征收的税额，让官员能够根据实际情况处理，以前的缺额还能够逐渐清理。请求在这之后将征收的钱、粮分别管理，每年只附带征收一年的赋税，如果遇上歉收年景，再延续到下一年，百姓的财力、物力渐渐舒缓了，催缴的官吏自然顾及考核的政绩，这样做必然有效。"皇帝下诏允许。青阳有一个孝子叫徐守仁，幼年时父亲就去世了，侍奉母亲非常孝顺。母亲去世后，在坟墓旁边建草庐（守孝）三年。白镕亲自到他的庐舍赠送财物治丧，并上奏请求表彰。探访到明代臣子左光斗的后代，让他进学校学习。按照考试成绩入学，召集读书人开坛讲学，致力于形成人心向善的风俗。多次升迁后做少詹事。道光元年，担任广东学政。历任詹事、内阁学士等职。道光七年，升任工部侍郎，后来又调到吏部。道光九年，与尚书松筠一起到直隶审查白勤被诬陷而死的案件，护理总督屠之申以下的官员都分别受到降职和免职处罚。担任江苏学政。不久和侍郎宝兴勘察巡视南河的垛料情况，详细地将实际情况汇报给皇上。道光十一年，升任左都御史，被召还京城，还未至京，又被任命查验江南的赈灾情况。当时尚书穆彰阿、朱士彦也奉命勘察江南水灾情况，穆彰阿先回到京城，白镕就和朱士彦亲自步行勘察沿河的闸坝工程，和总督陶澍商定用劳作来代替赈济。又到安徽，巡视了太平、宁国、池州、安庆、庐州各郡，先后上疏弹劾了虚报灾情、侵吞赈灾钱粮的诸多舞弊案。第二年，回到京城，代理翰林院掌院学士，主持顺天府乡试。道光十三年，升任工部尚书，主持武科会试。按照旧例，武科考试中文武皆优者不足名额，才录取武科最优者。这次考试中文武皆优者没有全部录取，因罪被贬作大理寺卿。道光十九年，称病请求辞官归家，在家中去世，享年七十四岁。白镕侍奉母亲孝顺，兄弟友爱，宣宗曾经赞赏他的家法好，来勉励朝臣。

【原文】《列传二百八十四·哑孝子》

哑孝子，无姓氏，或曰云南昆明人。家有母，老矣，行乞以养。得食必奉母，母食然后食。母或怒，嬉戏拜且舞，必母乐乃已。得钱密投诸井，母卒，乡人有欲醵（jù）钱以助敛者，与如井，数数指水中，乡人为出钱，营殓且葬。事毕，远游不知所终。

【译文】

哑孝子这个人，没名没姓，有人说他是云南昆明人。他家里有一位老母亲，年纪很大了，哑孝子行乞来供养母亲。讨来的食物一定先给他的母亲吃，母亲吃剩下的他再吃。老母亲在生气的时候，哑孝子像小孩子那样嬉戏又作揖又跳舞，一定要让母高兴起来才停止。要饭得来的钱偷偷投在一口井中，母亲去世时，乡里有人想要捐出钱财来资助哑孝子安葬母亲，一同跟哑孝子到井边，哑孝子多次地指着井下。同乡人也为哑孝子捐了些钱，帮助他装殓安葬了母亲，办完后事，哑孝子外出远游不知到哪里去了。

【原文】《列传二百八十五·卢必升》

卢必升，字寀（cǎi）臣，浙江山阴人。九岁，父芳病，思得蟚（péng）蜞（qí）炙，必升挟筐求之沙上，潮至，几死，不释筐。必升为叔父茂后，顺治初，寇絷茂舟中，必升绕岸哭，三昼夜，不绝声。寇引使见茂，胁茂降，拔刃屡欲下，必升叩头流血，乞贷死。久之，寇中有义其行者，脱茂使共还。茂有女忌必升，嗾母遣必升往松江，使盗击诸途。盗察必升且死，曰："尔死勿我仇，谁某实使我。"必升阳死，盗掷之水，复以救免。

【译文】

卢必升，字寀臣，浙江山阴人。他九岁时，父亲卢芳病了，想吃相手蟹，卢必升拿着筐在沙滩上捉蟹，潮水来了，几乎丧命，但依旧不放手。

卢必升过继给叔父卢茂当儿子，在顺治初年，有强盗将卢茂捆在船中，卢必升绕着岸边哭，三天三夜不停止。强盗绑着卢必升让他见卢茂，以此来威胁卢茂屈服，拔出的刀几次想要挥下，卢必升磕头直至流血，要求代替卢茂死。久而久之，强盗中有的人认为他行为十分忠义，便解脱卢茂让他们回去。

卢茂有一个女儿，十分畏惧卢必升，便教唆她的母亲派卢必升去松江，让强盗在路上袭击他。强盗找到了并要杀死他，说："你死后不要找我寻仇，是有人让我这样做。"卢必升假装死了，强盗把他扔进水中，才得以被救活下来。